盲人の職業的自立への歩み

岩橋武夫を中心に

本間律子 ［著］
Ritsuko Homma

関西学院大学出版会

盲人の職業的自立への歩み
岩橋武夫を中心に

刊 行 の 序

　若い日に，ヘレン・ケラーの講演を聴き，オックスフォードで好本督の知己をえ，本間一夫を図書館に訪ねたことがあった．だが，岩橋武夫の謦咳に接することがなかったのは，私の心残りになっている．30 年前から本間昭雄夫妻と友情を交わしているのは，嬉しいこと．

　岩橋武夫は，社会的に「知られざる」人であった．社会福祉の世界でも，名前さえ知らぬ人が殆んどだっただろう．

　それが，世を驚かす出来ごとが起こり，事情は一変した．

　1957（昭和 32）年に，フランス政府から，学校の副読本に世界の福祉に貢献した人を載せたいので，日本の代表的人物を推薦して欲しいと日本政府に依頼が寄せられた．恐らく，当時の文部省と厚生省が協議したのであろうか，日本政府は 4 人の人物をフランス政府に推薦した．

　4 人とは，石井十次，留岡幸助，山室軍平，岩橋武夫である．このうち石井十次，留岡幸助，山室軍平の 3 人はすでに「知られた人」であったが，それに加えて，なんと岩橋武夫の名前が挙がっていた．

　世間が，これほど傑出した人がいたのかと，初めて岩橋の名を耳にするようになったという歴史が隠されているのを，人々は忘れ去っているのではあるまいか．

　岩橋の名前の登場によって，視覚のみならず障害者福祉が一歩も二歩も前に進む一つの契機になったのは間違いなかろう．政策的にもシステムとしても，さらに，国民意識も，他の福祉に比べて障害者福祉は明らかに遅れていたからである．

　日本社会の蒙を啓いた開拓者岩橋武夫の功績は決して小さくない．いつの時代にも畏敬すべき先駆者がいるが，岩橋がその一人であるのに疑う余地は全くない．

　その，再び忘れさられようとしている岩橋に尊敬の念を抱きつつ研究対象として取り組んだ本間律子さんの情熱的で誠実な態度を高く評価する．

これからも，研究にたゆまぬ努力を重ね，日本の福祉の充実に力を添えて頂きたいと願っている．

　　2017年2月1日
　　　　　神奈川県立保健福祉大学名誉学長・横須賀基督教社会館会長
　　　　　　　　　　　　　　　　　　　　　　　　阿部　志郎

目 次

刊行の序　iii

目　次　v

序章 1
 第1節　研究の目的と背景　1
 第2節　先行研究レビュー　5
 第3節　研究対象時期と研究の視点および研究方法　12
 第4節　検証課題と論文の構成　12

第1章　盲人の職業的自立の危機と岩橋武夫による大阪ライトハウス設立 21
 第1節　盲人の職業的自立の危機　21
  1　自立していた近世の盲人
  2　職業的自立の危機を迎える盲人
  3　按摩専業運動
 第2節　岩橋武夫の出現　25
  1　岩橋武夫の生い立ち
  2　盲人として学問の道を目指す岩橋武夫
  3　英国留学
 第3節　英国調査　30
  1　英国盲人法
  2　英国々民盲人協会
  3　世界のライトハウス
 第4節　盲人問題解決のためのグランド・デザインの樹立と愛盲事業の構想　33
  1　欧米における新しい保護概念
  2　盲人問題解決のためのグランド・デザイン
  3　愛盲事業の設計
 第5節　大阪ライトハウスの設立　38
  1　小さな歩みを始めるライトハウス
  2　講演活動と著作活動
  3　大阪ライトハウス設立

第2章　職業リハビリテーションの黎明としての早川分工場............47
　第1節　大阪ライトハウスによる失明軍人施策の始まり　47
　　1　ヘレン・ケラーの招聘とその背景
　　2　失明軍人と岩橋武夫の戦略
　　3　国との関わりを強める大阪ライトハウス
　第2節　早川分工場の設立　54
　　1　愛盲会館から失明軍人会館へ
　　2　失明軍人講習会
　　3　早川徳治と早川分工場設立
　第3節　早川分工場の拡大とその後　60
　　1　早川分工場の拡大と終焉
　　2　早川分工場のその後

第3章　日本盲人会連合の設立............69
　第1節　中央盲人福祉協会と大日本盲人会の結成　70
　　1　中央盲人福祉協会
　　2　全日本盲人事業連盟および全日本盲人協会連盟の結成
　　3　紀元二千六百年奉祝全日本盲人大会の開催
　　4　署名運動と軍用機「愛盲報国号」献納運動
　　5　大日本盲人会の結成
　第2節　日本盲人会連合の設立過程　80
　　1　鍼灸存廃問題
　　2　ヘレン・ケラーの2度目の来日
　　3　日本盲人会連合の設立

第4章　身体障害者福祉法成立に盲人達が果たした役割............97
　第1節　政府およびGHQ側から見た身体障害者福祉法成立過程　98
　　1　GHQ占領政策による傷痍軍人特権の剥奪
　　2　傷痍者保護対策に向けた動き
　　3　厚生省による身体障害者福祉法案作成とGHQの関与
　第2節　盲人の側から見た身体障害者福祉法成立過程　102
　　1　盲人達の中に見られた身体障害者福祉法の萌芽と政策につながる実践的取り組み
　　2　日本盲人会連合の結成とヘレン・ケラー再来日

3　身体障害者福祉法成立

第5章　日本盲人社会福祉施設連絡協議会の設立 125
第1節　米国調査　125
　　　1　渡米と受難の岩橋武夫
　　　2　米国調査結果
第2節　按摩単独法と療術の問題　131
　　　1　PHWからの問い合わせ
　　　2　按摩単独法に反対する盲人達
第3節　日本盲人社会福祉施設連絡協議会の設立過程　135
　　　1　大阪ライトハウスと大阪盲人協会の分離
　　　2　日本盲人社会福祉施設連絡協議会の準備
　　　3　日本盲人社会福祉施設連絡協議会の設立

第6章　世界への飛躍 147
第1節　世界につながる日本の盲人　147
　　　1　世界に目を向け続ける岩橋武夫
　　　2　世界盲人福祉協議会への加盟と世界盲人福祉会議への参加
　　　3　点字コンサイス英和辞典の発行と世界盲人百科事典の編纂
第2節　アジア盲人福祉会議の開催　153
　　　1　アジア盲人福祉会議の開催に至る過程
　　　2　アジア盲人福祉会議の開催とヘレン・ケラー3度目の来日

第7章　愛盲事業と愛盲精神の広がり 167
第1節　岩橋武夫が行ってきたもの　167
　　　1　愛盲事業と愛盲精神
　　　2　盲人の職業的自立と岩橋の活動との関係
第2節　愛盲事業の広がり　171
　　　1　愛盲事業の定義の再確認
　　　2　盲人社会福祉事業の拡大
　　　3　愛盲事業の一例と愛盲事業の広がり
第3節　愛盲精神の広がり　177
　　　1　今日の盲人福祉施策の中に見る愛盲精神
　　　2　愛盲精神を引き継ぐ人々

終 章 ·· 189
　　第 1 節　まとめと結論　189
　　第 2 節　岩橋武夫の評価　203
　　第 3 節　限界と今後の課題および資料収集の問題　205
　　第 4 節　岩橋武夫の福祉の心　206
　　第 5 節　最後に　207

補 論　視覚に障害のある人のための社会福祉事業基礎調査 ········· 211
　　Ⅰ　序　211
　　Ⅱ　調査結果　215
　　　1　視覚に障害のある人のための社会福祉事業の始まり
　　　2　視覚に障害のある人のための社会福祉事業設立の時間的推移
　　　3　事業種別ごとの事業者数
　　　4　各事業種別の先駆者
　　　5　各事業種別の始動期，最盛期，充足期
　　　6　各事業者が営んでいる事業種別の数とその時間的拡大状況
　　　7　視覚に障害のある人のための社会福祉事業の地域的・時間的拡大状況
　　　8　事業種別の組合せ
　　　9　事業を始める際に参考にした法人・団体等および指導を受けた人物
　　Ⅲ　結論　236

補論添付資料　アンケートから得られた基礎データ ························ 247

　　年表　257

　　岩橋武夫文献目録　263

　　主要参考文献目録　271

　　おわりに　287

　　人名索引　291

　　事項索引　293

序章

第1節　研究の目的と背景

　大航海時代に始まった西洋諸国による植民地化の波は，18世紀の産業革命を経てますます加速し，19世紀の半ば，世界地図上の東の端に位置する我が国にも及ぼうとしていた．日本の近代はこのような時期に始まった．維新を成し遂げた明治新政府は，「攘夷」という革命思想を翻し，国を開き，国を強くすることで独立を維持する道を選んだ．そして，「富国強兵」「殖産興業」のかけ声のもと，諸外国から技術や諸制度を導入するとともに，政治的には天皇を中心とする立憲君主制のもと強力な中央集権体制を目指し，経済的には自由主義体制をとった．その過程で，新体制にそぐわないものは，次々に改革されていった．その影響は，国民のすべての階層に及び，盲人をはじめとする弱者には，とりわけ重くのしかかってきた．

　近世において盲人は当道座などの全国規模の自助組織を作り，幕府や諸藩の庇護のもと一定の職業的自立[2]を得ていた[3]．明治に入ると，封建的諸制度撤廃の一環として盲人の官位である「盲官」は廃止され，当道座は解体された．そして，晴眼者が盲人の伝統的職業[4]を徐々に蚕食していくなか，盲人は職業的自立の危機を迎えた．これに対し，盲人達は明治の末から按摩を盲人の専業とするための運動を始めた．しかしこの運動は一定の成果を見たものの，結局按摩を盲人が独占するには至らなかった[5]．

　このように盲人の職業問題が切迫する中で登場したのが岩橋武夫である．早稲田大学在学中に失明した岩橋は，盲人が伝統的職業に執着することに限界を

見いだし，別の道を模索する．岩橋は盲人の問題を教育問題と社会問題とに分け，このうち教育問題については「盲学校及びその他の教育機関は，単に盲人に対し職業的訓練を与ふるを以て能事終れりとなし，卒業後の後援を疎にする傾向甚だ大いなるものあるが故に，日本目下の盲人大衆の生活様式及びその内容は，決して楽観を許さないのである」（岩橋 1932b：216-7）と当時の盲教育を批判する．そして，「我が国十万に余る盲人中のその大多数の者は無産者にして，その日稼ぎをなしつつある」「盲人大衆は，一般正眼者よりも更に低い生活様式を強ひられ，国民的文化の享楽に当っても，甚だ不平等なる待遇を受けつつある」「故にこれら盲人大衆に対して，何等かの社会問題的解決の必要なることは，敢て高遇なる理想を説かずとも，会得し得らるる現実の問題である」（岩橋 1932b：218）としたうえで，盲人の社会問題解決には盲人社会立法と盲人社会事業が必要だとし，1935（昭和10）年の大阪ライトハウス（現在の社会福祉法人日本ライトハウス）設立を皮切りにその実現に生涯をかけて取り組んでいく．

　一方，今日に続く障害者福祉は，1949（昭和24）年に制定された身体障害者福祉法から始まった．この身体障害者福祉法成立に自分たち盲人が重要な役割を果たした，そのような話が盲人の間で語り継がれてきた．すなわち，岩橋武夫が1948（昭和23）年にヘレン・ケラーを日本に招いたことで，身体障害者福祉法制定の機運が高まり，その結果同法が成立したというのである．このため，盲人の側から身体障害者福祉法の成立過程とその背景を見ていき，先の口伝が事実であることを証明できれば，障害者福祉政策の成立過程の研究に一石を投じることができると考えた．

　しかし，岩橋は単に身体障害者福祉法の成立に関与しただけではない．身体障害者福祉法の実現は，彼の遠大な計画の一コマに過ぎなかった．岩橋は，1948（昭和23）年，日本盲人会連合（以下「日盲連」と略記）を設立し，その会長として盲人の諸団体を束ね，盲人達の意志を結集した．1953（昭和28）年には日本盲人社会福祉施設連絡協議会（現在の社会福祉法人日本盲人社会福祉施設協議会，以下「日盲社協」と略記）を設立し，委員長となって盲人社会福祉事業者の意志を代表した．1954（昭和29）年3月には，世界盲人福祉協議会日本委員会（現在の社会福祉法人日本盲人福祉委員会，以下「日盲委」と略記）を結成し委員長に就任するとともに，同年8月に開催された第1回世界盲

人福祉会議に代表2名を送った．その後1955（昭和30）年に第1回アジア盲人福祉会議を開催すべく病を押して準備に奔走するが，同会議の開催に目処がついた1954（昭和29）年10月28日，ついに帰らぬ人となる．このように岩橋は盲人社会事業を興し，盲人の全国組織を作り，身体に障害のある人のための法律制定に貢献し，盲人社会福祉事業者を束ねた．そしてその目はアジアに，さらには世界にまで向けられていたのである．しかも日盲連，日盲社協，日盲委は今日でも盲人の主要な全国組織として重要な役割を果たしており，その初代代表を務めた岩橋は，近代以降の我が国で最も注目すべき盲人の一人といってよいであろう．

　ところがである．岩橋はかつては我が国の社会福祉に最も貢献した人物の一人であるとされていたが[11]，今では歴史の中に埋もれて忘れさられた感がある．しかも数々の功績を上げた人物であるにもかかわらず，岩橋の学会における知名度は必ずしも高くない．研究もわずかしかない．そこで筆者は，岩橋に正当な評価を与えたいと考えた．これが岩橋の研究を始めた理由である．

　本研究では，岩橋武夫のこれらの足跡をたどっていくことで，近代日本における盲人の職業的自立に向けた歩みの一端を解き明かし，もって岩橋武夫と盲人達が社会福祉の歴史に果たした役割を明らかにすることを目的とする．

　ところで，なぜ盲人の職業問題なのかである．岩橋武夫が失明したのは，1917（大正6）年のことであった．この当時，失明した者が選択できる職業は，鍼・灸・按摩等限られたものしかなく，盲人の数少ない適職であるこれらの職業ですら，晴眼者に蚕食され続けていた．しかし，そのような盲人にも，過去には比較的恵まれた時代があった．冒頭にも触れたように，近世において盲人は当道座などの自助組織を作り，幕府や諸藩の庇護のもと，一定の職業的自立を得ていた．これが，明治維新を迎えて一変した．明治に入ると封建的諸制度が廃止され，それとともに当道座も解体されたが，このとき盲人は従来に代わる何らの保護も得られず貧窮してゆく．また，職業選択の自由という新政府の方針が，盲人の伝統的職業である鍼治や按摩への晴眼者の進出を許したのである．これに対し，過去の良き時代への憧憬から，制度・政策を変え，それによりかつてのように職業的に自立できれば，盲人問題の多くを解決できるとの思いが盲人達に生まれた．そしてその思いが明治末期からの按摩専業運動につなが

り，盲人の全国組織化への強い動機となり，さらには身体障害者福祉法を勝ち取るための運動の力となったと考えられる．つまり，盲人達が身体障害者福祉法に関わった背景には，近代に入って早々に始まった職業問題が横たわっている．岩橋の活躍は，盲人のこうした事情を背景にしているのである．以上のことから，近代からの盲人の職業問題を見ていくことで，当時の盲人問題の根幹部分を浮彫りにでき，身体障害者福祉法に始まる障害者福祉の黎明期の一端を明らかにできる．また，盲人の職業問題を基調に据えることで，多岐にわたる活動をした岩橋武夫の社会福祉史上における役割を，明瞭にとらえることができるのである．

　今日的な話になるが，内閣府による「平成18年度障害者施策総合調査」によると，障害のある人の18.9%が「働いて得る収入」だけで生活したいと答え，45.3%が「年金と働いて得る収入」を合わせて生活したいと答えている．両者を合わせると64.2%にもなる．これに対し，「年金」だけで生活したいと答えた人は8.9%であり，「家族などからの支援」だけで生活したいと答えた人はわずか1.0%だった．この結果は，年金を受けながらも，可能な限り自らの力で生きていきたいという，彼らの強い意志を現しているのであろう．あるいは年金を受けられない人や家族に頼れない人がおり，または年金だけでは生活できないという現実もあるのであろう．いずれにせよ，障害のある人の多くは，障害がありながらも働きたい，または働かなければならないと考えているのである．このように，年金等の福祉制度がそれなりの水準に到達した今日においても，障害のある人の働くことへの強い思いは薄らいでいない．まして，福祉制度に見るべきもののなかった近代にあっては，その思いははなはだ大きかったであろう．働くことは，今も近代においても，障害のある人の中心課題を占めているのである．

　一方，岩橋は，社会事業家のほかにクエーカー教徒というキリスト者としての顔，大阪市立盲学校の教諭，関西学院の講師，燈影女学院の経営者という教育者としての顔を持つ．不首尾に終わったとはいえ，政治家を志したこともあり，日盲連設立前後の彼の動きは政治活動そのものだった．また彼は，小説や翻訳，点字雑誌『黎明』[12]への毎月の寄稿等を手がける文筆家でもあった．さらに，彼が設立した大阪ライトハウスでは，点字出版や点字図書館事業に始ま

り，数多くの事業分野を手がけてきた．加えてヘレン・ケラーとの親交も厚い．このように岩橋の才能は多彩で，かつその活動範囲は広い．このため岩橋のすべてを扱うことは，本研究の範囲を超える．そこで本研究では，岩橋の活動の中でも盲人の職業分野にまずは目を向け，そこを中心軸に論を広げていくことにしたのである．

しかし実際のところ岩橋武夫や彼が設立した大阪ライトハウスは盲人福祉史上，あるいは社会福祉史上，どのように位置づいているのであろうか．自分の研究テーマが，研究分野の中心に近い所にあるのか，端のほうの取るに足らない存在なのか，はたまたそれらの間にあるのか，であればどのあたりに位置づいているのかは，研究の評価に関わるだけに気になるところである．次節で詳述するが，この問いに回答を示す先行研究は見当たらなかった．そこで，全国の盲人社会福祉事業者にアンケート調査を行い，その解答を探った．その結果は「補論」として添付したが，岩橋が設立した大阪ライトハウスは，先駆性，事業の規模などいくつかの点で我が国の盲人社会福祉事業者の先頭を走ってきたこと，また他の事業者に与えた影響が回答のあった全事業者のうちで最も大きかったことなどがわかった．しかも，盲人社会福祉事業者を束ねる日盲社協の初代委員長は岩橋である．このように，岩橋武夫と大阪ライトハウスは，盲人福祉の成立と展開の過程において，際立った存在感を示していたのである．さらに調査の結果，盲人社会福祉事業者とその前身の設立数は，日盲連が結成された1948（昭和23）年に急速に伸び，身体障害者福祉法成立を機に本格的に拡大していることもわかった．この日盲連の初代会長も岩橋であり，加えて先にも触れた通り，岩橋率いる盲人達が身体障害者福祉法成立に大きな役割を果たした可能性があるのである．これらのことから，岩橋武夫の一連の動きを見ていくことで，障害者福祉政策の成立と展開過程の一側面を明らかにできることが示唆されたのである．

第2節　先行研究レビュー

先行研究であるが，岩橋武夫の足跡をたどりながら近代日本における盲人の職業的自立を扱った研究は，聞き取り調査および国立国会図書館（NOL-

OPAC），国立情報学研究所（GeNii）などを中心に調査した限りでは，着手されていないようである．以下では関連分野に範囲を拡大して先行研究を見ておく．

まず，岩橋武夫自身を扱った研究としては，杉山博昭（2003）「岩橋武夫と盲人運動」『キリスト教福祉実践の史的展開』，室田保夫（2009）「岩橋武夫研究覚書：その歩みと業績を中心に」『関西学院大学人権研究』がある．このうち前者は，キリスト教者の立場から，岩橋武夫の戦争責任を論じており，後者は，日本の社会事業に功績を残した者の人物史として岩橋を描いているが，これらは本研究とは視点を異にしている．

続いて，第1章の盲人の職業的自立に関する研究としては次のものがある．まず，近世における盲人の職業的自立に触れた研究として，加藤康昭（1974）『日本盲人社会史研究』がある．明治期の研究としては，松永真純（1998）「近代視覚『障害』者の按摩専業運動『盲人保護法ノ請願』」『大阪人権博物館紀要』(2)，組織とネットワーク研究班編・杉野昭博著（2000）『「盲人保護法案」に関する帝国議会資料（1905-1914年）視覚障害者による「あんま専業運動」』「調査と資料　第91号』』がある．さらに，近世から第二次世界大戦後に至る盲人の職業史や福祉史に触れた研究として，谷合侑（1997）『盲人の歴史』，(1999)『盲人福祉事業の歴史』，本間伊三郎（1987）『源流を探る――大阪の盲人福祉』，島田信雄（1956）[13]『盲人の業権擁護闘争史』などがある．また近世から現代までの盲人の職業について述べた研究として，鈴木正行（2010）『視覚障害者をめぐる社会と行政施策――職業選択の変遷を視座にして』もある．

また盲教育の歴史に関する研究としては，加藤康昭（1972）『盲教育史研究序説』，(1989)「日本における盲人運動の成立とその要求」『障害者問題史研究紀要』(32)，(1994)「日本の障害児教育成立史に関する研究　成立期の盲聾唖者問題をめぐる教育と政策」『茨城大学教育学部紀要（教育科学）』(43)，中村満紀男（1971）「S.G.ハウの障害児教育思想について　初期における盲教育論を中心に」『特殊教育学研究』9 (2)，(1972)「パーキンス盲院教育におけるハウの精薄観」『視覚障害児教育研究』(5)，楠本実・梶本勝史・井谷善則（1985）「盲学校の校歌・校章に関する考察　聾学校との関連におい

て」『障害児教育研究紀要』(7),河合康（1992）「新潟県盲教育史　明治・大正期における高田盲学校を中心にして」『上越教育大学研究紀要』12（1），平田勝政・久松寅幸（2003）「戦前日本の盲学校教育における職業教育と進路保障に関する歴史的考察　明治末～昭和戦前期の各種盲教育大会等の議論の検討を通して」『長崎大学教育学部紀要　教育科学』(65)，中村満紀男（2005-2007）『日本最初期の点字雑誌「六つ星の光」「点字世界」における戦前の盲人の教育論・生活論』，大塚美紀（2007-2012）[14]『東京社会福祉史研究』(1)-(6) など多数ある．

　盲人の歴史に範囲を広げると，当道座，芸能，盲僧などの研究，人物を中心にした研究などがある．まず当道座に関する研究としては，中山太郎（1965）『日本盲人史』，(1965)『続　日本盲人史』がある．盲人の芸能に関する研究としては，網野善彦・大隅和男（1990）『日本　歴史と芸能　第6巻　中世遍歴民の世界』がある．盲僧に関する研究としては，中野幡能（1993）『歴史民俗学論集　2　盲僧』がある．当道座，芸能，盲僧などを幅広く扱った研究としては，谷合侑（1989）『チャレンジする盲人の歴史』がある．盲人の人物を扱った研究としては，鈴木力二（1969）『中村京太郎伝』，森田昭二（2009）「近代盲人福祉の先覚者好本督　『真英国』と『日英の盲人』を中心に」『人間福祉学研究』2（1），(2010)「好本督と『日本盲人会』の試み　盲人福祉事業の先覚者が描いた夢」『社会福祉学』51（2），(2011)「中村京太郎と点字投票運動　『点字大阪毎日』の論説と記事を通して」『Human welfare』3（1），(2012)「中村京太郎と盲女子の保護問題　『関西盲婦人ホーム』を中心として」『福祉文化研究』21，(2015)『盲人福祉の歴史──近代日本の先覚者たちの思想と源流』がある．

　また，第1章の岩橋武夫と大阪ライトハウスに関する研究や著作物としては次のものがある．まずはじめに，岩橋武夫自身による著作物である．岩橋は，哲学書，キリスト教関係の著作，ヘレン・ケラーに関する著作，そして盲人関係の著作などを著している．そのうち大阪ライトハウス設立に関係するものとしては，(1931)『光は闇より』，(1932b)『愛盲（盲人科学ABC）』，(1932a)「盲人福祉及び失明防止に関するウインフレッド，マザー夫人の講演内容」『岩橋武夫講演集　2　暗室の王者』などがある．『光は闇

より』は，岩橋が失明し苦悩の末，自殺を図ろうとしたときに，「闇の中に光を発見」し，その光明に感謝しながら学問の道に進んでいった自らの体験を記述したものである．『愛盲（盲人科学 ABC）』は 2 部構成となっており，第 1 部はウィニフレッド・ホルト（後に結婚してウィニフレッド・マザーとなる）による『盲人とその友のためへの本』（"A Handbook for the Blind and their Friends"）を全訳したものである．第 2 部は，岩橋が，1929（昭和 4）年 2 月から 12 月の間，『大阪府社会事業研究』に掲載した論文を収録したものである．「盲人福祉及び失明防止に関するウイニフレッド・マザー夫人の講演内容」は，1929（昭和 4）年 6 月 4 日，内務省社会局小会議室においてニューヨークライトハウス創設者マザー夫人が行った講演を岩橋が通訳し，その内容を収録したものである．その他，日本ライトハウスが刊行していた点字雑誌『黎明』にも岩橋が執筆した記事や論文などがある．なお，岩橋が投稿した雑誌記事については，先の著作物などに収録されているので省略した．また岩橋の著作物は他にもあるが，ここでは本研究に無関係なものは省略した．

　岩橋武夫の没後 8 年目の 1962（昭和 37）年には，岩橋英行（1962）『日本ライトハウス 40 年史』が出版された．これには，大阪ライトハウスの歴史や，ライトハウス事業をしる手がかりとして参考となる資料が納められている．このほかに大阪ライトハウスの関係者が岩橋武夫の足跡をたどった論文・書籍として，岩橋英行（1978）「異国で善意の重みを知った　日本ライトハウスの創設者・岩橋武夫の足あと（福祉の遺産）」『月刊福祉』61（3），関宏之（1983）『岩橋武夫——義務ゆえの道行』がある．

　2000 年代には，日本ライトハウス 21 世紀研究会（2002）『わが国の障害者福祉とヘレン・ケラー——自立と社会参加を目指した歩みと展望』および，高橋秀治（2003）「特集　自立と社会参加のためのパートナーシップ　創立 80 年の光を掲げる日本ライトハウス」『視覚障害』（184），木塚泰弘（2003）「列島縦断ネットワーキング　大阪 80 周年を迎えた日本ライトハウス」『ノーマライゼーション』（258）が出される．このうち『わが国の障害者福祉とヘレン・ケラー——自立と社会参加を目指した歩みと展望』は，日本ライトハウスの創立 80 周年を記念して出版されたものであり，『日本ライ

トハウス40年史』では，明らかにされていなかった岩橋武夫やライトハウス設立に関する新たな記述が見られる．

　第2章の大阪ライトハウス早川分工場に関する先行研究であるが，同工場を職業リハビリテーションの歴史の観点で研究したものはなかった．職業リハビリテーションの歴史に関する研究では，松井亮輔（1987）「職業リハビリテーションの歴史」『総合リハビリテーション』15（4）がある．同論文では，第一次世界大戦以降，1980年代までの職業リハビリテーション施策の展開を4期に分けて概観し，職業リハビリテーションが第二次世界大戦後，身体障害者を対象に発展していったことを明らかにしている．職業リハビリテーションの歴史の研究には，他に精神障害者の職業リハビリテーションに関するもの2件，作業療法士に関するもの1件があるが，盲人に関するものは見あたらない．早川分工場の研究がこれまでなされなかったのは，資料の多くが点字であり，その発見が困難であったこと，墨字資料にも早川分工場の存在を示すものがいくつかあるが，その多くが重要文書扱いとして日本ライトハウス内に保管されており，研究者の目に触れることがなかったことなどが考えられる．年報等比較的入手しやすい資料にも同工場のことは若干触れられているが，点字資料等による内容の補完がなければ，その実態を描くのは困難である．

　早川分工場設立の協力者である早川徳次に関する書籍としては，早川徳次（1970）『私の考え方　早川徳次』，早川徳次（1980）「早川徳次」『私の履歴書　経済人6』，平野隆彰（2004）『早川徳次伝　シャープを創った男』などがある．また早川分工場の後身であるシャープ特選工場株式会社に関する書籍としては，シャープ特選工業株式会社（1990）『シャープ特選と私　創立40周年記念誌』がある．

　第3章の日盲連の設立過程を研究したものもないようである．これまで日盲連の設立過程の研究がなされてこなかったのは，早川分工場同様，当時の資料の多くが点字であり，その発見が困難であったためであろう．しかも資料のほとんどは，日盲連にではなく，日本ライトハウスに所蔵されていた．

　日盲連に関する書籍としては，日本盲人会連合（1978）『日本盲人会連合30年史（点字版）』（1-3），日本盲人会連合50年史編集委員会（1998）『日

本盲人会連合50年史』がある．

　第4章の身体障害者福祉法の成立過程の先行研究であるが，これを当事者側から見た研究はないようである．同法成立過程を政府およびGHQ側から見た研究としては，村上貴美子（1987）『占領期の福祉政策』，矢嶋里絵（1997）「身体障害者福祉法の制定過程　総則規定を中心に　その1」『人文学報』(281)，(1999)「身体障害者福祉法の制定過程　その2」『人文学報』(300)，熊沢由美（2004）「被占領期日本における傷痍者保護対策　身体障害者福祉法の制定をめぐって (1)」『東北学院大学論集　経済学』(156)，(2005)「身体障害者福祉法の制定過程　身体障害者福祉法の制定をめぐって (2)」『東北学院大学論集　経済学』がある．このうち村上 (1987) は，厚生省職員という著者の立場を生かして当時の史料発掘の限界を打破し，貴重な一次資料を基に，「生活保護法」「児童福祉法」「身体障害者福祉法」，すなわち社会福祉三法の成立過程を明らかにしたものである．矢嶋 (1997, 1999) は，村上が木村文庫に所蔵されていると言及していた同法の複数の法律草案を用いるとともに，衆参厚生委員会国会会議録の審議経過，およびPHW記録用覚書の英文を翻訳して検証している．また熊沢 (2004, 2005) は，第一次資料の一部を，国立国会図書館憲政資料室が所蔵しているPHW記録用覚書のマイクロフィッシュおよびフィルムを用いて検証している．

　それから，丸山一郎 (2006)「障碍者対策ことはじめ　身体障害者福祉法はこうして誕生した　ミクラウツ氏と金田会長による回顧談」『ノーマライゼーション』26 (10)，田中徹二 (2006)「フェルディナンド・ミクラウツ氏の講演から考える　GHQの施策と日本の障害者福祉」『月刊　視覚障害』(220)，福山博 (2006)「60年前の記憶を手がかりに『身障法』や岩橋武夫を語る　フェルディナンド・ミクラウツ特別講演」『点字ジャーナル』(436) がある．これらは，後述するフェルディナンド・ミクラウツを，埼玉県立大学の丸山が2006（平成18）年7月に日本に招聘した際の講演等をもとに，PHWで身体障害者福祉法を直接担当した氏の貴重な証言を綴ったものである．

　さらに蟻塚昌克 (2009)「身体障害者福祉法の制定　Helen Keller's Visit Japan」『証言　日本の社会福祉　1920-2008』がある．これは，時代の転換点にたった人びとの記録に焦点を当て，わが国の社会福祉の源流の一角を明

らかにしようとしたものである．

　最後に 2008（平成 20）年から 2010（平成 22）年には，寺脇隆夫（2008a）「身体障害者福祉法（1949.12）の立案過程の検討（上）木村文書中の法立案過程の史資料を通して」『浦和論叢』（39），（2008b）「身体障害者福祉法（1949.12）立案過程の史資料（上）木村文書中の身体障害者福祉法制定関係基本資料」『浦和論叢』（39），（2009a）「身体障害者福祉法（1949.12）の立案過程の検討（中）木村文書中の法立案過程の史資料を通して」『浦和論叢』（40），（2009b）「身体障害者福祉法（1949.12）立案過程の史資料（中）木村文書中の身体障害者福祉法制定関係基本資料」『浦和論叢』（40），（2009c）「身体障害者福祉法（1949.12）の立案過程の検討（下）木村文書中の法立案過程の史資料を通して」『浦和論叢』（41），（2010）「身体障害者福祉法（1949.12）立案過程の史資料（下）木村文書中の身体障害者福祉法制定関係基本資料」『浦和論叢』（42）を発表した．これらの論文および資料は，1948（昭和 23）年から 1952（昭和 27）年にかけて厚生省社会局長であった木村忠二郎が収集した資料を基に，厚生省側から見た身体障害者福祉法の立案過程の中，従来未解明であった具体的法案の中身を丹念に追い，その変遷を取り上げて研究したものである．また身体障害者福祉法の法律草案から最終案までが資料集としてまとめられており，占領期の研究にとって貴重なものである．

　第 5 章の日本盲人社会福祉施設連絡協議会に関する先行研究もないようである．資料としては，社会福祉法人日本盲人社会福祉施設協議会・創立 50 周年記念誌編集委員会（2003）『社会福祉法人日本盲人社会福祉施設協議会創立 50 周年記念誌』がある．

　第 6 章の世界盲人福祉協議会やアジア盲人福祉会議に関する先行研究もないようである．資料としては，岩橋英行（1955）『世界盲人福祉会議並びにヨーロッパにおける盲人福祉事業施設視察報告書』，世界盲人福祉協議会日本委員会（1956）『アジア盲人福祉会議議事録』がある．

　第 7 章の盲人社会事業の広がりなどに関する先行研究もないようである．社会事業史の研究としては，吉田久一（1990）『吉田久一著作集 3　改訂増補版　現代社会事業史研究』が詳しいが，同研究には盲人社会事業の事例は見あたらない．

第3節　研究対象時期と研究の視点および研究方法

　本研究では，盲人が職業的自立の危機を迎える明治初期から岩橋武夫が亡くなる1954（昭和29）年までの時期を主に扱い，岩橋武夫の足跡をたどることを通じて，盲人の職業的自立に向けた歩みを，岩橋武夫および盲人の視点で見ていくものとした．

　研究方法としては，日本ライトハウスをはじめ，関係する法人・団体等に出向き歴史資料の調査・発掘を行うとともに，発見された資料を基に，実証的に研究していくものとした．資料については，可能な限り一次資料に当たり，年史等の出版物も併せて参考にするものとした．さらに，各事業者の歴史をよく知る人物に聞き取り調査を行い，研究を補完することとした．

　なお，法人・団体等が保有する歴史資料の調査・発掘については，相手が現に事業を営んでいる民間組織であるだけに難しさが伴う．それを筆者がいかにして克服し，組織の中に分け入り腰を据えて調査を行ってきたかについては，小西（2010）として発表しているのでご参照願いたい．

第4節　検証課題と論文の構成

　検証課題および論文の構成としては，第1章で，まず明治から昭和初期にかけて盲人に迫ってきた職業的自立の危機と，これを背景として岩橋武夫が愛盲事業[15]の着想を得ていく過程，さらに愛盲事業を実践するために，大阪にライトハウスを設立していく過程を明らかにする．第2章では，大阪ライトハウスがシャープ株式会社創業社の早川徳次の協力を得て先駆的に取り組んだ，職業リハビリテーションの実践例としての早川分工場について，その背景および開設から閉鎖に至る過程を見ていく．第3章では，岩橋武夫が盲人達の政治力を結集しようと，盲官廃止後70年余りを経て実現した盲人の全国組織である日本盲人会連合を立ち上げていく過程を見ていく．第4章では，少数派に過ぎない盲人達が，集団としての声を上げ続け，身体障害者福祉法の実現に深く関わり，同法成立の要としての役割を果たしたことを明ら

かにする．第5章では，身体障害者福祉法を手にした盲人達が日本盲人社会福祉施設連絡協議会を日盲連から分離して設立するまでの過程を見ていく．第6章では，愛盲事業を通して欧米の合理的保護概念を日本にもたらそうとした岩橋が，ふたたび世界に目を向け，世界盲人福祉協議会への加盟およびアジア盲人福祉会議を開催していく過程を見ていく．第7章では，岩橋が構想した愛盲事業がその後どうなったかを分析するとともに，岩橋が提唱した「愛盲」の精神が今日的な盲人福祉施策にどのように位置付いているかを見ていくことで，岩橋の功績を評価する．以上，七つの検証課題を解き明かし，近代日本における盲人の職業的自立への歩みとしての，岩橋の足跡をたどっていくことで，岩橋武夫と盲人達が社会福祉の歴史に果たした役割を明らかにする．

＊＊＊

　近世において当道座などの自助組織を作り一定の職業的自立を得ていた盲人は，近代に入るとその特権的地位を失い，何らの保護も得られないまま，自由競争の波に翻弄されていく．これに対し盲人達は明治の末頃より按摩専業運動を起こすものの，十分な成果は得られなかった．そこに登場したのが岩橋武夫である．岩橋は1935（昭和10）年，大阪に世界で13番目となるライトハウスを建設し，今日の日本ライトハウスを創業した人物である．一方，盲人の間では，1948（昭和23）年に岩橋がヘレン・ケラーを日本に招いたことがきっかけとなり，身体障害者福祉法が成立したとされてきた．また，岩橋は日盲連の初代会長，日盲社協の初代委員長を勤め，アジア盲人福祉会議開催の立役者でもある．すなわち岩橋は，近代以降の盲人の中で，最も注目すべき人物の一人である．にもかかわらず，岩橋の研究はこれまであまりなされてこなかった．本書は，岩橋武夫の足跡をたどっていくことで，近代日本における盲人の職業的自立に向けた歩みの一端を解き明かし，もって岩橋武夫と盲人達が社会福祉の歴史に果たした役割を明らかにしようとしている．

注

1 本書では，視覚に障害のある人に関する歴史的な事象を表現したり，それをもとに論証したりする際，視覚に障害のある人を指す用語として「盲人」を用いる．これは，引用文中や組織の名称に「盲人」が多用されており，論文の統一感を保つには同用語がふさわしいと考えたためである．なお，補論等で今日の事象を扱う場合には，同用語に「視障者」を用いている．
2 本書では，たとえ年金等の福祉サービスを得ていたとしても，自らの労働による収入があり，これら収入や福祉サービスによって経済的に自立した生活を送っていける状態を指す用語として，「職業的自立」を用いる．これは，筆者が，障害のある人の職業的自立とは，そのハンディキャップを補ったうえでの自立であるという立場に立つためである．
3 ここで「一定の職業的自立を得ていた」とは，近代に入ってからの盲人の「職業的自立の危機」に比較しての相対的表現であり，詳しくは『日本盲人社会史研究』(加藤 1974)を参照．
4 本書では，歴史的に盲人の経済的自立を支えてきた按摩，鍼，灸，琴三弦，盲僧，盲人高利貸し等の職業を指す用語として，「伝統的職業」を用いる．
5 『2007年度 修士論文 盲人集団の職業的自立の危機とその克服への試み 岩橋武夫と大阪ライト・ハウス設立を中心に』の「第1章 盲人集団の職業的自立の危機と岩橋武夫の出現」(小西 2008：9-27)を参照．
6 晴眼者のこと．岩橋の当時はこう表現した．
7 本書では，盲人のための社会事業を指す用語として「盲人社会事業」を用いる．戦後，社会福祉事業法が制定されて以降，同法により認可された法人等が営む事業は社会福祉事業と呼ぶことになるが，戦前からの流れで戦後を論じる場合には，戦後の記述であっても「盲人社会事業」を用いる場合がある．
8 大阪ライトハウスは，1922(大正11)年，「点字文明協会」の名称で創業した．1935(昭和10)年にライトハウスが建設された当時の名称は，「大阪盲人協会ライトハウス」であった．その後1942(昭和17)年には「大阪盲人協会愛盲会館」に改称され，1943(昭和18)年9月1日には恩賜財団軍人援護会大阪支部に建物と設備を寄付し「失明軍人会館」と改称された．1946(昭和21)年5月15日には先の恩賜財団より建物と設備が戻され「ライトハウス」と改称され，1947(昭和22)年4月1日には「社団法人ライトハウス」となった．1952(昭和27)年5月10日には，社会福祉事業法制定にともない「社会福祉法人ライトハウス」となった．1960(昭和35)年11月4日には「社会福祉法人日本ライトハウス」と改称され，現在に至っている．このように大阪ライトハウスはこれまで7回の名称変更を経てきたが，資料中には「大阪ライトハウス」の名称が見られるものの，正式にはこの名称を使用したことはない．1935(昭和10)年の大阪ライトハウス建設当時の人々は，大阪ライトハウスを単に「ライトハウス」と呼んでいた．今日の日本においては「ライトハウス」を名称に含む事業者が多数存在するため，他の「ライトハウス」との混同を避けるため，本書では現在

の「社会福祉法人日本ライトハウス」とその前身を「大阪ライトハウス」と呼称するものとする．

9 （村上　1987）参照．
10 社会福祉事業は戦後の用語であるが，本書において戦後のことを中心に述べ，それに付随して戦前のことを述べる場合には，戦前の記述においても「社会福祉事業」を用いる場合がある．
11 終章の第2節参照．
12 本書には点字雑誌『黎明』からの引用が多い．同誌の原本は点字で書かれているため，研究および引用する際には墨字訳が必要である．本書執筆に当たっては，日本ライトハウスが墨字訳したものを主に使用したが，一部に視覚障害ボランティアの協力を得て筆者が墨字訳したものも含まれている．日本ライトハウスの墨字訳は巻頭言のみを集めた「巻頭言集」とその他記事を部分的に墨字訳したものが存在する．このうち「巻頭言集」には，原本の点字雑誌における頁が付記されていない．このため，これを引用する際には「巻頭言集」に先頭からふられた頁を記載した．その他の墨字訳は元の点字雑誌の頁を記載してある．点字は仮名文字だけで構成されているため，これを墨字訳する際には適宜漢字を当てなければならない．これについては同法人が墨字訳したものも含め筆者の判断で漢字を当て，あるいは修正した．同法人が墨字訳したもののうち，旧漢字は新漢字に直し，意味的に見て明らかに誤っている漢字，当て字は適宜修正した．句読点は，現代の表現に比して少ないため適宜補った．なお点字雑誌『黎明』には奥付がないため，編集，発行所が明確ではない．しかし，実際に発行を行ってきたのは日本ライトハウスおよびその前身であるので，編集兼発行所を「大阪ライトハウス」とした．
13 再版は，『日本の視覚障害者の職業小史』（島田　2000）のタイトルで刊行されている．
14 大塚美紀の『東京社会福祉史研究』に掲載された資料紹介のタイトルおよび頁は，章末の文献欄を参照．
15 「愛盲事業」については，第1章にて言及する．

[文　献]

網野善彦・大隅和男（1990）『大系日本歴史と芸能〈第6巻〉――音と映像と文字による中世遍歴民の世界』平凡社．
蟻塚昌克（2009）「身体障害者福祉法の制定　Helen Keller's Visit Japan」『証言日本の社会福祉―― 1920-2008』ミネルヴァ書房，43-60．
遠藤織枝（2003）『視覚障害者と差別語』明石書店．
福山博編集（2006）「60年前の記憶を手がかりに『身障法』や岩橋武夫を語る――フェルディナンド・ミクラウツ特別講演」『点字ジャーナル』（436），ページ数なし．

早川徳次（1970）『私の考え方』浪速社.
早川徳次（1980）「早川徳次」『私の履歴書〈経済人6〉』日本経済新聞社, 123-85.
平野隆彰（2004）『早川徳次伝　シャープを創った男』日経BPセンター.
平田勝政・久松寅幸（2003）「戦前日本の盲学校教育における職業教育と進路保障に関する歴史的考察：明治末〜昭和戦前期の各種盲教育大会等の議論の検討を通して」『長崎大学教育学部紀要　教育科学』（65）, 29-44.
本間伊三郎（1987）『源流を探る――大阪の盲人福祉』大阪府盲人福祉協会.
岩橋英行（1962）『日本ライトハウス40年史』日本ライトハウス.
岩橋武夫（1931）『光は闇より――盲人哲学者の入信手記』日曜世界社.
─── （1932a）『岩橋武夫講演集2――暗室の王者』日曜世界社.
─── （1932b）『愛盲――盲人科学（ABC）』日曜世界社.
加藤康昭（1972）『盲教育史研究序説』東峰書房.
─── （1974）『日本盲人社会史研究』未来社.
─── （1989）「日本における盲人運動の成立とその要求」『障害者問題史研究紀要』（32）, 3-7.
─── （1994）「日本の障害児教育成立史に関する研究　成立期の盲聾唖者問題をめぐる教育と政策」『茨城大学教育学部紀要（教育科学）』（43）, 125-42.
河合　康（1992）「新潟県盲教育史　明治・大正期における高田盲学校を中心にして」『上越教育大学研究紀要』12（1）, 325-38.
木塚泰弘（2003）「列島縦断ネットワーキング　大阪80周年を迎えた日本ライトハウス」『ノーマライゼーション』（258）, 55-57.
小西律子（2008）『2007年度修士論文　盲人集団の職業的自立の危機とその克服への試み――岩橋武夫と大阪ライト・ハウス設立を中心に』岡山県立大学.
─── （2009）「盲人集団の職業的自立の危機とその克服への試み　岩橋武夫と大阪ライトハウス設立を中心に」『社会福祉学』50（1）, 57-67.
─── （2010）「民間組織が保有する歴史資料の調査と保全　日本ライトハウスにおける電子化事例報告」『社会福祉学』51（1）, 66-76.
─── （2011）「職業リハビリテーションの黎明としての大阪ライトハウス早川分工場」『社会福祉学』51（4）, 5-17.
─── （2012）「身体障害者福祉法成立に盲人集団が果たした役割」『社会福祉学』52（4）, 3-16.
熊沢由美（2004）「被占領期日本における傷痍者保護対策　身体障害者福祉法の制定をめぐって（1）」『東北学院大学論集　経済学』（156）, 51-86.
─── （2005）「身体障害者福祉法の制定過程　身体障害者福祉法の制定をめぐって（2）」『東北学院大学論集　経済学』（158）, 243-68.

楠本 実・梶本勝史・井谷善則（1985）「盲学校の校歌・校章に関する考察　聾学校との関連において」『障害児教育研究紀要』（7），13-25．
丸山一郎（2006）「障碍者対策ことはじめ　身体障害者福祉法はこうして誕生した　ミクラウツ氏と金田会長による回顧談」『ノーマライゼーション』26（10），49-51．
松永真純（1998）「近代視覚『障害』者の按摩専業運動『盲人保護法ノ請願』」『大阪人権博物館紀要』（2），71-9．
森田昭二（2009）「近代盲人福祉の先覚者好本督 ──『真英国』と『日英の盲人』を中心に」『人間福祉学研究』2（1），61-72．
─── （2010）「好本督と『日本盲人会』の試み　盲人福祉事業の先覚者が描いた夢」『社会福祉学』51（2），5-16．
─── （2011）「中村京太郎と点字投票運動『点字大阪毎日』の論説と記事を通して」『Human welfare』3（1），79-90．
─── （2012）「中村京太郎と盲女子の保護問題『関西盲婦人ホーム』を中心として」『福祉文化研究』21，97-107．
─── （2015）『盲人福祉の歴史 ──近代日本の先覚者たちの思想と源流』明石書店．
村上貴美子（1987）『占領期の福祉政策』勁草書房．
室田保夫（2006）「岩橋武夫　日本ライトハウスの創設と視覚障害者の福祉」『人物でよむ近代日本社会福祉のあゆみ』ミネルヴァ書房，206-12．
─── （2009）「岩橋武夫研究覚書：その歩みと業績を中心に」『関西学院大学人権研究』，27-46．
中村満紀男（1971）「S.G. ハウの障害児教育思想について　初期における盲教育論を中心に」『特殊教育学研究』9（2），1-14．
─── （1972）「パーキンス盲院教育におけるハウの精薄観」『視覚障害児教育研究』（5），23-38．
─── （2005-7）『日本最初期の点字雑誌「六つ星の光」「点字世界」における戦前の盲人の教育論・生活論』研究課題番号 17653122．
中野幡能（1993）『歴史民俗学論集 2　盲僧』名著出版．
中山太郎（1965）『日本盲人史』八木書店．
─── （1965）『続　日本盲人史』八木書店．
日本盲人会連合（1978）『日本盲人会連合 30 年史（点字版）』（1）日本盲人会連合．
日本盲人会連合 50 年史編集委員会（1998）『日本盲人会連合 50 年史』日本盲人会連合．
日本ライトハウス 21 世紀研究会（2002）『わが国の障害者福祉とヘレン・ケラー　自立と社会参加を目指した歩みと展望』教育出版株式会社．
大塚美紀（2007）「資料紹介／点字雑誌『六星の光』掲載論稿（墨字訳）刊行初期における盲人の職業問題に関する論稿を中心に」『東京社会福祉史研

究』(1), 77-90.
―――(2008)「資料紹介／点字雑誌『六星の光』掲載論稿〔墨字訳〕(2) 刊行初期における盲人の教育問題に関する論稿を中心に」『東京社会福祉史研究』(2), 97-110.
―――(2009)「資料紹介／点字雑誌『六星の光』掲載論稿「墨字訳」(3) 刊行初期における点字に関する論稿を中心に」『東京社会福祉史研究』(3), 137-49.
―――(2010)「資料紹介／点字雑誌『六星の光』掲載論稿〔墨字訳〕(4) 日本訓盲学翻案満二五年記念祝賀会に関する論考を中心に」『東京社会福祉史研究』(4), 117-29.
―――(2011)「資料紹介／点字雑誌『六星の光』掲載論稿「墨字訳」(5) 東京盲唖学校分離期の学校生活に関する論稿を中心に」『東京社会福祉史研究』(5), 103-11.
―――(2012)「資料紹介／点字雑誌『六星の光』掲載論稿「墨字訳」(6) 刊行初期における地方の盲人の教育や生活状況に関する論稿を中心に」『東京社会福祉史研究』(6), 71-82.
関　宏之(1983)『岩橋武夫 ――義務ゆえの道行』日本盲人福祉研究会.
社会福祉研究所(1990)『戦前・戦中期における障害者福祉対策』社会福祉研究所.
社会福祉法人日本盲人社会福祉施設協議会・創立50周年記念誌編集委員会(2003)『社会福祉法人日本盲人社会福祉施設協議会　創立50周年記念誌』社会福祉法人日本盲人社会福祉施設協議会.
シャープ特選工業株式会社(1990)『シャープ特選と私　創立40周年記念誌』シャープ特選工業株式会社.
島田信雄(1956)『盲人の業権擁護闘争史』大阪市立盲学校同窓会.
―――(2000)『日本の視覚障害者の職業小史』島田信雄.
組織とネットワーク研究班編・杉野昭博著(2000)「『盲人保護法案』に関する帝国議会資料(1905年～1914年)視覚障害者による『あんま専業運動』」『調査と資料』第91号, 関西大学経済・政治研究所.
杉山博昭(2003)「岩橋武夫と盲人運動」『キリスト教福祉実践の史的展開』大学教育出版, 300-16.
鈴木正行(2010)『視覚障害者をめぐる社会と行政施策 ――職業選択の変遷を視座にして』学文社.
鈴木力二(1969)『中村京太郎伝』　中村京太郎伝記刊行会.
高橋秀治(2003)「特集　自立と社会参加のためのパートナーシップ　創立80年の光を掲げる日本ライトハウス」『視覚障害』(184), 1-10.
田中徹二(2006)「フェルディナンド・ミクラウツ氏の講演から考える　GHQの施策と日本の障害者福祉」『月刊　視覚障害』(220), 1-9.
谷合　侑(1989)『チャレンジする盲人の歴史』　株式会社こずえ.

─── (1997)『盲人の歴史』明石書店.
─── (1999)『盲人福祉事業の歴史』明石書店.
寺脇隆夫 (2008a)「身体障害者福祉法（1949.12）の立案過程の検討（上）木村文書中の法立案過程の史資料を通して」『浦和論叢』(39), 1-47.
─── (2008b)「身体障害者福祉法（1949.12）立案過程の史資料（上）木村文書中の身体障害者福祉法制定関係基本資料」『浦和論叢』(39), 145-69.
─── (2009a)「身体障害者福祉法（1949.12）の立案過程の検討（中）木村文書中の法立案過程の史資料を通して」『浦和論叢』(40), 29-70.
─── (2009b)「身体障害者福祉法（1949.12）立案過程の史資料（中）木村文書中の身体障害者福祉法制定関係基本資料」『浦和論叢』(40), 125-48.
─── (2009c)「身体障害者福祉法（1949.12）の立案過程の検討（下）木村文書中の法立案過程の史資料を通して」『浦和論叢』(41), 21-49.
─── (2010)「身体障害者福祉法（1949.12）立案過程の史資料（下）木村文書中の身体障害者福祉法制定関係基本資料」『浦和論叢』(42), 55-86.
矢嶋里絵 (1997)「身体障害者福祉法の制定過程　総則規定を中心に　その1」『人文学報』(281), 41-71.
─── (1999)「身体障害者福祉法の制定過程　その2」『人文学報』(300), 37-60.
山田　明 (1985)「近代障害者保護の展開 (1)」『共栄社会福祉研究』(1), 21-39.
─── (1986)「近代障害者保護の展開 (4)」『共栄社会福祉研究』(2), 24-40.
吉田久一 (1990)『吉田久一著作集3　改定増補版　現代社会事業史研究』川島書店.

〈日本ライトハウス所蔵〉
岩橋英行 (1955)『世界盲人福祉会議並びにヨーロッパにおける盲人福祉事業施設視察報告書』(福) 日本ライト・ハウス.
世界盲人福祉協議会日本委員会 (1956)『アジア盲人福祉会議議事録』世界盲人福祉協議会日本委員会.

第1章

盲人の職業的自立の危機と岩橋武夫による大阪ライトハウス設立

　序章でも触れた通り，明治新政府は，近代国家を樹立するため，封建的な諸制度を次々と撤廃していった．近世において比較的恵まれた地位にあった盲人は，そのあおりを受け，職業的自立の危機を迎えた．明治も広範に入る頃，日清戦争が起き，わが国は「眠れる獅子」と思われてきた清を破った．そして次なる戦争を前に，準備を急いだ．岩橋武夫はそんな時代に生まれた．その後わが国は次なる戦争，すなわち日露戦争に勝利した．国民は少しずつ自信を抱き始めた．岩橋はそんな世相の中で育った．しかし，世の中のそのような明るい面とは裏腹に，盲人は社会の底辺であえいでいた．

　本章では，近代に入り盲人が伝統的職業に危機を迎え，その危機を克服するため按摩専業運動を起こしていく過程，失明により盲人の仲間入りをした岩橋武夫が，英国留学を通じて検分した，欧米流の新しい盲人保護の概念を日本にもたらそうと，大阪ライトハウスを設立していく過程を見ていく．

第1節　盲人の職業的自立の危機

　本節では岩橋登場前の盲人の職業問題について，先行研究をもとに概観しておく．これは，岩橋武夫の活動を研究する上での時代背景を探るものである．

1　自立していた近世の盲人

　序章でも触れた通り，近世において盲人は，芸能，鍼治，按摩などを営みつつ，当道座，盲僧仲間，瞽女仲間などの組織を作り，貧しいながらも一定

の職業的自立を得ていた．このうち当道座は，総検校を頂点とする全国規模の組織で，盲人達の中で最大の勢力を誇っていた．

　中世の盲人琵琶法師を源流とする当道座は，近世に入るとその職業分野を鍼治，按摩，金融業に広めていった．当道座は検校，勾当，座頭など73階層におよぶヒエラルキーを構成し，それらの官位である「盲官」を得るには「官金」を上納する必要があった．検校・勾当ら高官者は，この「官金」を「下物」として配分し，そうした利権のない下官の座頭には，武家や庶民から徴収した吉凶事の施物を，「配当」として配分することで，座内の盲人に一定の生活扶助を与えていた．当道座は，西欧のギルドに似た職業集団として，芸能，鍼治，按摩などを独占していく．そして，幕府および諸藩の庇護を受けて全国に広がり，元禄期前後に最盛期を迎えた．

　しかし18世紀も後半になると，貨幣経済の進展に伴い，民衆の間では貧富の差が広がった．富農や富商が増え，これらの階層や上層武士を出自とする盲人，あるいはこれら上位層を顧客とする盲人の中には，大きな成功を収める者が出てきた．上層武士に仕官する盲人や，高利貸しで巨富を築く盲人も現れ，これら成功した盲人の中には，座を離れ自立する者が出始めた．その反面，下級武士や中・下層農民の生活は困窮し，家族が扶養しきれなくなった盲人が増加する一方で，配当の減少，物価高騰による官金の目減りなどもあり，当道座の存続基盤そのものが揺らいできた．さらに民衆の窮乏化に伴い，按摩を始める晴眼者もみられるようになった．

2　職業的自立の危機を迎える盲人

　明治に入ると，盲人の地位はさらに大きく変化する．維新後間もない明治政府にとって最大の関心事は，いまだ脆弱な統治機構を整備・強化することであり，西洋列強に伍していける近代国家を早期に樹立することであった．そのため，明治政府は封建的諸制度を廃止し，中央集権体制，自由競争社会への移行を進めた．そしてまず手始めに，封建的身分制度を撤廃し，戸籍制度を確立しようとした．また，維新前後のこの時期，窮乏した盲人が配当を求めて各地で紛争を引き起こしていた．明治政府は配当紛争に対する治安

対策や戸籍編成の必要などから，1871（明治4）年11月3日，太政官布告第568号を発布し，盲官廃止，盲人の一般民籍への編入，配当禁止，家業勝手，鍼治・按摩等の営業妨害禁止を布告した．これに対し，盲僧仲間や瞽女仲間は一時的に動揺したものの，同業仲間として存続した．その一方で，盲人達の最大の勢力であった当道座は，この盲官廃止令によって完全に崩壊し，特権的地位を失った．こうして盲人は，彼らの伝統的職業である鍼治，按摩，芸能などへの晴眼者の進出に一層さいなまれるようになる．しかも彼らは従来に代わる何らの保護も得られないまま貧窮していくのである．

明治政府は，先の盲官廃止にさらに追い打ちをかけるように，1874（明治7）年8月18日，「医制」を発布した．そして，鍼および灸の施術を医師の監督の下に行わせ，これらの業務を近代的医学の管理下に置こうとした．さらに明治政府は，1885（明治18）年，「鍼灸術営業差許方」を通達し，鍼灸術の営業を許可制とした．この通達に基づき各府県では，取締規則を定め，免許鑑札を与えることによって，営業を行わせた．なお，府県の中には，按摩術営業についても，鍼および灸に準じて取締規則を定めていたところもあった．これらの動きにより，盲人は，その職業的自立を支えていた鍼灸術，按摩術の免許が受けられない可能性が出てきた．

しかし，明治維新により生活が一変したのは盲人だけではなかった．1869（明治2）年の版籍奉還および1871（明治4）年の廃藩置県により，各地の大名は領主の地位を奪われた．藩士は，1876（明治9）年の秩禄処分により禄を失った．そのため士族は慣れない職業に転身するが，その多くは失敗して没落していった．1873（明治6）年には地租改正が行われ，地代の3%の地租が義務付けられた．同改正では土地の私的所有が認められたため，これが資本主義体制を基礎づける大きな要素となった．西南戦争の戦費調達のために政府は不換紙幣を乱発し，同戦争後に急激なインフレを招いた．政府はその対策として1880年代前半よりデフレ政策を採り始め，1885（明治18）年には銀本位制に移行した．これにより米や繭の価格は暴落し，先の地租改正による税負担とあいまって，農村の生活を大きく圧迫した．その後の日清・日露戦争時にもインフレとデフレは繰り返され，これに耐えられず窮乏した農民は，土地を売り，都市に流入して資本家のもとで労働者となり，あ

るいは小作農となって没落した．反対に余裕のある農民は土地を買い，寄生地主となり富豪となるものもあった．また，西南戦争後の財政難を克服するため，政府は官営工場の払い下げを始めた．これが財閥の形成を促すとともに，1880年代後半の株式会社設立ブーム，そしてその後の産業革命へとつながった．こうしてわが国の資本主義体制が確立していくのであるが，それとともに労働問題も起き始める．この次期は労使関係を秩序づける法律はまだなく，労働者は低賃金・長時間労働，危険で不衛生な労働環境を強いられた．また，農村の窮乏化や下層階層の増加，手工業の台頭とともに，年少労働や女子労働も一般化した．しかも資本主義の副作用としてのインフレとデフレの繰り返しや日清・日露戦争を原因とする物価の高騰とその後の恐慌は，体力に乏しい会社の倒産をもたらし，下層民の生活を圧迫した．そしてその結果，明治末期から大正期にかけて資本の集中と独占化が進み，人工の増加ともあいまって，失業や貧困の増大といった社会問題を惹起した．盲人の伝統的職業への晴眼者の進出は，明治期の自由競争社会への移行に伴うこうした社会問題が背景にあるのである．

3　按摩専業運動

これに対し盲人達は，明治の末頃から「按摩専業運動」を始めた．すなわち，1904（明治37）年度第21回帝国議会に「盲人保護に関する建議案」が提出され，同議会で採択された．その後も盲人達からの建議案，請願が続き，1911（明治44）年，「按摩術営業取締規則」および，「鍼術灸術営業取締規則」が制定された．このうち，按摩術営業取締規則では，試験を甲種及び盲人だけが受験できる乙種に分け，（ア）盲人に対する優遇措置の観点から乙種試験の内容を簡易なものとしたこと，（イ）また，地方の状況により必要があると認めるときは，地方長官は盲人に対して当分の間無試験で免許を与えることができること，とした．

こうして按摩専業運動は一定の成果を見た．しかし，結局按摩を盲人が独占するまでには至らなかった．大正期に入ると盲人保護を求めた運動が，さらに活発な展開を見せ始め，1913（大正2）年度第31回帝国議会に，「盲人

保護法案」が提出された．しかし，同法案は衆議院を通過したものの貴族院で否決された．この「盲人保護法案」は，法案とはなっているが，それまでの按摩専業運動と内容的には同一のものである．その後も同様の法案が，1935（昭和10）年にかけて3度提出されたものの，成立には至らなかった．同じような主張を何度繰り返しても，結果は変わらなかったのである．[1]

第2節　岩橋武夫の出現

　盲人の職業的自立の危機に解決の兆しが見られない中，昭和初期には新たな動きが出てきた．それは，「大阪ライトハウス」という，盲人達自身による盲人社会事業の試みである．その中心人物が岩橋武夫である．本節では，岩橋武夫の生い立ちと，岩橋が盲人社会事業に乗り出すきっかけとなった，英国調査に至る過程について見ていく．

1　岩橋武夫の生い立ち

　岩橋武夫は，1898（明治31）年3月16日，大阪市東区南大江に生まれた．父の名は乙吉，母の名はハナといった．岩橋家は紀州藩士であったが，明治維新の変革にあって禄を失った．乙吉は西洋の新しい技術を身につけて鉱山業を始めた．事業は成功し，家は栄えた．ハナは典型的な日本人女性で，人情に厚い人だった．岩橋は，そんな両親のもとですくすくと育った．1911（明治44）年，岩橋は大阪府立天王寺中学に進んだ．中学時代には野球に熱中し，美術にも才能を示した．特に美術の腕前は優れ，それで生計を立てようと考えたほどだったという．しかし長男であった岩橋は父の業を継ぐため，1916（大正5）年9月，早稲田大学理工学部採鉱冶金科に入学した．順調に見えた岩橋の人生であったが，その前途をはばむ大きな事件が起きた．翌年の早春，風邪がもとで網膜剥離を起こし，わずか一週間のうちに盲目となってしまったのである．

　岩橋が失意に沈んでいたこの時期，さらなる過酷な運命が岩橋の家族にのしかかっていた．大阪電気軌道株式会社（後の「近畿日本鉄道株式会社」，以

下「大軌」と略記）が大阪と奈良を結ぶ路線の新設のため，生駒山トンネルを掘っていた．この工事は多数の死者を出す大変な難工事で，1914（大正3）年に辛くも開通はしたものの，工事費が膨れ上がっていた．このため，大軌に資金を貸し付けていた北浜銀行に取り付け騒ぎが起き，同年に破綻した．岩橋の父乙吉の取引銀行が，この北浜銀行だったのである．さらにその後，大軌が経営危機に陥った．乙吉はこの大軌の株にも投資しており，その株が暴落したのである．このためそれらの整理を終えてみると，一家は破産に近い状態となった[2]．また，妹静子は岩橋が失明した年の4月，通っていた梅田女学校（現在の大手前女学校）を辞めた．そして病気の兄に付き添うようになった．

こうして失明苦に加え家族をも巻き込んでいくことに耐えられなくなり，生きる意欲を失った岩橋は，失明の年の大晦日，ついに自殺を試みる．しかし，岩橋の挙動をいぶかっていた母が，すんでのところで岩橋の手から短刀を取り上げた．そして，「何でも良いから生きていてくれ．お前に死なれてはどこに生きがいがあるものか」（岩橋武　1931a：35）という母の言葉，そこに込められた母の無上の愛に救われた．闇の中に一筋の光明を得た岩橋は，病院通いを止め盲人としての「新しい人生を開拓する」（岩橋武　1931a：38）との決意を固めた．そして按摩の道を目指し，1918（大正7）年4月，大阪市立盲学校（当時は大阪市立盲唖院）に入学する．

盲学校で点字を習得した岩橋は，再び書物に親しむようになり，点字の書物から，学問を身につけ一般の職業に進出している盲人が，世界には多数存在することを知った．中でもジョン・ミルトン（John Milton）やヘンリー・フォーセット（Henry Fawcett），ヘレン・ケラー（Helen Keller）などに興味を抱いた．岩橋は，再び学問の道を志し，盲学校を2カ月で退学した．そして，翌1919（大正8）年4月，関西学院高等学部（現在の関西学院大学，以下「関西学院」と略記）[3]文科に入学し，英文学を専攻した．なお，先の盲学校時代に行われた，盲人牧師熊谷鉄太郎の講演を聴いたのがきっかけとなり，岩橋は熊谷と親交を深めた．そして熊谷に影響を受け，翌年1月，母とともにキリスト教に入信した．また，同じ時期，同盲学校の嘱託教諭橋本喜四郎の紹介で，エスペラント語（Esperanto）の講習会にも参加するようになり，それが縁で後にエロシェンコや鳥居篤治郎，一燈園の西田天香とも交流を持つことになる．

2 盲人として学問の道を目指す岩橋武夫

　岩橋は関西学院でミルトンを研究した．岩橋の手を取り，目となって勉学を支えたのは，やはり妹静子であった．同級生は，後に静子の夫となる寿岳文章ただ一人であった．関西学院入学当初の岩橋は，盲人であるというだけで蔑視されていたが，やがて周囲のまなざしは敬意へと変わっていく．岩橋は信仰の力により勉学の苦難を克服し，1923（大正12）年3月，関西学院を卒業した．岩橋は大学で学んだ経験から，学問の上では実力さえあれば盲人と言われることはないと知った．それゆえ学問を通じれば，盲人であっても職業的に自立することができると確信する．それとともに，我が国の高等教育が盲人をはじめとする弱者に門戸を閉ざしている現実と，我が国盲教育の遅れを実感した．

　当時の日本には点字書物もほとんどなかった．そこで岩橋は，関西学院在学中の1922（大正11）年秋，父とともに仲村製点字製版機，手廻し印刷ローラーによる，点字図書出版に着手した．岩橋が最初に手がけたのは，「点字日エス辞典」だった．岩橋が，膨大な労力を要する点字図書出版事業を始めたのは，盲人として大学で学んだ経験から，盲人が高等教育を受けるに当たって，点字書物，とりわけ点字辞書の必要性を痛感したためであろう．また岩橋は，先の点字出版の開始と時を同じくして，1922（大正11）年，自宅に「点字文明協会」を設け，点字図書の貸出を始めた．これは，岩橋の後に続いて学問を目指そうとする盲人が，その志は高くとも，皆が高価な点字図書を買えるとは限らなかったという，当時の実情への配慮であった．なお，大阪ライトハウスでは，この年をもって創業の年としている．

3 英国留学

　1923（大正12）年，関西学院を卒業した岩橋は，大阪市立盲学校の国語・英語の教諭となった．同じ頃，失明以来ずっと兄の世話をしてきた静子は，寿岳のもとに嫁いでいった．静子に代わって岩橋の手を引くようになったのは，一燈園で修行をしていた矢野きをであった．1925（大正14）年2月28日，

岩橋ときをは結ばれた．爾来，岩橋のかたわらには常にきをの姿があった．

　盲学校の教諭となってほどなくして，学生時代からの友人であったパン・クロニクル社の記者ブレイルスフォードが，エジンバラ大学（The University of Edinburgh）への留学の話を岩橋に持ちかけてきた．クエーカー教徒（Quaker）であるブレイルスフォードが，同じクエーカー教徒で親友のチズム教授のいる同大学に岩橋のことを紹介したのがきっかけであった．資金面で逡巡する岩橋であったが，大阪市，点字毎日，関西学院のベーツ（Cornelius John Lighthall Bates）院長，篤志家などから援助が得られることになり，資金の問題は解決した．1925（大正14）年8月6日，生まれたばかりの長男英行を日本に残し，岩橋は妻きをとともに英国に向け神戸港を出帆した．しかし，このとき既に，ある篤志家から資金援助の辞退が伝えられており，これはきをの胸にのみしまわれていた．ロンドン到着直前，きをは岩橋にそれを打ち明けた．しかし英国はもう目の前である．岩橋夫妻のその後の運命は，神にゆだねるしかなかった．

　こうして大きな不安を抱えながら，岩橋夫妻の英国生活は始まった．授業料や家賃などを支払うと，持ち金は翌年の3月には底をつきそうであった．寒い冬にも石炭を節約し，食事は毎日，精進料理のようなもので済ませた．きをが後年表した『光友　339号　特集・愛と実践の記録　菊と薊と灯台』（岩橋きを　1970）[4]には，下宿の女主人が夫妻が肉も魚も焼いていないのを知り，ミスターイワハシは菜食主義者かと質問してきたのに対し，岩橋は「まあ，そんなものだ．もっとも肉も魚もきらいではないがね」と答え，二人とも苦笑したとある．岩橋は英国での貧困生活を通じて，「恵まれた盲人」ではない多くの盲人，そして晴眼者との自由競争に押されて数少ない伝統的職業すらも奪われ，貧困にあえいでいる日本の多くの盲人の心境を実感することとなる．そしてこの経験が，後の社会事業家岩橋の基礎を形成することとなった．

　しかし，信仰心の厚いエジンバラという土地柄であろうか，あるいはノブレス・オブリージュ（noblesse oblige）の精神が息づいているためであろうか，多くの英国人の善意により，やがて夫妻の生活は好転する．大学では，盲目の岩橋のために多くの教授や学生が教科書の朗読をかって出てくれた．週末には教授や著名人の家庭に招待され，クエーカーの集会にも招かれた．夫妻

には電車の無料パスが市から支給されていた．ある吹雪の夜，降りるべき停留所がわからず困っていたところ，電車の運転手が気を利かせ，下宿の前で電車を止め，夫妻を下宿まで送ってくれたこともあった．ブレイルスフォードが投稿したクエーカー向け雑誌の記事で夫妻の窮乏が伝わると，支援の輪はますます広がった．世界中のクエーカー教徒や日本の支援者からの送金もあった．留学2年目には，化学教授ラッドラム博士が自分の家を提供してくれた．岩橋の論文が評価され，日本を発つときに辞退された篤志家からの支援の金額を埋めるほどの奨学金を得ることもできた．「無一物無尽蔵」という一燈園の教えが，現実のものとなったのである．

しかし岩橋夫妻は，ただ一方的に英国人からの奉仕を受けていたわけではなかった．きをの先の著作の中には，岩橋が教会で講演した際に，「わたしたちはかってこんな印象の深い話を聞いたことがない」（岩橋き　1970：24）と多くの聴衆から握手を求められたことや，友人から「あなたがたのことを思うと，しっかりせねばいかぬといつも思う」（岩橋き　1970：24）と言われていること，さらに「わたしたちが学校へゆくとき，すれちがう人々の中には，未知の人が実に敬虔な態度で，そっと帽子をとって頭をさげてゆく人があります．ドッヅのおばあさんは武夫さんによくいいます．『あなたがたは善いことをしに英国へきてくれた．大学へ勉強しにきたというほかに……』」（岩橋き　1970：25）などの記述がある．これらは，盲目の身でしかも異国の地で学問を修めようとする岩橋の志の高さとそれをけなげに支えるきをの姿が異国の地の人々の心を動かしたということであろう．また人の心に訴える岩橋の話術は，後の盲人社会事業の立ち上げと事業の継続のための資金作りにおおいに役だった．

このようなエジンバラ大学での留学生活を通じ，岩橋は，信仰心，公共精神，あるいはノブレスオブリージュの精神を背景とし，貧しい者に手を差し伸べようとする英国人の伝統的な精神に触れることができた．さらに，そうした伝統的精神を背景として，英国々民盲人協会が存在し，あるいは英国盲人法が生まれたことがわかった．そこで同大学の二年間の修士課程を終えマスター・オブ・アーツの学位を得た岩橋は，当初の予定を変更し，ロンドンに居を移して，英国滞在の残りの期間を欧米の盲人施策の調査に充てることにした．

第3節　英国調査

岩橋の英国における調査は，主に英国盲人法，英国々民盲人協会[5]，世界のライトハウスの三つであった．以下，これら三つの調査内容について見ていく．

1　英国盲人法

岩橋の英国における調査の一つめは，英国盲人法である．岩橋が同法を調査したのは，英国が社会事業に対し，国としての法的な根拠を与えた法律であることや，社会事業に国の財政的支援を補償する法律であったためである．

同法の内容は，①「盲人養老年金」②「盲人の幸福増進に関する地方官憲の権限」③「盲人のための慈善事業」（岩橋武　1932c：134）に大別される．このうち「盲人養老年金」は，英国養老年金法が年金の支給開始年齢を満70歳としているのに対し，盲人法ではこれを50歳とし盲人に特別待遇を与えるものである．次に「盲人の幸福増進に関する地方官憲の権限」は，「県市参事会」に対し盲人の幸福増進のための施設の設置義務を課すとともに，盲人を受け入れる工場・寄宿舎・収容施設およびその他の諸機関の設置および維持のための補助金とその財源，参事会の組織の構成等について規定している．なお，同規定により，工場や家内で職業に従事する盲人，養育院や寄宿舎で居住する盲人，家庭訪問教授を営む教師，盲人用図書・音符，さらには県や市の盲人団体等にも下付金が支給されている．「盲人のための慈善事業」については，1916年に第一次世界大戦に対して発布された「戦時慈善事業法」は，盲人のための慈善事業に適用され，そのまま効力を有するとされた．すなわち，第一次世界大戦の犠牲となって生まれた盲人のための慈善事業が，盲人法では一般の盲人にまで拡大され大戦後も継承されたのである．

こうして英国盲人法は，どうしても働けそうにない高齢の盲人を，年齢を切り口として一律に一定の保護を与えるとともに，働いている盲人にはそのハンディキャップを補い，またこれから働こうとする盲人には家庭訪問教授や点字図書への補助を通じて，その職業的自立を促そうとしている．さら

に，英国社会における慈善事業の比重の高さに鑑み，民間の慈善事業団体をも取り込んだ内容となっている．このように，英国盲人法は，盲人の自助努力を促すとともに，そのハンディキャップに対しては，社会の責任としてこれを補おうとするものであった．

2　英国々民盲人協会

　英国における岩橋の調査対象の二つめは，「英国々民盲人協会」（British Royal National Institute for Blind）である．同協会の調査の目的は，盲人社会事業とはどのようなもので，その事業の目的とはいかなるものかということについて，「適確なる概念を会得する」（岩橋武　1932c：165）ことであった．

　英国々民盲人協会は，アーミテイジ（Thomas Rhodes Armitage）博士が 1868 年に設立した「英国内外盲人協会（British and Foreign Blind Association）」が前身となっており，盲人に適した文字を研究するところから，その事業が始まった．アーミテイジ博士の研究により，盲人に最適な文字としてルイ・ブライユ点字を得た同協会は，点字図書の供給機関として，さらには，点字音符，点字器具などの供給機関として発展していった．

　1914 年に英国々民盲人協会と改称した同協会は，岩橋の調査当時には，盲児保育および盲女子のための施設の運営，盲人用図書・音譜の印刷販売，盲人用雑誌および定期刊行物の発行，盲人教育の計画，マッサージ訓練，特殊図書館，教育，娯樂，保養等の設備の運営，盲人のための雇用創出および後援事業，盲人問題研究所の運営等，多岐にわたる事業を営んでいた．このうち盲人用図書・音符の印刷販売は，1915 年から 1926 年にかけて発行された点字刊行物の総計が 2,515,000 冊[6]にも及んでいる．また，特殊図書館としては，大学生図書館，マッサージ図書館，音楽図書館が設置され，盲人の専門的な要求に応えている．さらに教育上の施設として，マッサージ家養成学校，チョリー・ウッド女子専門学校（盲女子のための大学予備校），3 つのサンシャイン・ハウス（保育所），盲人教育者協会および専門学校（盲学校教員養成）などを運営している．加えて盲人のための雇用創出および後援事業としては，同協会そのものが盲人の雇用主となり，岩橋が調査した当時

200人の盲人が働いていたほか，職業訓練や家庭内盲人に対する講演事業なども行われている．

なお，同協会の1927年3月期の年度決算を見ると，総収入は164,558£[7]であり[8]，その内訳は寄付金，各種遺産，慈善箱による献金，慈善市等による収入等慈善的資金が合計で124,857£と全体の8割弱を占め，政府下付金は10,246£と全体の6％となっている．このように，同協会の財政は，その大部分が慈善的資金によりまかなわれており，盲人法を根拠とする政府からの下付金はわずかであった．

以上のように，同協会の事業は，世界に君臨する大国としての英国の財政基盤や篤志家からの寄付を背景にしているだけに，内容，組織，財政のどの点をとっても膨大である．しかし，東洋の弱小国にすぎなかった当時の日本の実情を考えれば，同協会の事業内容をそのまま日本に輸入することは到底不可能であった．そのため，同協会の事業のノウハウを学びながらも，その事業内容や方法を日本に適した形にする必要があった．この問題の解決に示唆を与えたものが，岩橋の英国における三つめの調査対象である，世界のライトハウス事業である．

3　世界のライトハウス

ウィニフレッド・ホルト（Winifred Holt．後に結婚してウィニフレッド・マザー（Winifred Mather）となる．以下「マザー夫人」と略記）は，1905年，アメリカニューヨーク78番街の自宅を開放して，世界最初のライトハウス事業を始めた．彼女は，盲人を社会から遠ざけるのではなく，「出来得る限りの盲人を社会に合体せしめたい」（岩橋武　1932c：3）と考えた．社会への合体とは，盲人に職業訓練を施し，盲人を経済活動に組み入れることである．ライトハウスでは，失明直後の心のケアから始まって，点字図書館，点字出版，盲人家庭教師の派遣，補装具の交付，歩行訓練，点字教授，運動や娯楽，啓発・啓蒙事業などを通じて，盲人が職業訓練に自発的に進んでいけるよう配慮した．また，職業訓練と職業開拓を並行して進め，盲人の可能性を広げるとともに，新分野に進んだ盲人からのフィードバックを受け，職業訓練の充実を行った．

マザー夫人は言う．「盲人とは暗黒界に住めるゞの正眼者である」（岩橋武 1932a：286）と．これは，盲人とはいえ個々に個性や職業上の適性，才能に差異があるのは晴眼者と同様であるので，職業選択に際しては個々の盲人の適性や才能，興味のある分野や本人の希望を十分に配慮しなければならないことを言ったものである．また，晴眼者同様，盲人も既に多様な職業分野に進出しており，またその可能性があることをも表現している．すなわちライトハウスは，盲人を保護の対象とするのではなく，適切な配慮と訓練で後押しすることにより，一般社会で自活できるようにすることを目指しており，岩橋はこれが日本の盲人が向かうべき方向性であると確信する．

なお，ライトハウスでは，「盲人のしあわせを願おう，盲人のしあわせのため働こう，盲人のしあわせをよろこぼう」（世界盲人百科事典　1972：624）[9]をマザー精神として掲げており，岩橋はこれを「愛盲」と要約して，後に設立する大阪ライトハウスの経営目標とするとともに，岩橋の生涯の活動の基本理念とした．

さて，こうして岩橋夫妻の英国留学とその後の英国調査は終わった．岩橋は，英国留学前から，盲人のための社会事業を模索していたが，その目標とする事業像は漠然としたものだったであろう．しかし，英国での体験や調査で知った欧米における盲人施策の実情は，岩橋に大きな示唆を与えた．そして英国での調査を進めるに従って，岩橋は自らが社会事業を起こしていく意志を固めたのであろう．岩橋は，帰国後ほどなくして「ライトハウス」の看板を自宅に掛けるのである．

第4節　盲人問題解決のためのグランド・デザインの樹立と愛盲事業の構想

先例のない新しい事業を我が国にもたらし，その事業を成功させるためには，問題の背景や構造の分析，解決のための理論的枠組みや方法論の樹立等が必要になってくる．以下本節では，岩橋が見いだした欧米における新しい保護概念，問題解決のためのグランド・デザイン，日本にふさわしい盲人社会事業の設計について見ていく．

1 欧米における新しい保護概念

　岩橋は，欧米で盲人問題の解決が進んだ背景を次のように分析する．すなわち，盲人の保護概念には「非合理的保護」と「合理的保護」（岩橋武 1932c：213）の二つがある．このうち，非合理的保護とは，伝統的解釈に基づき，盲人に対し，徹頭徹尾保護を与えようとする「盲目的温情主義」（岩橋武　1932c：213）である．一方，「合理的保護」とは，視覚の障害を何らかの手段で克服可能なハンディキャップとしてとらえ，そのハンディキャップを補うための保護措置を講じたうえで，個々の盲人の能力に従い，各方面の職業において自由な活動をさせようとするものである．岩橋は，このうちの合理的保護を，盲人保護問題の「真意義」であるとし，その発見により盲人問題を社会および国家の問題としてとらえなおしたことが，欧米において盲人問題の解決が進んだ理由であるとした．そして，合理的保護を実現するために，社会立法と社会事業が必要であるとしたのである．

　岩橋は，日本においても，この「合理的保護概念」を普及させようとした．そして，合理的保護概念を基礎に置く近代的社会事業を構築するため，次項に示すような，盲人問題解決のためのグランド・デザインを示した．

2 盲人問題解決のためのグランド・デザイン

　岩橋は，1932（昭和7）年に著した『愛盲（盲人科学 ABC）』の結論部分で，盲人問題の解決のためには，次の諸施策の実施が必要であるとした．

　　イ．教育問題の解決のため，「盲人義務教育の確立，中等普通部の実行と共に，各種高等教育の盲人に対する門戸開放，成人教育の組織化」
　　ロ．社会問題の解決のため，「盲人社会立法の制定運動，点字図書出版事業の統一と完成，日本盲人図書館の設立，盲人に対する授職および，その他一般の組織的後援事業，盲人問題研究所の設置，失明防止運動の統一とその事業，盲人に対する一般社会の理解と同情を革新するためのプロパガンダ」（岩橋武　1932c：225-6）

　そして，これらの目的遂行のための手段として，

ハ．「各地方盲人協会及び団体の統一，中央機関として日本国民盲人協会を設立，盲人法の制定により立法的保護の完成」(岩橋武　1932c：225-6)

そして最後に，「『社会問題としての盲人』――それは盲人を人間として取扱い，失明による欠陥をハンディキャップとして社会が負担保護し，以て国民文化構成の一員として，その天分を自由に発揮せしめ，人間らしき生活の保障を与えんとする盲人解放，即ち暗より光への運動に外ならぬのである．」(岩橋武　1932c：227) と結んでいる．

以上の提案は，岩橋が英国で学んだことの結論であり，その内容は第3節で触れた英国盲人法，英国々民盲人協会，世界のライトハウス事業から大きな影響を受けている．岩橋は，盲人問題の解決を，まず教育問題と社会問題の二つに大きく分けて整理したうえで，盲人の統一的意思を政策に反映させるため，その運動機関としての中央組織の設立が急務であるとした．そして，一般社会と政府の理解を得て，盲人法の制定を目標とし，運動を開始することが第二の急務であるとした．これらは，日本の実情を熟知してのことであり，この意味で，上記イ，ロ，ハによる盲人問題解決施策の体系的整理は岩橋のオリジナルである．岩橋武夫は，これをグランド・デザインとして携え，大阪ライトハウス設立を手始めに，以後，盲人問題の解決に邁進していくのである．

3　愛盲事業の設計

事業を営むためには，その事業内容が優れていることの他に，優れた人材や資金が必要である．英国などとは異なり，盲人社会事業に国が財政的支援を行うという概念が存在しなかった当時の日本で，人材や資金を得てその事業を成功させるには，英国で見てきた欧米の近代的社会事業を，日本の実情に配慮した形で設計し直す必要があった．岩橋が考えた日本にふさわしい盲人社会事業とはいかなるものであったかは，1942 (昭和17) 年，『社会事業研究』に掲載された「点字図書館の日本的性格」と題する講演内容に見ることができる．

岩橋は同講演で,「日本の盲人が,欧米の盲人に比べて自活力を持っていることは,識者の想像する以上のものがある」「日本の盲人は,失明というハンディキャップの下に,物心両面から生活苦を荷なわされているとはいえ,欧米において見るような,政府の年金や保護収容所における寄生虫的な生活と似てもにつかないことは論をまたない」,としたうえで,「この状態が,盲人の教育や文化一般に対する社会問題的解決を今日まで遅延せしめ,このまま推移してもなかなか,西洋的保護救済の形式を取り入れることはできない」とし,我が国盲人の自助能力を評価しつつも,為政者や国家の指導層が盲人の自助能力に甘んじて社会問題の解決から目を背けていることを暗に指摘した.そして「この事実を無視して西洋流にそのままの事業形態を移植しようとしても無理である」とした.さらに,日本が「経済力において英米などと比べ,いわゆる持たぬ国の側にある時」,英米において実現されているような,「巨額な費用を投じた愛盲機関が,そのまま日本のものとなると考えるのは単なる空想に過ぎない事を自覚しなければならない」とし,「点字図書館の日本的性格」(岩橋武 1942b:26-7)を次のようなものとすべきであると結論づける.

まず,「比較的に自活力のある日本盲人を対象とする限り,この種の事業は大小にかかわらず,まず盲人の側から必然の要求として且つ盛り上がる力として発芽成長しなければならない」とし,盲人達の内部から事業の芽を出させる必要があることを説いた.そしてこれを,欧米の「恩恵的天降り的性格」に対して,「自力的創造的」性格(岩橋武 1942b:26)と名付けた.次に,その経営に必要な経済力は,「欧米のように巨万の富を投げ出されることで事業の成立を見るといった行き方の代りに,小さい実力と精力とを捧げることによって,盲人の誰かが,あるいは,少数のグループがこれを発足経営し,やがて社会一般より徐々に助成援護を受けるといった行き方である」.そしてこれは,西欧の「大量的性格」に対して,「細く長き地下水的な性格」(岩橋武 1942b:26-7)であるとした.すなわち岩橋は,盲人自身が小さく産み大きく育てる式に事業を始め,社会一般より徐々に助成援護を受け,その事業が,こんこんとわき出る「地下水」のごとく継続することを願った.そして最後に,日本点字の整備充実と,それを基盤においた点字図書の充実

の必要性を示すとともに，上記岩橋の考え方に呼応して日本点字図書館を東京に開設した本間一夫にエールを送っている．

ここで岩橋が述べていることは，日本における点字図書館のあり方に対する提案であるが，これはそのまま日本における盲人社会事業のあり方を提示したものであるといえる．そしてそれとともに，このとき既に事業を開始していた大阪ライトハウスの目標でもあった．つまり，岩橋は大阪ライトハウスの設立により，日本にふさわしい近代的な盲人社会事業の我が国への展開を試みようとしたのである．岩橋は大阪ライトハウスの事業を「愛盲事業」[11]と呼んだ．なお，岩橋はこの「愛盲事業」という用語に，明確な定義を与えてはいない．そこで，同用語に次のような解釈と定義を加え，以後の記述では筆者の定義に従いこの用語を使用する．

すなわち，「愛盲事業」とは，1900年代前半から欧米で見られはじめた，合理的保護概念を具体化した近代的な盲人社会事業を日本に輸入するため，岩橋武夫がこれを日本にふさわしい形に再設計した盲人社会事業であって，次の特徴を有するものをいう．

- 経済力が乏しく，民間からの巨額の寄付金も期待できない当時の日本の国情に鑑み，小さく産んで大きく育てる方式．
- 盲人達の中に，近世からの長い職業的自立の歴史の中で培われてきた，厚い人材の層が存在するという，日本の特徴を背景とする．
- 大阪ライトハウスのような先駆的な事業を起こし，これを事業の実験場，あるいは事業のモデル・ケースとするとともに，盲人の人材育成の場として，全国の盲人社会事業の中核拠点とする．
- そこで育まれ，事業のノウハウを身に付けた盲人自身が全国に散らばり，同様の事業を発展させる．
- やがて，社会の理解を得て，全国の事業を継続させてゆく．

このような愛盲事業の着想を得た岩橋は，大阪ライトハウス設立に向けて，次節に示すごとく着実な歩みを始めるのである．なお，岩橋がいつ頃この「愛盲事業」を着想するに至ったかは明らかではない．しかし，岩橋が欧米の合理的保護概念を見出したのは英国留学中であり，岩橋が最初の事業を始めたのは1922（大正11）年のことである．また，1932（昭和7）年には

既に盲人問題解決のためのグランド・デザインを打ち立て，しかもそれを世に問うための書籍には「愛盲」という用語が使われている．第7章で言及するが，岩橋が関西学院の講師を始めてから，多くの盲学生が岩橋のもとで学び，その中には1929（昭和4）年に入学した大村善永を初め，何人かが後に盲人社会事業を起こしている．こうしたことから，「愛盲事業」の構想は英国留学から先の講演会に至る過程で徐々に煮詰まってきたものと考えられ，本書では仮に大阪ライトハウス建設前とした．

第5節　大阪ライトハウスの設立

盲人社会事業を起こしそれを成功させるには，施設の建設資金や設立後の財政的基盤，人的資源などが必要である．また，事業への協力者や社会の理解も必要である．以下本節では，英国から帰国した岩橋が，事業の経営資源である資金や人材を確保し，大阪ライトハウスを設立していく過程について見ていく．

1　小さな歩みを始めるライトハウス

岩橋は，1928（昭和3）年2月2日，英国から帰国した．そして大阪市立盲学校に復職するとともに，同年4月，母校関西学院の講師の職に就いた．同年5月にはライトハウスの看板を自宅の表に掛けた．これは，「真鍮の板に最初『ライトハウス』と書き，次に一般社会人に『ライトハウス』という意味がよくわかるように，少し小さい字で「大阪府下在住の盲人方に対し，いろいろな仕事をするばかりでなく，全日本ならびに諸外国の盲人を対象とする各種の文化的使命と実践をもつ……盲人のための社会事業」（岩橋武1962：228）と記したものであった．この看板を，「小さい献金箱」と並べて出した．

その後，大阪ライトハウスが建設される1935（昭和10）年までの間は，自宅を拠点に小さな事業が続けられた．英国から帰国して間もない岩橋夫妻の当面の課題は，生活の立て直しであった．またやがて岩橋は，次項に示す

講演活動や出版活動にいそしむようになる．そのため最初の頃，夫に代わり，ライトハウスの小さな事業を支えたのは妻きをだった．忙しいときには，一燈園にも助けを求めた．またこの頃，岩橋の講演を聴いた幾人かの依頼により，岩橋は「霊交会」と名付けられたクエーカーの集会を持つようになった．その中の有志が集まり，「フレンド盲人奉仕会（FBS）」を結成した．同会は点字写本の事業を始め，ライトハウスの一戦力となる．

2　講演活動と著作活動

　岩橋による大阪ライトハウスの設立を支えたものとしては，人的資源として前項にも若干触れた通りキリスト教との関係があり，財政的基盤としては講演会活動，著作活動がある．

　第2節第1項で触れた通り，岩橋がキリスト教に入信したのは，関西学院入学前の1919（大正8）年1月であった．さらに英国留学中には，キリスト教の一派であるクエーカーにも入信した．岩橋は，英国から帰国後，関西学院の講師という立場やキリスト教伝道者としての活動を通じて，愛盲事業を起こすための足場を着々と固めていった．

　まず岩橋は，1929（昭和4）年より賀川豊彦を主導者とする「神の国運動」に参加し，全国を遊説した．その後もキリスト教会をはじめ，キリスト教関係の大学，官公庁，会社，工場勤務者，一般婦人会，学生・生徒などを対象とした講演会を頻繁に開催した．これは，1936（昭和11）年末までの累計で1,730回，参加人数はのべ536,000人にも及んだ．講演会では，岩橋そのものが盲人の広告塔となり，社会に盲人施策の理解と協力を訴えていった．そして，これらの活動を通じ盲人の人材育成に努めるとともに，大阪ライトハウス建設資金を蓄積していった．さらには，これら講演の内容を，『岩橋武夫講演集』として出版することも忘れなかった．

　岩橋の著作物は，1925（大正14）年の『動き行く墓場』に始まり，1935（昭和10）年までに11冊を数え，そのうち10冊は，1931（昭和6）年以降に出版されたものである．岩橋は，英国留学中に著した論文により，多額の奨学金を得るという経験をしているが，岩橋の著作活動は，ライトハウス建

設の，重要な資金源となった．また岩橋は，その後も「ヘレン・ケラー全集」など多数の著作を世に出し，大阪ライトハウスの経営を支えることになる．

なお，先の講演活動のうちで特筆すべきは，1934（昭和9）年8月から翌年1月にかけて行われた米国講演旅行である．これは，「一方において満州事変直後の険しい対立を見せていた日米の平和工作のためと，他方において近来著しく進歩発展した米国愛盲社会事業や盲教育の状態を研究するという二つの使命から，米国クエーカー教団の招きに応じ」（岩橋武　1950：1）行われたもので，米国，カナダ，メキシコの各地386カ所を訪問し，聴衆は31,600人に達した．また，ハバフォード大学およびスワスモア大学では講義も行った．岩橋は，講演日程を終えて日本へ帰国する際，盲人の仕事に役立つ機械類，米国盲人の手による製作品，英語の点字本およびトーキングブック[12]等を購入した．それらに要した金額を差し引き残った講演収入は約4,500円となり，これも大阪ライトハウス設立の資金となった．なお，この講演旅行ではニューヨーク州のヘレン・ケラーの自宅に立ち寄り，女子から来日の約束を取り付けている．

3　大阪ライトハウス設立

前項のような岩橋の活動に加え，個人および団体からの寄付金により資金的な目処が立ち，ライトハウスの建設は始まった．起工は1935（昭和10）年4月29日，落成は同年10月15日のことである．こうして講堂，点字印刷室，娯楽室，小集会室，事務室等を完備した大阪ライトハウスの建物が，大阪市住吉区（現在の阿倍野区）昭和町西3丁目17番地に完成した．本書ではこの日をもって大阪ライトハウスの設立としている．

建物の総工費は，15,221円56銭，建坪は本館111坪，別館31坪であった．その建設資金の多くは寄付金によるものであるが，岩橋自身も7,275円29銭[13]を負担した．翌1936（昭和11）年4月19日[14]には米国よりルファス・グレイヴス・マザーとその夫人のウィニフレッドを招き，開館式を行った．この日，大阪ライトハウスは，世界で13番目のライトハウスとして，マザー夫人から公認されたのである．

このようにして，母の愛に助けられた岩橋武夫は，自らの愛を持って多くの盲人を助けようと歩みを始めた．設立間もない大阪ライトハウスの主な事業は，各種集会の開催，はり，きゅう，あんま，マッサージ，点字ならびに編物，機織などの指導，盲人家庭への訪問教師の派遣，各種人事相談，点字図書の出版，点字図書の無料貸出，盲人問題の指導と研究ならびに調査などであった．スローガンは「闇に信仰の光を！」「暗き人々に愛の書物を！」「盲人に生活の道を！」（岩橋武　1934：59）である．岩橋は，大阪ライトハウスをして「海なき灯台」と称した．官によって盲人社会事業に補助金を支出するという概念の存在しなかった当時の日本において，岩橋が構想した愛盲事業の第一歩が，ここに踏み出されたのである．

なお岩橋は，1933（昭和8）年8月，大阪盲人協会の三代目会長に就任しているが，これによってライトハウスの事業は組織活動の基盤を得たことになる．これは，同事業の基盤が，キリスト教思想を背景とした者の集まりから，「大阪盲人協会」という盲人の公式組織を背景としたものに移ったことを意味し，大阪ライトハウス設立が具体化することを意味していた．つまり，盲人達の中から芽を出させるという，岩橋が構想した愛盲事業を展開する基盤は，このとき整ったのである．

＊＊＊

本章では，近代に入って迫ってきた盲人の職業的自立の危機を概観するとともに，その危機を克服しようとする試みの一つとして，岩橋武夫が行った一連の活動に着目することとし，その最初の取り組みである大阪ライトハウスの設立過程について見てきた．

近世において，盲人は，鍼・灸・按摩などを営み，一定の経済的自立を得ていた．明治に入ると，これら盲人の伝統的職業は，晴眼者の進出により蚕食され，盲人は職業的自立の危機を迎えた．これに対し，盲人達は按摩を盲人の専業にしようとする運動を起こした．この運動は一定の成果を見たものの，按摩を盲人が独占するまでには至らなかった．明治から昭和初期にかけてのわが国の国家目標は，西欧列強に伍していくための国力の増強であり，

そのための自由競争社会の維持であった．このため，職業選択の自由に制限を加える政策は，たとえ相手が盲人であり，且つ按摩業という小さな範囲であったとしても認められなかったのであろう．

昭和のはじめには盲人が伝統的職業にのみ執着することに危機感を抱く者が現れた．その一人が岩橋武夫である．早稲田大学在学中に失明した岩橋は，一度は失意に沈むものの，盲学校で点字を学び，また点字の書物を通じて世界の盲偉人を知り，再び学問の道を目指し始めた．そして関西学院に進み，さらには英国エジンバラ大学に留学した．この英国留学で岩橋は，欧米で盲人問題の解決が進んだ背景に，盲人をそのハンディキャップを補うことで自活可能なものとして肯定する，「合理的保護」概念の発見があることを見出した．そして，英国で調査した盲人のための社会事業を日本にもたらそうと，日本の実情に即した「愛盲事業」を構想した．

岩橋は講演活動，著作活動を精力的に進めることで資金の目処を得，また大阪盲人協会の会長に就任することで盲人達の間で地位を得て，1935（昭和10）年10月，大阪ライトハウスを設立した．同館は愛盲事業の実験場であった．以後岩橋はここを拠点に生涯を掛けて盲人問題の解決に取り組んでいくのである．

注

1　廃案理由は，不明であり，今後の研究が待たれる．
2　『光は闇より』（岩橋武＊：243-4）では，「私の失明当時に大阪では北浜銀行破産事件が起ったのである．岩下という人が其の頭取であり，生駒のトンネルを掘っていた旧大軌電車の社長をも兼ねていたのである．ところが此の人の身辺にからまる疑獄事件が起ったのであるからたまらない．父が託して居った銀行が破産し，父が持っていた僅かばかりの電車の株が二束三文に落ちて，其れを整理すると私達は破産に近い状態になった」と表現されている．しかし，北浜銀行が破綻したのは1914（大正3）年のことであり，岩橋が失明した1917（大正6）年には同行は再建の途上にあったので，岩橋の表現は正確ではない．なお，小西（2008）では「父の会社の取引銀行が，第一次世界大戦後の世界的不況のあおりを受けて破産し，その影響で父の会社もまた倒産してしまった」としたが，これは誤りであることがわかった．
3　『関西学院大学百年史』（関西学院百年史編纂事業委員会　1998：609）によると，1932（昭和7）年3月7日，大学令による関西学院大学が設立認可されたが，大学時

第 1 章　盲人の職業的自立の危機と岩橋武夫による大阪ライトハウス設立　43

代も含めて「関西学院」の略称を使用する．
4 『光友　339 号　特集・愛と実践の記録　菊と薊と灯台』（岩橋きを　1970）は，「第二部　思い出（付録）」『日本ライトハウス四十年史』（岩橋英行　1962：145-247）を再版したものである．
5 岩橋による英国盲人法，英国々民盲人協会の調査結果については，1929（昭和 4）年 2 月から同年 12 月まで『大阪府社会事業研究』に連載された．また，同連載記事を 1932（昭和 7）年に『愛盲（盲人科学　ABC)』の「第二部」（岩橋武　1932c：115-228）として刊行している．
6 『愛盲（盲人科学 ABC)』（岩橋武　1932c：178）による．
7 英国々民盲人協会の 1927 年 3 月期の年度決算は，『愛盲（盲人科学 ABC)』（岩橋武　1932c：204-205）による．
8 『明治以降　本邦主要経済統計』（日本銀行統計局長大里勝馬　1966：320）によると，1927（昭和 2）年当時のイギリスポンドの為替レートは，一円に対し約 1 シリング 11 ペンスであった．1 £ = 20 シリング = 240 ペンスであるので，164,558 £ は約 170 万円となる．
9 原典入手困難．
10 原文では「保證」となっている．
11 本書は筆者の博士論文をほぼ原文のまま出版したものであるが，博士論文では岩橋が広めようとしていた日本にふさわしい盲人社会事業のことを「日本型盲人社会事業」と称していた．この「日本型盲人社会事業」という用語は筆者の造語であり，「愛盲事業」とほぼ同義である．ただし，岩橋は「愛盲事業」という用語を定義なしに用いており，資料の文脈から判断してそのように考えられるだけであって，厳密に言えば同義かどうかは定かでない．そのため，博士論文に「愛盲事業」という用語をそのまま用いることは，論文としての厳密性を損なう危険があった．こうしたことから，博士論文では，「日本型盲人社会事業」という用語を造語し，岩橋が用いた「愛盲事業」とは区別した．しかし，その言葉から受ける印象のためか，「日本型盲人社会事業」という用語を多用することがかえって論旨をわかりにくくさせたきらいもあった．そこで出版に際しては，多少の厳密性は犠牲にしても，わかりやすさ，読みやすさを優先し，ほぼ同義と考えられる「愛盲事業」を用いることにした．
12 本の朗読を録音したレコード盤のこと．
13 （大阪盲人協会　無：22-3）による．
14 『点字毎日』（眞野　2002：無），『ライトハウス 40 年史』（岩橋英　1962：6）による．『青い鳥の歌』(岩橋英　1980：49）では 4 月 21 日となっているが，これは誤りであろう．

資料

〈日本ライトハウス所蔵　一次資料〉
岩橋武夫（1950）「巻頭言　回顧 15 年」『黎明』（141），1-7．
大阪盲人協会（発行年不明）『ライトハウス昭和拾年報告』大阪盲人協会．なお，
　　　　同年報は，原物に奥付がない．そのため発行年が分からないが，1937
　　　　年に『ライトハウス昭和 11 年報告』（大阪盲人協会）が発行されている
　　　　ことから類推して，その前年の 1936 年に発行されたものと考えられる．

文献

平山正寿（1937）『基督友会 50 年史』基督友会日本年会．
犬養道子（1977）『旧約聖書物語　改訂版』新潮社．
岩橋英行（1962）『日本ライトハウス 40 年史』日本ライトハウス．
─── （1978）「日本ライトハウスの創設者・岩橋武夫の足あと（福祉の遺産）」
　　　　『月刊福祉』61（3），68-71．
岩橋きを（1962）「思い出」『日本ライトハウス 40 年史』日本ライトハウス，
　　　　145-247．
─── （1970）『光友　339 号　特集・愛と実践の記録　菊と薊と灯台』光友会
　　　　本部．
岩橋武夫（1925）『動き行く墓場』警醒社．
─── （1931a）『光は闇より　盲人哲学者の入信手記』日曜世界社．
─── （1931b）『岩橋武夫講演集　1　私の指は何を見たか』日曜世界社．
─── （1932a）『岩橋武夫講演集　2　暗室の王者』日曜世界社．
─── （1932b）『星とパン』教文館．
─── （1932c）『愛盲（盲人科学 ABC）』日曜世界社．
岩橋武夫訳・ブリントン著（1932）『創造的礼拝』警醒社．
岩橋武夫（1933a）『暗室の王者』日曜世界社．
─── （1933b）『失楽園の詩的形而上学』基督教思想叢書刊行会．
─── （1933c）『母・妹・妻　女性に與ふ』日曜世界社．
岩橋武夫・浜田勝次郎著（1933）『微笑の薔薇　基督教童話集』一粒社．
岩橋武夫訳・デイキンズ著（1934）『主イエス様の御生涯』三省堂．
岩橋武夫（1935a）『私の見た霊界と永生』日曜世界社．
─── （1942a）『石垣の聲』平凡社．
─── （1943）『海なき灯台』国民図書協会．
─── （1944）『地下水の如く』大阪府警察局勤務部動員課．

―――― (1949)『創造的平和』同文館.

[岩橋武夫論文]
岩橋武夫 (1929a)「英国に於ける盲人社会立法」『社会事業研究』17 (2), 31-9.
―――― (1929b)「英国に於ける盲人社会立法」『社会事業研究』17 (3), 9-16.
―――― (1929c)「英国に於ける盲人社会立法 (3)」『社会事業研究』17 (4), 1-6.
―――― (1929d)「英国に於ける盲人社会立法　英国々民盲人協会の発達」『社会事業研究』17 (6), 79-85.
―――― (1929e)「英国に於ける盲人社会立法 (5)」『社会事業研究』17 (7), 6-13.
―――― (1929f)「英国に於ける盲人社会立法 (6)」『社会事業研究』17 (9), 46-57.
―――― (1929g)「英国に於ける盲人社会立法 (12)」『社会事業研究』17 (12), 17-25.
―――― (1934)「愛盲事業としてのライトハウス」『社会事業研究』22 (5), 51-60.
―――― (1935b)「非常時に於ける我邦盲人保護事業」『中央盲人福祉協会々誌』3, 25-31.
―――― (1937)「非常時即常時の信行」『大阪社会事業研究』25 (11), 1-7.
―――― (1938a)「失明軍人とその社会問題 (上)」『社会事業研究』26 (8), 7-15.
―――― (1938b)「失明軍人とその社会対策 (中)」『社会事業研究』26 (9), 43-51.
―――― (1938c)「失明軍人とその社会対策 (下)」『社会事業研究』26 (10), 25-34.
―――― (1941a)「満州国に於ける盲人問題の解決」『社会事業研究』29 (6), 20-2.
―――― (1941b)「厚生事業に於ける三つの問題」『社会事業研究』30 (9), 20-3.
―――― (1942b)「点字図書館の日本的性格」『社会事業研究』30 (4), 26-7.
加藤康昭 (1974)『日本盲人社会史研究』未来社.
関西学院百年史編纂事業委員会 (1997)『関西学院百年史　通史編Ⅰ』学校法人関西学院.
―――― (1998)『関西学院百年史　通史編Ⅱ』学校法人関西学院.
木塚泰弘 (2003)「列島縦断ネットワーキング　大阪　80周年を迎えた日本ライトハウス」『ノーマライゼーション』(258), 55-7.

厚生省20年史編集委員会編（1960）『厚生省20年史』厚生問題研究会.
厚生省50年史編集委員会編（1988）『厚生省50年史』厚生問題研究会.
眞野哲夫（2002）『点字毎日創刊80周年記念出版　激動の80年』毎日新聞社（点字資料）.
升味準之輔（1988）『日本政治史1　幕末維新，明治国家の成立』東京大学出版会.
―――（1988）『日本政治史2　藩閥支配　政党政治』東京大学出版会.
松永真純（1998）「近代視覚『障害』者の按摩専業運動『盲人保護法ノ請願』」『大阪人権博物館紀要』（2），71-9.
内閣府（2007）『障害者施策総合調査』内閣府.
内閣制度百年史編集委員会（1985）『内閣制度百年史　上巻』内閣官房.
―――（1985）『内閣制度百年史　下巻』内閣官房.
日本銀行統計局長大里勝馬（1966）『明治以降　本邦主要経済統計』日本銀行統計局.
日本ライトハウス21世紀研究会（2002）『わが国の障害者福祉とヘレン・ケラー　自立と社会参加を目指した歩みと展望』教育出版株式会社.
世界盲人百科事典編集委員会編（1972）『世界盲人百科事典』日本ライトハウス.
関　宏之（1983）『岩橋武夫　義務ゆえの道行』日本盲人福祉研究会.
Smiles Samuel 著・竹内均訳（1997）『自助論』三笠書房.
園田英弘（1995）『士族の歴史社会学的研究』名古屋大学出版会.
組織とネットワーク研究班編・杉野昭博著（2000）「『盲人保護法案』に関する帝国議会資料（1905年～1914年）視覚障害者による『あんま専業運動』」『調査と資料』第91号，関西大学経済・政治研究所.
創立100周年記念事業委員会（1989）『関西学院の100年』学校法人関西学院.
杉山博昭（2003）「岩橋武夫と盲人運動」『キリスト教福祉実践の史的展開』大学教育出版，300-16.
衆議院・参議院（1990）『議会制度百年史　帝国議会史　上巻』大蔵省印刷局.
―――（1990）『議会制度百年史　帝国議会史　下巻』大蔵省印刷局.
高橋秀治（2003）「特集　自立と社会参加のためのパートナーシップ　創立80年の光を掲げる日本ライトハウス」『視覚障害』（184），1-10.
高橋哲雄（2004）『スコットランド　歴史を歩く』岩波書店.
田代三千稔（1954）『概観イギリス文学史』南雲堂.
Uden Grant 著・堀越孝一監訳（2002）『西洋騎士道事典』原書房.
山田　勝（1992）『決闘の社会文化史　ヨーロッパ貴族とノブレス・オブリージュ』北星書店.
山口　正（1939）『社会事業研究』日本評論社.
吉田久一（1990）『吉田久一著作集3　改定増補版　現代社会事業史研究』川島書店.
―――（1993）『吉田久一著作集2　改訂版　日本貧困史』川島書店.

第 2 章

職業リハビリテーションの黎明としての早川分工場

　前章で見てきたように，近代に入り迫ってきた盲人の職業的自立の危機を背景に，岩橋武夫は，1935（昭和10）年，大阪ライトハウスを設立した．これは岩橋が英国留学等を通じて構想した，「愛盲事業」の理念を具現化したものであった．やがて日中戦争が勃発する．大阪ライトハウスは，戦争により生まれた失明軍人の職業訓練と再起奉公の場として「早川分工場」を設立し，1944（昭和19）年1月より工場を稼動させた．同工場は，増改築された大阪ライトハウスの社屋内に，同館の一事業として，早川電機工業株式会社（後のシャープ株式会社，以下「早川電機工業」と略記）の協力を得て設立されたものである．その後同工場は終戦による閉鎖等の曲折を経て，現在のシャープ特選工業株式会社へと繋がっており，同社は現在，「障害者の雇用の促進等に関する法律」に基づく特例子会社となっている．

　本章では，大阪ライトハウスが取り組んだ，盲人の職業的自立に向けた事業の1例として早川分工場を取り上げ，同工場がどのような背景のもと，どのような経過をたどって大阪ライトハウス内に設立され，大阪ライトハウスが行おうとしていた愛盲事業の実践に，同工場での取り組みがどのように位置づけられていたかを見ていく．

第1節　大阪ライトハウスによる失明軍人施策の始まり

　大阪ライトハウスを設立した岩橋にとって，最大の関心事は，立ち上げた事業を失速させず，いかにして巡航速度までもっていくかである．この点，岩橋は，1933（昭和8）年に大阪盲人協会の会長に就任して以来，資金作り

のための米国公演旅行，大阪ライトハウスの会館建設，マザー夫妻およびヘレン・ケラー（Helen Keller）の招聘，それによって大阪ライトハウスの知名度を上げ広く寄付金を得て経営を安定化させる，といった流れで計画的に事に臨んだであろう．しかし，時として計画は狂うものである．以下本節では，大阪ライトハウスを設立した岩橋武夫が，ヘレン・ケラーを日本に招き，何を得ようとしたか，そしてその後大阪ライトハウスがどのような方向へ向かっていったかについて見ていく．

1　ヘレン・ケラーの招聘とその背景

　岩橋武夫が，1934（昭和9）年に大阪ライトハウス建設資金を得ることを一つの目的にアメリカ講演旅行を行い，その際に，ヘレン・ケラーの自宅を訪問し，女史から来日の約束を取り付けたことは前章第5節第2項でも触れた通りである．その後，女史の恩師，アン・サリバンが他界するという不幸があったことで遅れはしたものの，1937（昭和12）年4月には女史の来日が実現する．そして，4カ月に渡る国内および満州国での講演旅行を通じ，一般社会に対して「盲人教育ならびにその社会問題に対する啓蒙」（ライト・ハウス大阪盲人協会　1938：1）を図ろうとした．

　前章第4節の2では岩橋が構築した盲人問題解決のためのグランド・デザインについて触れた．これは盲人の教育問題の解決，盲人の社会問題の解決，およびこれら目的遂行のための手段からなっており，ヘレン・ケラーの招聘は，このグランド・デザインを基盤にした活動の一環である．特に同グランド・デザイン中の「盲人に対する一般社会の理解と同情を革新するためのプロパガンダ」は，ヘレン・ケラー招聘の目的そのものだったと言えよう．すなわち，岩橋は女史を日本に紹介することで盲人問題への世間の関心を高め，特に盲人の教育問題を解決するための起爆剤にしようとした．またあわよくば，盲人自身の奮起を促すとともに，盲人達の力の結集を図り，盲人の社会問題解決の端緒を得ようとした．加えて，その余勢を駆って，生まれたばかりの大阪ライトハウスの経営に弾みをつけたいとの思いもあったであろう．

　このような様々な期待が交錯する中，フランクリン・ルーズベルト大統

領の親書を携え，平和の使者としてヘレン・ケラーは来日した．そして満州，朝鮮を含む40都市を巡り，行った講演は97回，集まった聴衆は約196,700人にのぼった．女史は，行く先々で熱狂的に迎えられた．女史も日本と日本人に好意を寄せた．しかし，女史の平和の願いも空しく，同年7月には日中戦争が勃発した．このため，女史は当初6カ月であった滞在計画を中途で打ち切って帰国せざるをえなくなる．女史来日に合わせて朝日新聞社が事務局となり，50万円を目標に募金活動を行うことになっていたが，これも流れてしまった．日本ライトハウスに残されている当時の決算書によると，この年の女史来日では女史の講演料等により20,776円60銭の収入があったものの，支出は合計20,978円80銭となり，202円20銭の赤字となっている．この赤字は岩橋が埋めた．米10kgの値段が2円76銭[1]の時代のことである．こうして日本国民の女史への喝采は銃声によりかき消され，ケラー来日の果実は実らなかった．上記岩橋の企てもまた冷水を浴びせられたが，その一方で女史の来日を契機に同年10月，財界を中心として「ヘレン・ケラー女史来朝記念ライトハウス後援会」が結成され，以後同会は大阪ライトハウスの財政を支える重要な存在となる．また，女史に伴い通訳として全国を回った岩橋の知名度は，いやがうえにも高まった．

2 失明軍人と岩橋武夫の戦略

ヘレン・ケラーの平和のイメージはともかく，また岩橋自身，平和を標榜するクエーカーである一方で，岩橋は「戦争は悲劇の父であるとともに，革新の母である」（岩橋 1937：1）と表現し，日中戦争を盲人問題解決の最大の好機としてとらえた．これについて，以下，『黎明』[2]創刊号に掲載された「失明軍人とその社会問題」と題する岩橋の論文から引用する．

第一次世界大戦後の欧米では，失明軍人の急増に伴い，その対策も急激な盛り上がりを見せた．しかし，やがて世間の関心が薄れていくにつれ，盲人問題解決への熱意もさめていった．岩橋は，英国留学および米国講演旅行で接した欧米における失明軍人対策のこうした実情を述べた後，「日支事変」による失明軍人の社会的対策については，欧米における長所を取り入れその

失敗から学ぶべきと前置きした上で，失明軍人対策の最終目標を「その教育が完成し，その職業的訓練が終了したとき，彼らを元の家庭に帰し，その属する社会に返還することにある」（岩橋 1938：12-4）とした．この最終目標は，今風に言えば「ソーシャル・インクルージョン」ということであろう．この最終目標を達成するには，まず失明とは「若干の負担（ハンディキャップ）」に過ぎないこと，自立自衛が可能なことを失明軍人に教育し信じさせることが重要であり，さらにこれを具体的な事実で証明することが必要であるとした．また，そのためには，失明軍人に対して「闇に光を発見せしめ，一個の人格としての尊厳と自立性を確認せしむる」こと，「失明を肯定することにより，新たなる人生への躍進をなさしめる」（岩橋 1938：23）ことが必要であるとした．特に失明の肯定は最重要事項であり，そのためには「個人のうちにおける人生問題的失明観，ないし運命観の解決を，宗教的信念の世界に求め」ながら「彼らをして一般晴眼者と伍し，なんら遜色なきまでに教養や資格を持たしうるため，盲人として可能なるべき心身の再教育が，極めて必要となる」ことを強調した．そしてこれと平行して，「彼らの個性に応じてその技能・能力に応じて，これに妥当なる職業的再訓練を施し，第一原則としては，これを一般職業戦線に送り出すこと，しかしてよろずやむを得ざるにおいては，第二原則としてこれを適当なる場所と方法において，集団的作業もしくは職業に従事せしめることである．」（岩橋 1938：25）との基本理念を示した．

そして，英国セント・ダンスタン失明軍人訓練所や欧米各国のライトハウス設立の経緯とその成果を挙げ，「数多い失明軍人という特殊な盲人の発生に基づき，国家が，社会が，全国民が是が非でもその救済の保護を成さねばならぬという共同作業によって，かかる成果を納め得た」（岩橋 1938：27-8）として，欧米では第一次世界大戦後の失明軍人対策が盲人問題解決の進展に大きくつながったことを示した．さらに「対盲人社会立法，施設の進歩が，失明軍人に対する銃後的保護作業を完全円満に遂行せしめる条件であるとともに，是が非でも可及的に実現しなければならぬ」（岩橋 1938：28）として，立法措置と社会事業の促進策への速やかな取り組みを我が国の為政者に促している．そしてもし失明軍人対策が近視眼的なものに終わった

ならば，将来に大きな禍根を残すであろう．「なんとなれば失明軍人を迎うべき我が国盲人会それ自体の問題が，教育・社会・職業等，あらゆる方面から未開拓のまま看過され来たっているからである．ゆえにこの我が国盲人会それ自体の根本問題を解決することなくして，いかで失明軍人の特殊問題を解決し得るであろうかというのが，私の基礎的な論拠を成すものである」（岩橋 1938：30）と結んでいる．つまり，日中戦争の継続により漸増するであろう失明軍人の対策を考えるには，まずは現状において何らの措置も講じられていない一般盲人の問題を解決する必要がある．そしてその上で，その延長線上にある，失明軍人問題の解決に当たるべきと主張したのである．

次に岩橋は，盲人問題の現状認識を示す．当時の盲人が置かれた状況がよくわかるので，長くなるが次に引用する．

> 今心に考えてみよう．我らは失明軍人に対していかなる職業の再訓練を成そうとしているのであろうか．按摩か鍼灸かマッサージか，それとも琴三弦によろうとするのか．しかも世人は，これら盲人の独占的と思われ来たった職業が，いまいかに晴眼者によって蚕食され，現状のまま放任すればここ数十年もいれざるうちに（ママ），盲人は完全にその職業戦線より追放され，まったく急迫せる状態に陥らんとしつつある事実を果たして認識しているであろうか．欧米のことはさておき，わが国においては前記のごとききわめて限られたる職業の種別しかなく，しかもなんら新しき職業戦線の開拓も示されず，またそれに対する適確な研究や統計の企てられることも乏しくして，一般ぶんうんの進歩とは逆比例に，盲人大衆は激烈なる社会生活の自由競争条理より漸落の兆候を著しく表わしつつあることは，強き者は強くなり，明るき者が明るくなるに反して，弱き者が弱くなり，暗き者は一層暗からんとする悲劇的な対象を見いださずにはおれない．職業問題の他に，点字図書館の貧弱な現状をいかにせんとするか．点字印刷物事業の無統制により，我が国盲人は経済的において普通墨字印刷所に対する十数倍の市価を余儀なくされていることは，何を物語っているであろうか．義務教育ひとつすらいまだ実施を見ない現状においては，あまりに当然と言えばそれまでながら，盲人に対する高等教育の門戸開放はいかに処置さるべきであろうか．国

民の体位向上が全国的に高調さるる折から，いまなお深夜都会の隅に按摩笛を聴き金棒の響きを耳にすることは，悲劇の舞台面ならばいざ知らず，現実文化社会の健全さをあらわす光景としては一刻もゆるがせにすることができない問題である．盲女と按摩業，そしてそこに起こり来る性の忌まわしき犠牲は，対象問題以上に大きな人道上の課題でなければならない．（岩橋　1938：33-5）

　岩橋はこう慨嘆した後，「だが，時は今にしてなお遅くない．もしこの非常時がかかる永年の宿題を一気に解決することどもならば，これに勝る喜びと感謝はないであろう．願わくは「革新の母」として失明軍人の社会問題的解決が一般盲人社会へ黎明の光を投げ，栄えある祖国の一隅にあっていま非常時の非常事を経験しつつある我が国十万の盲人をして，平等なる文化と平等なる社会生活の恩沢に浴せしめうるよう切望してやまない．私は社会正義と人道愛の総動員のもとに，しかして単なる憐憫の対象としてではなく，同情と理解の対象として，合理的な保護施設の実現を闇の王国のために心から祈っている．そうしてそこから失明軍人の新しい人生と新しい世界への進軍ラッパを聞こうとするものである．」（岩橋　1938：36-7）と結んだ．国家の非常時が「革新の母」となって「失明軍人の社会問題的解決」を促し，それによって一般盲人の問題が一気に解決してほしいとの岩橋の気持ちがこの一説には込められている．

　『黎明』は，1938（昭和13）年8月に創刊し，2000（平成12）年6月に廃刊になるまで737号を数えた，大阪ライトハウス刊行の点字雑誌であり，その創刊号の冒頭に上記の論文を掲載していることに，失明軍人問題に対する岩橋の並々ならぬ関心の高さが見て取れる．実際，これ以降身体障害者福祉法実現までの岩橋武夫と大阪ライトハウスの動きは，上記論文の考え方に沿ったものになっており，上記は盲人問題の解決を図る上での岩橋の戦略的基礎をなしている．特に本章で取り上げた早川分工場は，盲人となっても自立自衛が可能であり，これを「具体的な事実で証明」しなければならないとした先の記述を具現化するものである．

3　国との関わりを強める大阪ライトハウス

　さてこの時期の国の動きであるが，1938（昭和13）年1月，厚生省が発足し，同年4月には傷痍軍人に医療保護，職業訓練を行う傷兵保護院が設置された．さらに同年10月には，失明軍人の再教育所として東京に失明軍人寮および失明軍人教育所が設置された．岩橋は，日中戦争を受けたこれら一連の国の動きに呼応し，大阪にある赤十字病院や金岡陸軍病院に入院する失明軍人への慰問や職業補導，点字教授のための講師派遣などの事業を始めた．また同年10月には，逓信大臣永井柳太郎と岩橋が演者となり，東京女子青年会館において東京在住の失明軍人110数名を招いて講演会が催された．次いで同年12月には失明軍人寮において岩橋と失明軍人との座談会が開催された．岩橋はこの座談会の席上，出席した失明軍人に対し次のように述べ，彼らの奮起に期待を寄せた．

　　あなた方が前線で奮闘なさったと同じ気持で，第二の戦線，即ち盲界のために，文化的事業のために，新しき戦士となって活躍して頂きたいのであります．あなた方はたゞの盲人ではありません．聖戦の勇士なのです．俺が立たねば盲界が立たん，俺一人の小さい問題ではない．俺の後にゐる愛する十萬人のために尽くすのだ，という信念を持って立って頂きたい．（ライト・ハウス大阪盲人協会　1939：24）

　国のほうも，失明軍人教育所設置に先立つ同年8月，岩橋を傷兵保護院に招き，失明軍人対策の原案を示して岩橋の意見を求めている．さらに，1939（昭和14）年5月には，新築が計画されていた失明軍人寮の設計の参考にと，傷兵保護院の黒崎建築技師が大阪ライトハウスに来所し，同館の建築設備を見学している．

　この時期の大阪ライトハウスにおける失明軍人に関わる事業は，慰問，講演，点字指導，身の上相談，新職業相談などであり，1939（昭和14）年からは一部が軍事保護院からの委託事業となった．翌1940（昭和15）年9月には，失明軍人寮から委託教育生として伊藤石太郎を受け入れ，1カ月半の間，ラジオ組立の指導を行っている．さらに『黎明』には，電話交換を失明軍人の新職場として開こうと欧米の資料を取り寄せて軍事保護院に提供し，「芝

浦電気器具製作所で特殊な装置を実験してもらうことになっている」(岩橋 1940：14-5) との記述もある.

　資料からは上記以外に目立つ動きはないが,『ライトハウス年報』からその歳入を拾ってみると, 経常部収入 (円未満切捨て) は昭和 11 年度：3,749 円, 昭和 12 年度：6,624 円, 昭和 13 年度：6,699 円, 昭和 14 年度：13,744 円, 昭和 15 年度：16,314 円, 昭和 16 年度：25,711 円と, 1939 (昭和 14) 年度および 1941 (昭和 16) 年度に飛躍的に伸びていることがわかる. この時期, 大阪ライトハウスの歳入が伸びている要因は, 軍事保護院からの直接的な委託費に加え, 失明軍人対策に積極的に乗り出すことで, 寄付等が得やすくなったことによるものと考えられる. なお, 大阪ライトハウスは, 1938 (昭和 13) 年 7 月の社会事業法施行にともない, 同年 9 月, 同法附則第 2 項による届出をし, それ以降厚生省からも補助金を得ている.

　以上, 1935 (昭和 10) 年の設立から 1941 (昭和 16) 年までの大阪ライトハウスの動きについて, 特に失明軍人に関わる部分を見てきた. この時期は, 失明軍人の増加とともに規模が拡大していった英国々民盲人協会を参考に, 大阪ライトハウスの事業の拡大と愛盲事業の勃興を期待しての, 目立たないが静かな準備の期間であった. また, ヘレン・ケラー来日の興奮や期待を銃声によって消されてしまった苦々しい思いを逆転させ, 戦争によって生まれる失明軍人を盲人問題解決の旗手とするための切り替えの期間でもあった.

第 2 節　早川分工場の設立

　1941 (昭和 16) 年 12 月 8 日, 太平洋戦争が始まった. 開戦から 1 年余を経た 1943 (昭和 18) 年 1 月, 大阪ライトハウスは「大阪盲人協会愛盲会館」と改称[3]した. 理由は, 戦時下,「ライトハウス」という呼び名が敵国語とされたことによるものであった. これと時を同じくして, 大阪ライトハウスでは建物を改装し, 失明軍人への職業訓練および新職業の開拓を目指す計画が動き出す. 同年 9 月 1 日には, 大阪ライトハウスは恩賜財団軍人援護会大阪府支部 (以下「恩賜財団」と略記) にその建物と設備を寄付し, 名称も「失明軍人会館」と改められた. こうして, 大阪ライトハウスは戦時体制に強固

に組み入れられていく．本節では，戦時下，大阪ライトハウスがその建物を改装し，失明軍人の職業リハビリテーションを始めるまでの過程を見ていく．

1 愛盲会館から失明軍人会館へ

早川分工場設立の遠因となる事実が資料の中に見られ始めるのは，1942（昭和17）年秋のことである．会館バルコニーをつぶして建物の増改築を行うとして，それに必要な建築許可が同年12月21日に下りている．許可が下りるということは許可申請をしているということであるが，申請資料は未見である．翌1943（昭和18）年1月，大阪府内政部長宛に提出した書類「愛盲第338号　愛盲会館改増築ニ関スル件」『昭和16年　永久保存綴』によると，増改築の内容は以下の通りである．

増改築面積は63坪，増改築理由は，「本施設ハ従来盲人福祉ノ増進，修養練成並ビニ其ノ職業補導ニ関スル諸事業ヲナスヲ目的トナシ来タリモ今回事業ノ進展ニ伴フ改，増築ヲ行ヒ，特ニ時局下失明軍人ニ対シテ本邦ニ於ケル最初ノ試ミタル左ノ事業ヲ開始セントスルニアリ」として，「点字印刷出版」「点字図書館」「鍼灸マッサージ治療，機織作業其ノ他電線コイル巻工作等」を行うというものであった．工事は翌1943（昭和18）年3月着工，同年8月竣工とある．

また，1943（昭和18）年（月日不記載），恩賜財団軍人援護会大阪府支部長宛に提出した書類「愛盲第349号　失明軍人寮並ニ職場開設ニ対スル助成申請書」『昭和16年　永久保存綴』の中の「失明軍人寮並ニ職場開設計画書」では，次のような計画が示されている．

まず事業の対象者としては，「当府下在住ノ失明軍人（弱視者ヲ含ム）タルコト　但シ将来之ヲ拡大シテ関西他府県ニ在住ノ者ニ及フコトアルヘシ」とし，「（イ）　当府下陸軍病院ニ在院中ノ者」「（ロ）　退院シテ己ガ家ニ在テ将来ノ生活ニ付キ未決定ナル者」「（ハ）　中央ハ失明軍人訓練所並ニ他ノ教育機関ヲ卒業シテ帰郷セル者」としている．

事業内容としては，「職業補導並びに点字補導」「寮生活」「新職場」に分類され，このうち「新職場」としては，「共同ニ職場ヲ持タシメ希望ト勇気

トヲ以テ左ノ新職業ヲ開拓セシムルコト」とし，「各種電気コイル巻」「ラジオ組立並ニ修繕」「各種機械作業」「鍼灸マッサージ治療」「点字印刷出版」が列挙されている．

さらに，新設に要する経費として，建築費，備品費に 30,141 円が計上されるとともに，事業運営に要する経費として「失明軍人十人ヲ単位トシ向ウ二カ年間独立自営ニ至ル迄必要ナル年額」としてその見積り金額を，「イ　食費　2,400 円（一人　月 20 円）」「ロ　指導職員給料　1,680 円（一人　月 70 円）」「ハ　雑役及世話係給料　1,200 円（一人　月 50 円）」「ニ　雑費 600 円」で，総計 5,880 円が計上されている．

このように，今回の大阪ライトハウスの取り組みは，上記指導職員給料の 400 カ月分を超える巨費を投じ，失明軍人定員 10 名に 2 年に亘って職業訓練と点字習得訓練を提供し，しかも寮と授産施設を併設するという意欲的なものであった．なお，『黎明』(73) には「昭和 19 年 1 月からはじまったこの工場は，去る 6 月末を以って 1 期生の完全な巣立ちを終わり，名実ともに軍需工場の押しも押されぬ工員である」（大阪ライトハウス　1944f : 2-3）との記述があり，訓練期間は後日 6 カ月に変更されたようである．それから，昭和 17 年度ライトハウス年報を見ると，この改装工事には 31,000 円の予算が計上されている．ところが，昭和 18 年度年報記載の決算には 15,000 円しか見当たらない．改装に掛った経費が半額になったとは考えにくいため，残りは上記の「失明軍人寮並ニ職場開設ニ対スル助成申請」が採択され，恩賜財団より差額分に相当する程度の助成金が下りたものと推測される．また，助成金を出す条件として，大阪ライトハウスの建物を恩賜財団に寄付するという話が持ち上がったのかもしれない．

さて，こうして職業訓練の場は用意できた．建物が 9 月 1 日付けをもって恩賜財団に移管され，名称も「失明軍人会館」に改められたことは既に述べた通りである．9 月 7 日には岩橋始め職員に辞令が交付され，岩橋は引き続き館長を務めることになる．同時期，岩橋は会館内に居を移して，会館運営の陣頭指揮に乗り出す．

2　失明軍人講習会

　1943（昭和18）年10月15日，新装された失明軍人開館にて軍事保護院委託大阪府軍人課主催の失明軍人講習会が始まった．スローガンは「白衣より作業衣へ」（軍事工業新聞　1944：10）というものであった．受講生は18名で，富山県，愛知県，兵庫県等から参加する者もあった．開校式には，早川電機工業，久保田鉄工所，松下電気，谷川金属等の重役，傷痍軍人会，軍人援護会など，軍官民の有力者20数名が来賓として出席した．

　講習会の期間は1カ月で，日曜・祭日も休みなく続けられた．講習内容としては，古事記，枕草子，源氏物語，平家物語，徒然草等の古典や曲亭馬琴，坪内逍遥，森鷗外，尾崎紅葉等の名文を編纂した点字教科書『点字国文選』をもとに点字の指導，講義が行われた．さらに久保田鉄工所，谷川金属，早川電機工業，松下電気などの技師による職業指導，さらには精神修養のための講話，茶道，歌舞伎等の観劇，工場の見学，府市聾盲学校の見学等多彩な内容であった．これらのカリキュラムには，世界のライトハウス事業のノウハウや大阪ライトハウスにおける事業の経験が生かされている．なお，同講習会には早川電機工業の創業者である早川徳次も講師として招かれており，このとき早川は岩橋の「白衣から作業着へ」の理念に賛同し，岩橋への協力を約束したとされている．

　同講習会では，プレス作業による航空機用無線機製作の技術習得のための訓練も行われた．その実験的な取り組みにより，「失明者に特有の直感と注意力や忍耐に加わうるに，戦場を職場にかえた勇士たちの撃滅魂で普通人以上の能率を上げることが立派に証明され」（大阪ライトハウス　1944a：10）ることとなる．

　以上，前項と本項で，大阪ライトハウスが建物を増改築し，失明軍人のための「職業リハビリテーション」に取りかかるまでの過程を見てきた．ここまでの主役は，社会事業家岩橋武夫であった．岩橋はこれまで見てきたように，時流をとらえ，世論を喚起し，財界に味方を得，盲人達をまとめ，国に働きかけ，職業リハビリテーションの小さな芽を出させた．しかし，最初の訓練を終えた失明軍人が，職業人として実践で活躍できるかどうかは未知数

である．これを証明するには，さらなる取り組みが必要であろう．そこで，次項では早川分工場設立のもう一人の主役である早川徳次と早川分工場の設立に目を向ける．

3　早川徳治と早川分工場設立

　先の失明軍人講習会で，機械加工に盲人の新職業としての可能性を見た岩橋は，失明軍人会館内に電機金属工作部門を設けた．そして，講習会を終えた6名が早川電機工業に入社し，彼らを中心とする早川分工場が立ち上がる．ところで，1民間企業である早川電機工業が，なぜ6名もの失明軍人を受け入れたのであろうか．しかも，前述の通り同工場が後の特例子会社につながり，現在でも存続している事実を見ると，失明軍人の受け入れを，戦時下という特殊事情ということだけで片付けることはできないであろう．そこには，同社創業者である早川徳次の生い立ちが深く関わっているのである．

　早川徳次は，1893（明治26）年，東京に生まれた．家は京橋で袋物問屋を営んでいたが，2歳になる頃，母が病気となり貧家に養子に出されてしまう．徳次は青年になるまで出自のことは知らない．養子先では，義母にいじめを受けるが，これを哀れんだ井上という老夫婦に，わが子のようにかわいがられた．同じ長屋に住むその老夫婦は元は士族で，何かと面倒見が良く，周囲の住人からは尊敬を受けていた．妻のほうは盲人であった．この老夫婦は徳次の出自を知る数少ない人物だった．早川は8歳の時に，その老夫婦の紹介で錺屋の店に丁稚奉公に出るが，そのとき，幼い早川の手を引いて奉公先まで連れて行ったのが，その盲夫人である．早川は後年，そのときのことを次のように述懐している．

　　井上さんの好意はあたたかかった．その手のぬくもりとともに，幼い私の心の底にふかくしみこんで残った．井上さんは大正12年の大震災以後消息がわからずじまいになったが，私はいつしか井上さんに代わる数えきれない暗黒の中にいる人たちの手を引いて行かねば……という悲願をいだくようになった（早川　1980：128）

　錺屋で職人としての腕を磨いた早川は，後に独立し，1915（大正4）年，

「早川式繰出鉛筆」（後の「シャープペンシル」）を開発．これが当たり事業は飛躍的に伸びるが，1923（大正12）年関東大震災が発生．このとき早川は工場と多くの従業員，さらには妻と二人の子供までも失う．そして失意のもと，大阪で再起を図る．1924（大正13）年，「早川金属工業研究所」（後に「早川電機工業株式会社」，さらに後年「シャープ株式会社」と改称）を設立．1925（大正14）年，国産第1号のラジオの量産販売を開始．その後，同社の業績はラジオの普及とともに拡大．太平洋戦争が始まると同社は軍需工場に指定され，軍事用の無線機などを手がけることとなる．

　失明軍人の職業訓練を手伝ってほしい，との岩橋からの連絡が早川のもとに届いたのがいつであったかはわからない．恐らく1943（昭和18）年の夏頃であったろう．盲人社会事業を営む岩橋のことを先のヘレン・ケラー来日の新聞記事を通じて知っていた早川は，岩橋の求めに即座に応じた．資料に明確な記述はないが，早川はその後岩橋と会い，岩橋の失明体験や盲人社会事業にかける熱い思いを聞いたに違いない．そして，幼少の頃の苦しかった日々，世話になった近所の盲人，関東大震災での挫折といった過去の思い出が去来する中，岩橋の事業に深い共感を覚えたことであろう．

　また，早川の本社工場は，大阪ライトハウスと同じ阿倍野区内にあった．このため，岩橋も以前から早川の存在は知っていた．他方，岩橋らが中心となって開いた1940（昭和15）年の紀元二千六百年奉祝全日本盲人大会では，その決議の一つとして「ラジオ聴取ニ関シ，盲人時間ノ設定，点字テキスト発行ノ実現ヲ期ス」（ライト・ハウス　1940：36）とうたっている．岩橋は点字雑誌『黎明』の中でも盲人はもっと教養を高めなければならないと再三訴えており，その手段の一つとしてラジオに重きを置いていたのであろう．さらに，岩橋は先の英国留学を通じ，失明軍人の新職業として電気機械部品の生産が欧米で試みられていたことも知っていた．こうしたことが，岩橋を早川電機工業に注目させたものと考えられる．

　早川電機工業に話を戻す．岩橋の依頼を受けた早川電機工業の研究部では，先の失明軍人講習会と並行して盲人用プレス台を開発・完成させた．同機械を使うことで抜き型，押し型，曲げ型の初歩工作から，磨き，組み立てに至る全工程が一貫作業として，視力の助けを借りることなく実現可能と

なった．また，先の講習会における訓練の結果，一定の作業が盲人であっても晴眼者と遜色なく行えることがわかったことは既に触れた．これらの結果，早川電機工業では全工員が失明軍人からなる工場の創設が決定された．そして，同年 11 月 15 日に講習会の修了式を迎えた工員達の一部は，再起奉公の場，戦盲勇士の集団職場として会館内で作業を継続することになる．このあたりの経過を『黎明』(66) より次に引用する．

　早川電機工業が，失明軍人からなる工場創設を決定したとの記述の後，「その第一歩として，会社では，失明軍人会館事業の一部門として金属作業を委託．分工場として指定．新春から雄々しく発足することになり，首藤准尉ら 6 名の勇士に対して更生課勤務を命ずる」の辞令を交付．早川社長の手で勇士の胸には，誉れの戦盲章とならんで社員章がつけられた．」(大阪ライトハウス　1944a：10-1)

　この記述から見える早川分工場の実態としては，先の 6 名の身分は早川電機工業の社員，すなわち給料は早川持ち，機械や技術指導も恐らく早川持ち，しかし早川分工場の事業主体は失明軍人会館，従って仕事は早川電機工業から同会館への委託，工場の場所も同会館内ということである．つまり，早川分工場発足時にはこの 6 名が失明軍人会館に出向するような形で，早川電機工業の技術者から指導を受けながら仕事をこなしていったものと考えられる．なお，上記 6 名が早川電機工業に就職したのは 1943 (昭和 18) 年 12 月末であり，工場の稼働開始は翌 1944 (昭和 19) 年 1 月のことである．

第 3 節　早川分工場の拡大とその後

　太平洋戦争の開戦から 4 年目となる 1944 (昭和 19) 年，我が日本軍は，3 月に始まったインパール作戦に敗北，6 月のマリアナ沖海戦に敗北，7 月のサイパン島玉砕に続き 8 月にはテニアン島およびグアム島が落ち，10 月にはレイテ沖海戦に敗れた．こうして戦況が悪化していく中，早川分工場では失明軍人による作業が続けられた．以下本節では，早川分工場の拡大とその終焉，そして戦後に新発足する早川特選工場およびライトハウス金属工場に目を向ける．

1　早川分工場の拡大と終焉

　早川分工場の稼働は順調だったようで，作業内容の充実により作業場が狭隘となったため，1944（昭和19）年5月には講堂を改装し作業場に当てている．また，同年3月，岩橋は17年間教鞭をとっていた関西学院を退職し，失明軍人会館長の職に専念することになる．同年6月，失明軍人会館では「失明軍人会館事業現業」という冊子を発行している．当時の早川分工場の実態がよくわかるので，以下に工場部分を原文のまま掲載する．

　　一機ヲモ多ク空ヘ！」ノ要請ニ応ヘ航空無電機ノ部品ヲ制作スベク早川電機工業株式会社ト提携シ本会館内ニ金属工作部ヲ設ク．本部ニ就労セル失明傷痍軍人ノ月給ハ最低七拾円（初給）ニシテ生計ノ保証ヲ与ヘ同社長早川徳次氏並ビニ技術員ノ指導下ニ技術ノ向上ヲ計リ一段戦力増強ニ挺身セシメツヽアリ．
　　目下就業スル失明傷痍軍人数八十名（定員三十名）ニシテ軍事保護院並ビニ金岡陸軍病院ト連絡ヲ保チ本年中ニ増員ヲ計画準備中ナリ．
　　本事業ノ開放後僅々五ヶ月ニ充タサルモ失明傷痍軍人ノ集団職場トシテ直接軍需品増産ヲ担当セル意味ニ於テ本邦ニ於ケル最初ノ試ミトシテ其ノ意義甚ダダイナルヲ覚ユ．
　　生産種目ハ主トシテ抜型，押型，曲型ノプレス作業ニシテ之ニボール盤並ニタップ切使用ニ依ル穴開ケ，ネヂ切等ヲナシ，以テ無電機部品ノ一貫作業ヲ完成スルニアリ．特ニ注目スベキハ両眼盲，左腕セツダンノ失明傷痍軍人ガ挺身ノ努力ヲ以テナス入念工作ハ晴眼工具ガ一日（十時間）一万乃至一万三千個ノ仕上ゲヲナスニ対シ一万七千個ト云フ能率ヲ上ゲ或イハ迫撃砲弾治機蓋ノゲーヂ検査ニ於テ隻手ヨク一日五千個ヲ検査シ其ノ間寸毫ノ誤差ナク監督官ヨリ最優秀ナリトノ保証ヲ受ケタルコト之ナリ．（恩賜財団軍人援護会大阪府支部失明軍人会館　1944：2-3）

　この資料は，失明軍人会館の広報としての役割も持っていたであろうから，内容は割り引いて評価しなければならない．しかしそれにしても，目が見えないにもかかわらず工具達の作業能率はかなり高かったようである．ところで，プレス作業は晴眼者であっても危険なものであるが，指を挟まれる

といった事故はなかったのであろうか．この点に関しては，先の6名のうちの一人である山本卯吉氏の遺族から，氏の指先は，かなり短くなっていたとの証言を得ている[4]．氏はその後早川特選工場で代表となる人物であり，特選工場でも同様の作業があったため，指先の度重なる怪我がいつのことであったかはわからない．しかし，その作業は盲人にとって決して安全なものではなかったようである[5]．

ところで，社会事業家岩橋がこの時期の事業をどのように見ていたのか，その心情が垣間見られる記事を『黎明』(73) より次に引用する．

> この会館が10年前ライトハウスとして発足した当時が回顧されてくる．1年の経常費僅かに1700円，職員は9人，皆は一緒に食べて，小遣いと言っては3円か5円ぐらいしか出なかった．もちろん月給の様なものは薬にしたくもない．しかし誰も不平を言わず精一杯の働きをしたものだ．それがどうだろう．会館だけでも1年の経常費6万円ほど使っている．（中略）金3円の小遣いを貰っていた時代と，人並みに月給らしいものを貰うようになった時代とに見つけられる大きな開きは，何とかして埋めねばならない．戦時下の道義は低下し，人情が冷淡になった結果だとして，これを一般社会情勢に帰一せしめることはあまりに寂しい．ライトハウスには光があった．あったればこそできたのである．その光が愛盲会館を通し明軍会館（筆者注，失明軍人会館のこと）となってもなおともっているはずである．それは確かにともっている．だが，これだけ形が大きくなったとすれば，光もそれだけ倍化して煌煌と辺りを照らさねばならぬはずではないか．そこに悩みがあり反省の余地がある．（岩橋　1944f：3）

この記事からは，戦争の激化とともに水ぶくれのごとく拡大していく事業，それとともに低下していく職員の志を岩橋が不本意に思っていることがわかる．また，早川分工場は失明軍人のために立ち上げた事業であり，多くの失明軍人を受け入れることは喜ばしいことながら，その反面，自分が目指したライトハウス事業から少しずつ離れていく会館の現状，それらに葛藤を覚え苦悩する岩橋の心情が伝わってくる．

2 早川分工場のその後

さて,早川分工場のその後である.『黎明』は,昭和19年8月の第73号をもって休刊になっている.休刊の理由は戦争の激化により点字用紙の配給が滞ったためとされている.また,設立以来欠かさず作られていた大阪ライトハウスの年報も,昭和19年度のものは出されていない.その他,これ以降終戦に至るまでの早川分工場に関する資料は見つかっておらず,その後の早川分工場がどのようなものであったかは不明である.

1945(昭和20)年6月,早川分工場は失明軍人会館の職員や家族とともに,奈良県南葛城郡葛村古瀬に工場疎開する.兄が失明軍人で,疎開直前から1年程失明軍人会館で働いていたという元職員の証言によると,疎開先には機械らしきものはなく工場の実態はほとんどなかったようである.恐らく日々の生活で手一杯であったのであろう.やがて同年8月15日の終戦を迎え,早川徳次が疎開先に赴き,早川分工場の閉鎖を職員に伝える.こうして早川電機工業に雇用されていた失明軍人は職を失うことになるが,工場そのものが軍需工場だったわけであり,閉鎖はしかたのないことであろう.

このようにして早川分工場はその短い歴史を終えた.しかし,敗戦しても新職業開拓の使命が残されているという工員達の熱意から,疎開先ではその後も鍼灸のための鍼や点字器の製造・販売などが試みられた.そして早川分工場と大阪ライトハウスを再建しようとするが,この試みは失敗に終わった.大阪ライトハウスは,1946(昭和21)年5月に恩賜財団より設備を再移管され,名称を「ライトハウス」とした.その後,疎開先から帰郷する失明軍人が少しずつ出始め,その職場をどうするかが問題となった.岩橋はこの頃復員した実弟文夫と相談し,1946(昭和21)年7月「ライトハウス金属工場」を立ち上げ,失明軍人やその家族の職場とした.そして,GHQから放出された缶詰の空き缶を回収し,文夫の指導のもと金属加工の事業を始めた.このライトハウス金属工場は,大阪ライトハウスの収益部門としてその後の同法人の経営に重要な役割を果たすことになる.

一方,1946(昭和21)年7月,早川分工場で働いていた失明軍人7名が早川電機工業田辺工場にプレス工として復職した.1950(昭和25)年8月1

日，その7名が中心となり，「合資会社特選金属工場」を設立，山本卯吉氏が代表となった．この「特選」とは，特別に選ばれた社員という意味である．その後同社は，早川電機工業の業績拡大とともに発展し，社名を「合資会社早川特選金属工場」，さらに後には「シャープ特選工業株式会社」に変更し現在に至っている．なお，同社は1976（昭和51）年10月，身体障害者雇用促進法に基づく日本初の特例子会社に認定された．同社ホームページによれば，2011年12月1日現在，従業員105名中障害のある人は58名となっており，同社は今日においても障害のある人の有望な就職先となっている．

＊＊＊

　本章では，愛盲事業の理念を具現化すべく大阪ライトハウスを設立した岩橋武夫が，その愛盲事業の一環としてシャープ株式会社創業者早川徳次の協力を得て，職業リハビリテーションの黎明ともいえる早川分工場を設立していく過程，そして同工場のその後について見てきた．

　岩橋は生まれたばかりの大阪ライトハウスの経営に弾みをつけるとともに，盲人問題への世間の関心を高め，盲人の教育問題および社会問題解決の端緒を得ようと，1937（昭和12）年，ヘレン・ケラーを我が国に招聘した．平和の使者として来日した女史であったが，同年7月の日中戦争勃発により帰国を余儀なくされ，その成果は十分なものとはならなかった．一方岩橋は「戦争は悲劇の父であるとともに，革新の母である」として，起きてしまった戦争を盲人問題解決の好機としてとらえようとした．国のほうでは1938（昭和13）年に厚生省が発足，さらに傷兵保護院，失明軍人寮および失明軍人教育所が設置されるなど戦時体制を整えていった．岩橋は国の動きに呼応し，陸軍病院への慰問や職業補導，点字教授のための講師派遣などの事業を始めた．

　やがて我が国は太平洋戦争へと突入する．大阪ライトハウスでは建物を改装し，また建物と設備を恩賜財団に寄付して名称も失明軍人会館に改め，1943（昭和18）年10月，失明軍人講習会が開かれた．そして翌1944（昭和19）年1月，同講習会を終了した6名からなる早川分工場が設立され，早川

電機工業の指導のもと，航空無線機の部品の製造が始まった．その後同工場は拡張され，岩橋は関西学院の職を辞して失明軍人会館の経営に専念することになる．

　1945（昭和20）年になると本土空襲が激しくなり，会館も疎開を余儀なくされた．そして終戦となり，早川分工場は短い生涯を終えた．岩橋と早川がともに取り組んだ職業リハビリテーションの小さな灯は一旦消えてしまう．しかし，そこで培われたものは，戦後ライトハウス金属工場やシャープ特選工業株式会社へと引き継がれ，生き続けるのである．なお，ライトハウス金属工場については，第3章，第4章で見ていく．

注

1　『食糧管理統計年報　昭和二四年版』（食糧庁　1949：236）による．
2　『黎明』については後述する．
3　1938（昭和13）年12月に失明軍人寮で行われた前記座談会では，大阪ライトハウスが「愛盲会館」と紹介されており，岩橋はかなり以前からこの呼び名を時と場合によって使い分けていたものと推測する．
4　聞き取り調査は，2009年12月17日14時から17時45分まで，山本卯吉氏の遺族の自宅で行った．
5　『合資会社早川特選金属工場要覧』（1966：頁無）には，早川分工場では「全国より20名余りの中途失明者が集り航空無線機部分品の坐金，端子，補強具等を生産し非常な業績を上げ」たとの表現があり，上記「失明軍人会館事業現業」の失明軍人数と大きくかけ離れている．いずれが正しいかはわからないが，ここでは当時の資料である「失明軍人会館事業現業」を採用した．
6　日本ライトハウスに原本が残されていないため休刊と判断したが，号数や後の資料の文脈から，休刊ではなく原本が失われたとも考えられる．
7　ライトハウス関係者への聞き取り結果による．聞き取り調査は，2010年1月14,15日17時30分から21時30分まで，大阪市放出駅近くの飲食店で行った．
8　聞き取り調査は，2010年3月11日16時から18時まで，大阪駅内の飲食店で行った．
9　岩橋は山本卯吉らとともに1945（昭和20）年4月，基本金6万円の社団法人関西盲人兄弟社を設立し，鍼や点字器の製造・販売の事業に着手しようとしていた．しかし疎開や終戦の混乱で，実際に製造作業が始まったのは同年9月になってからであった．
10　岩橋は，ライトハウスを恩賜財団に移管する際，「もし戦争が終結するとかあるいは事業目的が不必要となった際にはこれを元のライトハウスに返還する」（岩橋1950：5）という条件を付けておいた．従って，戦後いずれかの時期には大阪ライトハ

ウスは岩橋たちの手に戻るはずだった．しかし，恩師財団の解散時一度は同館を取り戻したものの，後に我が国が独立を回復した際に，同館は国に接収されてしまった．そのため，岩橋は国から払い下げを受ける形で同館を取り戻すことになる．その際の支払金額は332,651円であった．
11　1947（昭和22）年4月1日には「社団法人ライトハウス」となる．
12　山本卯吉の手記「敵の手榴弾で失明するも，早川徳次氏に光与えられる」『戦争失明者の自分史　心に光を求めて』（山本　2000：176）では，復職の日付が1945（昭和20）年9月15日となっているが，この時期山本は疎開先にいたはずであり，また疎開先には早川分工場の実態はなかった．このため，これは前脚注の関西盲人兄弟社の作業開始のことではないかと推測する．

資料

〈日本ライトハウス所蔵　一次資料〉
合資会社早川特選金属工場　「定款　昭和38年10月1日改正」．
「合資会社早川特選金属工場要覧（昭和41.9.1）」．
軍事工業新聞編（1944）『白衣より作業衣へ――大阪失明軍人会館見学記』軍事工業新聞出版局．
ライト・ハウス（1940）『昭和十五年十月　紀元二千六百年奉祝　全日本盲人大会報告』ライト・ハウス．
恩賜財団軍人援護会大阪府支部失明軍人会館（1944）『失明軍人会館事業現業』恩賜財団大阪府支部失明軍人会館．
「商号等変更に関する件通牒」．
『昭和十六年　永久保存綴』ライトハウス．
『昭和十八年度　会計に関する予備証拠書　綴』失明軍人会館．
『昭和十九年　報告書控』恩賜財団軍人援護会大阪府支部失明軍人会館．
『昭和十九年五月　失明軍人会館　事務書類』失明軍人会館．
『昭和二十年六月　雑件　綴』失明軍人会館．
『昭和二十一年　援護申請書』失明軍人会館．
『昭和二十一年七月』失明軍人会館．

[点字資料]
岩橋武夫（1938）「失明軍人とその社会問題」『黎明』(1), 9-33.
―――（1940）「11月の論題三つ」『黎明』(28), 1-14.
―――（1944f）「巻頭言　愛の行動性について」『黎明』(73), 1-4.
―――（1950）「巻頭言　回顧15年」『黎明』(141), 1-7.
大阪ライトハウス（1938a）『黎明』(1).

―――― (1938b)『黎明』(2).
―――― (1938c)『黎明』(3).
―――― (1943a)『黎明』(54).
―――― (1943b)『黎明』(55).
―――― (1943c)『黎明』(56).
―――― (1943d)『黎明』(57).
―――― (1943e)『黎明』(58).
―――― (1943f)『黎明』(59).
―――― (1943g)『黎明』(60).
―――― (1943h)『黎明』(61).
―――― (1943i)『黎明』(62).
―――― (1943j)『黎明』(63).
―――― (1943k)『黎明』(64・65).
―――― (1944a)「全工員が失明勇士ばかり」『黎明』(66), 9-11.
―――― (1944b)『黎明』(67).
―――― (1944c)『黎明』(68-70).
―――― (1944d)『黎明』(71).
―――― (1944e)『黎明』(72).
―――― (1944f)『黎明』(73).
―――― (1950)『黎明』(141).

[年報]
岩橋武夫 (1937)『ライト・ハウス年報　第2号　昭和十一年度』ライト・ハウス大阪盲人協会.
(1938)『ライト・ハウス年報　第3号　昭和十二年度』ライト・ハウス大阪盲人協会.
(1939)『ライト・ハウス年報　第四号　昭和十三年度』ライト・ハウス大阪盲人協会.
(1940)『ライト・ハウス年報　第五号　昭和十四年度』ライト・ハウス大阪盲人協会.
(1941)『ライト・ハウス年報　第6号　昭和十五年度』ライト・ハウス大阪盲人協会.
なお昭和12～15年度のライト・ハウス年報には，奥付があるが，編集者の記載がなかった．
岩橋武夫 (1942)『ライト・ハウス年報　第7号　昭和十六年度』ライト・ハウス大阪盲人協会.
―――― (1943)『愛盲会館　第8号　昭和十七年度』愛盲会館大阪盲人協会.
『大阪盲人協会年報　第9号　昭和18年度』同資料には，奥付がない．そのため発行年がわからないが，同資料の表紙に「昭和19年7月」と記載されている．

文献

早川徳次（1970）『私の考え方　早川徳次』浪速社.
―――（1980）「早川徳次」『私の履歴書　経済人 6』日本経済新聞社, 123-85.
平野隆彰（2004）『早川徳次伝　シャープを創った男』日経 BP センター.
岩橋武夫（1932）『愛盲（盲人科学 ABC）』日曜世界社.
―――（1937）「非常時即常時の信行」『大阪社会事業研究』25（11），1-7.
木塚泰弘（2006）「先達に学び業績を知る　盲人にも無限の可能性　世盲協で活躍し，社会職業リハビリテーションを導入した　岩橋英行」『視覚障害』(223)，23-32.
小西律子（2009）「盲人集団の職業的自立の危機とその克服への試み ――岩橋武夫と大阪ライトハウス設立を中心に」『社会福祉学』50（1），57-67.
丸山一郎（1998）『障害者施策の発展　身体障害者福祉法の半世紀　リハビリテーションから市町村障害者計画まで』中央法規出版.
松井亮輔（1987）「職業リハビリテーションの歴史」『総合リハビリテーション』15（4），257-60.
シャープ特選工業株式会社（1990）『シャープ特選と私　創立 40 周年記念誌』シャープ特選工業株式会社.
傷兵保護院（1939）『傷痍軍人職業再教育事業概要』軍事保護院.
―――（1939）『傷痍軍人職業指導資料』軍事保護院.
―――（1939）『傷痍軍人職業選択参考資料』傷兵保護院.
―――（1939）『傷痍軍人職業再教育読本』軍事保護院.
杉森久英（2007）『大政翼賛会前夜』ちくま文庫.
杉山博昭（2003）「岩橋武夫と盲人運動」『キリスト教福祉実践の史的展開』大学教育出版，300-16.
財団法人中央社会事業協会（1938）『社会事業法に就て（附社会事業法関係法規）』財団法人中央社会事業協会.
山本卯吉（1961）「盲人プレス工一八年の記録」『障害を越えて』雇用問題研究会，38-55.
―――（2000）「敵の手榴弾で失明するも，早川徳次氏に光与えられる」『戦争失明者の自分史　心に光を求めて』日本失明傷痍軍人会，169-78.
シャープ株式会社（2009）「シャープのあゆみ」.
（http://www.sharp.co.jp/corporate/info/history/h_company/index.html 2009.10.5）なおシャープ株式会社およびシャープ特選工業のホームページの年表には，1942（昭和 17）年に「ライトハウス戦場失明者工場を早川分工場にする」と記述されているが，大阪ライトハウス側の資料にはそのような記載は見当たらなかった.

第 3 章

日本盲人会連合の設立

　第1章第1節で見てきたように，盲人達は明治に入り迫ってきた職業的自立の危機を克服するため，按摩専業運動を起こした．しかしその成果は十分なものではなかった．弱者でかつ少数派である集団が，その小さな声を政治に届けようとするとき，あるいは政治から自分たちのための政策を引き出そうとするとき，その集団の意志を代表する全国組織の存在は大きな力となる．しかし，先の按摩専業運動の当時，盲人の全国組織はまだなく，盲人の組織的な力は弱かった．

　第1章第4節の2で見てきた通り，岩橋は，英国留学を通じて調査・見聞した欧米における盲人問題の事情を，1932（昭和7）年，『愛盲（盲人科学ABC）』として著した．そしてその中で，盲人問題解決のためのグランドデザインとして，盲人の教育問題の解決と社会問題の解決の方策を示した後，「各地方盲人協会及び団体の統一，中央機関として日本国民盲人協会を設立，盲人法の制定により立法的保護の完成」（岩橋武　1932a：225-6）を訴えた．名もない一人の盲人が，この時期既に盲人問題解決のための総合的なプランを打ち立て，彼はその大きな目標に向かって歩み出すのである．そしてその取り組みはやがて実り，1948（昭和23）年，日本盲人会連合（以下「日盲連」と略記）が設立され，岩橋はその初代会長に就任する．

　本章では，盲人の全国組織結成に向けた戦前からの動きが，やがて盲人の当事者団体として今日まで続く日本盲人会連合の設立へとつながっていく，その過程とそこで岩橋武夫が果たした役割について見ていく．

第1節　中央盲人福祉協会と大日本盲人会の結成

　盲人の全国組織結成の最初の動きを知るには，昭和初期にまで遡らなければならない．すなわち，1929（昭和4）年に設立された中央盲人福祉協会がそれである．岩橋が顧問を勤め，盲人の全国組織として期待された同協会であったが，残念ながらその期待に応えることはできなかった．そのため，新たな盲人の全国組織の結成が模索された．そうして1942（昭和17）年に結成されたのが，大日本盲人会である．以下本節では，盲人諸団体を束ねる中央機関として期待された中央盲人福祉協会と盲人初の全国組織である大日本盲人会の結成に至る過程を見ていく．

1　中央盲人福祉協会

　1922（大正11）年5月，我が国初の点字新聞である『大阪点字毎日』（現在の『点字毎日』，以下「点字毎日」と略記）が創刊された．これに触発され，盲人達の動きが活発となり，各地に盲人会や盲人保護のための団体が増え始めた．しかし，これら盲人諸団体は横のつながりはなく，政治的力は弱かった．そのため，1929（昭和4）年10月，各地の盲人諸団体の要望を受け，中央社会事業協会の関係団体として「中央盲人福祉協会」が設立された．初代会長は渋沢栄一である．しかしこのとき渋沢は89歳（2年後没）と高齢で，実権はその後会長となる原泰一が握っていた．なお，同協会と同名の協会が1928（昭和3）年に福沢諭吉を会長として設立されているようであるが，こちらの活動実態は不明である．以下，1929（昭和4）年に設立された同協会を1928（昭和3）年のものと区別する意味で「新発足」と表現する．

　同協会新発足に先立つ1929（昭和4）年6月4日，世界のライトハウス創設者であるウィニフレッド・マザー（以下「マザー夫人」と略記）と夫のルファス・グレイヴスを（財）中央社会事業協会が日本に招き，内務省社会局で講演会が催された．講演内容は①失明防止に関する事項　②盲人の生活改善，教育一般等の福祉に関する事項であった．マザー夫人はこの講演で「盲人とは

暗黒界に住む正眼者」であるとし,「我らの務は彼等の住んでいるその暗黒界を照してやること, 即ち彼等の持っている失明という負担を, 出来るだけ合理的に軽減してやるよう努力する」ことにあるとした. さらに, 盲人を「訓練し, 教育し, 均等の機会を与えて, その技能に従い, あらゆる社会的地位を与えねばならないことは当然の帰結」であるとし, 最後に「この度私が夫と共に御国を訪れたことが何かの縁となって, 若し盲人教育家, 社会事業家及国家の要職に在る方々の注意と関心を呼び覚し, この東京に第11番目のライト・ハウスが出現する日もあらば, 吾々は国際友誼の立場から全力を挙げてお助け申上げたいと希望する次第であります.」(岩橋武 1932b:287) と結んだ.

岩橋は後年, この講演会のことに触れた後,「当時, 形だけできて実際には難産の姿であった「中央盲人福祉協会」がこのために活気づき, 特にマザー夫人が私に手渡してくれた金一封をそのまま「中盲」(筆者注, 中央盲人福祉協会のこと) に進呈したこと等が大きい力となり, 渋沢子爵を会長として会が誕生し, 渋沢子爵が病没するや大久保侯爵, 新渡戸博士等によってその後が継承されてきたのである.」(岩橋武 1950:2) と述べ, 先のマザー夫人の講演会を契機に中央盲人福祉協会が新発足したとしている. なお, 岩橋は同協会の新発足時, 顧問に就任している.

また, 同協会の設立趣意書では, その設立の背景を次のように説明している.「盲人に対する教育並に保護の道は, 洋の東西を問はず相応早くから開け, 我が国に於いても, 中古時代から既に特別の保護を加へられ, 徳川時代に至りては, その制度は備はり, 鍼按業の如きは殆んど彼らの専業となり, 之を主とした教育も盛んに行はれ, 盲目ながら実に明るい世界に住んでゐたのであります. 然るに明治維新に際し, 各種の制度改廃せられると共に盲人の社会的保護は不幸中絶の運命に遭遇し, 従来長い間彼等にのみ許されて居た音楽・鍼按の独占さへも奪われ, 敢て薄運の身を以て, 激烈なる生存競争の渦中に苦闘しなければならぬ実状となりました.」(中央盲人福祉協会 1929:787). そして, 協会の目的および事業内容として,「第三条 本会ハ盲人ノ福祉並ニ失明防止ニ関スル事業ノ振興ヲ図ルコトヲ目的トス」「第四条 本会ノ事業左ノ如シ 一. 盲人福祉団体ノ連絡ヲ図ルコト, 二. 盲人福祉事業, 失明防止並ニ視力保存ニ関スル調査ヲナシ, ソノ施設ノ促進ヲ図ルコト 三.

会報其ノ他必要ナル冊子ヲ発行スルコト　四．其他本会ノ目的ヲ達スル為メニ必要ナル事業」（中央盲人福祉協会　1929：784）が示されている．ここには第1章第1節で見てきた盲人問題の歴史的背景が要約されているとともに，先のマザー夫人の講演内容がその事業目的に反映されていることが見て取れる．

　なお，岩橋は先の講演会でマザー夫人の通訳を務め，また講演前日には夫妻と懇談し，親交を深めている．第1章で触れた通り，岩橋はこの前年5月，自宅に「ライトハウス建設資金募集」の看板を掲げ，小さな事業を始めていた．それだけにこのときのマザー夫人との直接の出会いは，彼が盲人社会事業に本格的に乗り出す強い動機となったことであろう．実際彼は後年，「近世日本愛盲史を書く人があったとしたら，それはこの第1回マザー夫妻の東京内務省における講演会の日をもって書き始めねばならないと私は思う」（岩橋武　1950：2）とまで記している．

　さて，こうして中央盲人福祉協会は新発足した．同協会は，失明予防，全国盲人調査，海外の盲人社会事業の紹介，盲人保護法等の陳情，盲導犬の実験的導入に関与するなど注目すべき活動を行った．しかしながら，その後同協会では，ヘレン・ケラー来日を記念して1938（昭和13）年に落成した東京盲人会館の運営を巡り，同会館の運営主体となった（財）東京盲人会館との間で対立を生じるなどの混乱を見せた．同協会は，その後も東京都盲人協会との間で軋轢を生んだ．同協会は戦後，1949（昭和24）年12月の身体障害者福祉法の制定を機に「日本失明防止協会」と改称した．その後，1950（昭和25）年に「日本眼衛生協会」に改組・改称する．そして，1987（昭和62）年，財団法人日本失明予防協会と合併し，現在に至っている．

　岩橋は上述の通り同協会新発足に深く関与し，また同協会に，先のグランドデザイン中の中央機関としての役割を期待していた．岩橋は後年，「私は全日本の立場から『中盲』が全国盲界の正しい世論を背景に堅実な進歩発展をしてくれるものと信じ，その誕生のために，以上のごとき産婆の役目を演じたのであった」（岩橋武　1950：1）と，同協会に期待を寄せていたことを述懐している．しかし，「年が経つにつれて『中盲』のあり方は我等の期待に反していく節々が多くなってきた．」（岩橋武　1950：3）と，同協会のその後の経過に失望している．加えて同協会が「有名無実であり，ややもすると単な

る研究調査に終わらんとするを憂い，盲人の必要とするものは抽象的なパンに非ずして具体的なパンでなければならぬことを痛感し，我が大阪において具体的な実証をこころむべくライトハウスの建設を急ぎ，小さいながら愛盲事業の現場を純盲人の手において開拓したのである」(岩橋武　1939:3) と，大阪ライトハウス設立の理由の一つに同協会が期待外れだったことがあることを記している．そして岩橋は，大阪ライトハウスの設立・経営と並行して，「純盲人の手」による全国組織化への歩みを始めるのである．

2　全日本盲人事業連盟および全日本盲人協会連盟の結成

　1939 (昭和 14) 年 9 月 30 日，岩橋武夫は関西一円の盲人社会事業，盲人会，盲学校同窓会などを束ねる関西盲人事業連盟を発足させた．そして，事務所を大阪ライトハウス内に置き，岩橋が会長に就任した．同連盟発足の直接の目的は，翌年に計画されていた「紀元二千六百年奉祝全日本盲人大会」(以下「橿原大会」と略記) を成功させることと，当時改正の動きがあった「鍼術灸術および按摩術営業取締規則」について，その改正内容が盲人にとって適切妥当なものとなるよう陳情することであった．特に後者については，盲人の職業的自立に大きな影響を及ぼす鍼灸按摩の規則改正という重大問題が発生しても，盲人の全国組織がないがために盲人の統一的な意志をもって当局と交渉することができない実情を憂いてのことであった．

　一方，岩橋の働きかけに応じ，1940 (昭和 15) 年 1 月 28 日には，東京で関東盲人事業連盟が結成され，高橋豊治が会長に就任し，事務所を桜雲会に置いた．同年 2 月には，関西と関東の盲人事業連盟が一つになり，全国盲人事業連盟を結成，代表者には岩橋が就いた．同連盟は同年 5 月頃には全日本盲人事業連盟と改称．この時期，日中戦争の長期化や前年 10 月に交付された「価格等統制令」などの影響もあり，点字用紙などの物資が不足していた．このため，発足間もない全日本盲人事業連盟は全国の会員の点字用紙の必要量を調査し，その結果を基に商工大臣宛，点字用紙等の配給の請願を行った．その後この誓願は聞き入れられ，点字用紙の配給は滞りなく行われるようになった．そして，入手した点字用紙，製版材料，鍼灸の材料等を，会員

相互に公平に分配することが同連盟の大きな役割となる[1].

　さらに同時期関東では，全国盲人協会連盟が結成され，今関秀雄が会長に就任した．この連盟の結成時期や目的は不明であるが，上記関東盲人事業連盟の上部組織だったようである．同連盟は橿原大会を主催する有力な団体の一つとなる．さらに，橿原大会の2日目である1940（昭和15）年8月31日，今関が中心となり「全日本盲人協会連盟」を発足させた．同連盟は，事務所を（財）東京盲人会館内に置き「盲人問題ニ関スル調査研究」「盲人問題ニ関スル対策実行」などの事業を行うとされた．

　さて，以上のように，この時期，立て続けに全国規模の盲人組織が生まれたわけであるが，その理由を考えてみよう．もちろんそれぞれの団体の本来の主旨があろう．それに加えて，橿原大会の成功を目論んでのこともあろう．さらに先にも触れたように，各地の盲人諸団体を束ねる中央組織として期待されていた中央盲人福祉協会が，この時期になると期待通りの役割を果たせなくなっていたということもあると考えられる．なお，資料には全日本盲学校同窓会連盟という名前も見られ，桜雲会が既にあった全国盲学校同窓会連盟に呼びかけて同連盟を拡大し，全国統一の盲学校同窓会連盟を組織しようとしたが，こちらは頓挫したようである．

3　紀元二千六百年奉祝全日本盲人大会の開催

　1940（昭和15）年，紀元二千六百年の節目を祝う行事が，全国各地で開催された．「内外地　合わせて延べ約五千万人が動員され，記念事業は約一万五千件」（古川　1994：1608）を数えたとされる国家挙げての大イベントに，盲人達も参加を企図し「紀元二千六百年奉祝全日本盲人大会」（橿原大会）を開催することとなった．

　岩橋は，同大会開催に向けてその心情を次のように吐露している．少々長くなるが以下に引用する．

> 盲人保護の行き過ぎた国や行かな過ぎた国からは，決して堅実な盲人は出てくるものではない．この関係は教育においてもそうだ．最近目立って府県立盲学校が立派な建物を競い合う豪華時代となったが，過去の貧

弱な寺子屋時代と比べ，どれだけ立派な盲人がこの大建築の中から送り出されることができるかと思えば，相当疑問が残るではないか．仮に一歩を譲って，立派な盲人が出るとし，しからばその立派な盲人は如何なる盲人社会へ帰って行くのであるかを考えて見たらどうであろう．依然としてそこに見出されるものは，自由経済の波間に翻弄され，激しい職業戦に悪戦苦闘しつつある昔ながらの古い盲界の姿ではないか．しかも，とっときの職業たる鍼灸按マッサージにしても箏三絃の世界にしても，晴眼同業者によって侵害圧迫を被りつつあるではないか．だからして，いかに立派な盲学校を巣立ちしても，帰り行く故郷の盲人社会がこの姿では，問題の解決は片手落ちである．一方だけ良くなっても駄目だ．いかに盲学校で勉強しろと教えても，研究の対象に必要なる学術・修養上の点字図書がどれだけあるのか．鉄筋の点字図書館ができても，その中に納められるものが貧困ではいたしかたがないでないか．上級学校の門戸開放を叫んでも，今日の盲学校普通学科の教科内容では，到底晴眼の学生と学芸を競うことは不可能である．ここに点字図書の組織的な出版，職業の地位改善，一般盲人の社会における文化的生活の向上と社会強化ならびに社会政策的な課題が教育のそれと共に取り上げられねばならない必然性があるのだ．この車の両輪のごとき関係をどれだけの指導者たちが正しく認識してくれているであろうか．教育家は自己の殻にたてこもり一段高所から社会事業を見下ろそうとし，社会事業家はまた自らの周囲にバリケードを設けて教育陣営を敵視する傾きがある．今までの行きがかりというか，仕事の縄張りというか，その間の摩擦を正しき全体主義の理念の下に清算しかねているのが現状である．しかもこの関係は，ただに教育対社会事業の間に見られるのみならず，仔細に点検すれば，教育と社会事業そのものがおのおの世界において互いに相争い相い矛盾するところのものが多いのである．これではいくら内閣が更迭しても日本の非常時が解消せぬと同じく，全面的日本盲界の問題解決は決して期待することはできないのである．これが，私の所謂全体主義を基調としての明日の黎明期盲界を創造すべき革新イデオロギーの必要性を再三再四力説する所以に他ならない．（岩橋武　1940a：4）

すなわち，盲人問題のうち比較的早くから取り組まれた盲教育はこの当時かなり進んでいたが，その反面点字図書の充実，盲人の職業問題，その他盲人の社会問題は取り残されたままとなっている．しかも盲教育者と社会事業家は互いに敵対し，結果的に両者が本来目指すべき盲人の福祉がないがしろにされている．その原因は盲人問題を総合的に扱う当事者団体がないためである．そこで当時の全体主義的な世相を利用し，とかくまとまりのない盲界を一つにまとめたい．これが橿原大会に込めた岩橋の意図である．

岩橋武夫が，同大会を成功させるために，まず関西盲人事業連盟を発足させたことは前述した．その後，盲人達を代表する全日本盲人事業連盟，全国盲人協会連盟，全国盲学校同窓会連盟が協力し，大会の準備が進められた．岩橋が大会会長，今関秀雄が大会委員長となり，1940（昭和15）年6月には開催要項が発表され，8月30，31日の大会当日を迎えた．会場は30日が大阪中央公会堂，31日が橿原建国会館および八紘寮，大会参加者は30日が395人，31日が1,155人，参加団体数は121にのぼった．大会では，分科会による決議文の検討，盲人文化を代表する著作文献や作曲の発表，愛盲事業助成団体および貢献機関の表彰などが行われた．そして，二日にわたる協議の結果，以下の宣言文と決議が採択された．

宣言文：「我等はここに紀元二千六百年を奉祝し，聖地参拝をなすと共に日本盲界の正しき認識の上に立脚して，教育・職業並びに福祉事業に関する多年の懸案の解決を図り，合わせて今次事変の失明傷痍軍人に対し感謝の誠意を捧げ，その再起奉公にあたり協力の実を上げんことを期す．」

決議：「一，盲学齢児修学義務制ノ実施促進ヲ期ス　一，鍼，灸，按，マッサージ師法制定ノ促進ヲ期ス　一，国立点字図書出版所ノ設立ヲ期ス　一，盲人ノ交通安全ヲ計ル為メニ適切有効ナル方策ノ実現ヲ期ス　一，本大会ニ恒久性ヲ持タセ，将来強固ナル一元的団体ノ結成ヲ期ス　一，盲人保護法ノ制定促進ヲ期ス　一，ラヂオ聴取ニ関シ，盲人時間ノ設定，点字テキスト発行ノ実現ヲ期ス　一，軍用機『愛盲報国号』献納ノ実現ヲ期ス　右決議ス」（ライト・ハウス　1940：36-7）

この橿原大会は，ラジオや新聞でも報道され，盲人達の心に残る，ヘレン・ケラー来日以来の大イベントとなった．また同大会の成功は，それまで

各地に小さな組織を作ってきた盲人達が，その意志を一つに結集するきっかけとなった．さらに同大会の決議は，以後，盲人達が全国組織を結成していく際の，運動目標の原型となるのである．

4 署名運動と軍用機「愛盲報国号」献納運動

先の橿原大会直後，その決議を実現させるための組織として「全日本愛盲連盟準備会」が組織された．会長には引き続き岩橋武夫が就き，事務所もまた大阪ライトハウスに置いた．さらに同準備会の目標として，橿原大会の決議を実現させるために，1万人を目標に署名運動を始めること，「愛盲報国号」献納運動を開始し，翌年3月ないし次回大会までに所定の金額を集めること，第2回大会を翌年も開催し合わせて「愛盲報国号」献納の式典を同じく橿原またはその近辺で行うことが決まった．

全日本愛盲連盟準備会という名前には，橿原大会の決議の一つである「本大会ニ恒久性ヲ持タセ，将来強固ナル一元的団体ノ結成ヲ期ス」（ライト・ハウス　1940：36-7）ことへの強い意志がにじみ出ている．恐らく，橿原大会前の岩橋のもくろみは，大会までに，あるいは大会当日全日本盲学校同窓会連盟，全日本盲人協会連盟そして全日本盲人事業連盟を設立させ，以後何回かの大会を重ねていく過程でそれらを強固にしつつ，ゆくゆくは三者が合体する形で，盲人の全国組織を作ろうとしたのであろう．しかし，現実には全日本盲学校同窓会連盟は頓挫し，また「愛盲報国号」献納運動も計画通りには進まなかった．

その理由を岩橋は「私は率直に言うが，今日本の盲界は団結や組織よりも何より先に経済の確立を必要とすると．正しい資金を持たぬ故に，従来の盲界諸運動が駄目なのだ．」（岩橋武　1940b：3-4）と表現し，資金の問題をにおわせている．これは，先の橿原大会に要した費用：3,069円82銭に対し，資金の出所は大阪府：700円，大阪市：700円，昭和奉公会：500円，大阪ライトハウス：1,169円82銭と全てが助成金とライトハウスの持ち出しでまかなわれていたことからくる，岩橋の率直な思いであろう．紀元二千六百年のような全国的な「お祭り」ならば府や市から助成金も得られようが，今後は

そうはいかないであろうことを見越し，資金の当てをどうするかに頭を悩ませている岩橋の心境が先の一文にはよく現れている．

さて，「愛盲報国号」献納運動の成功が見えてきたのは，橿原大会から1年ほど後のことである．1941（昭和16）年9月14日，献納運動の幹事会が持たれ，10月末で募金を締め切ること，同月20日の航空記念日にとりあえず3万円の献納金を海軍当局に納めること，さらに「昨年以来収集せる大会決議に対する同意書，いわゆる請願書をまとめ，早急に上京し，適宜の方法を講ずる」（大阪ライトハウス　1941a：164-5）ことなどが決められた．献納金はその後，10月30日に1万円を，太平洋戦争開戦当日の12月8日に残金を海軍当局に納め，最終的には応募者総数約13,000人，総額48,545円89銭が集まった．

ところが，署名運動のほうはその後もしばらく動きはない．同年11月の『黎明』で岩橋は，献納運動の完了を伝えたあと，「だが笛吹けども童踊らざる現状は如何．重大なる盲界多年の懸案を，盲人は果たして一般社会のそれの如く真剣に，且つ建設的に扱いきたったであろうか」（岩橋武　1941b:2）と苦言を呈している．恐らくはこの時期にはまだ，次の大会や全国組織化に対して他の有力団体からの合意が得られていなかったのであろう．

事態が動くのは翌年になってからである．1942（昭和17）年2月17日，岩橋は上京し，それまでに集めた5千名を超える署名入りの東条総裁宛請願書を大政翼賛会に持ち込んだ．そして，盲人の置かれた状況を説明し，あわせて今後の指導と助力を懇請した．これに，「当局においても十分に考慮をしよう」（大阪ライトハウス　1942：142）との言質を得た．その後，3月29日には大阪歌舞伎座で軍用機の献納式が行われ，「報国日本盲人号」と命名された戦闘機1機（報国619号）が海軍に献納された．

5　大日本盲人会の結成

先の「愛盲報国号」献納式を兼ねて，3月29，30日，全日本盲人協力会議が信貴山玉蔵院にて開かれた．同会議には全国から約140名が集まり，今回も岩橋が会長を務めた．これは，橿原大会後に計画された第2回目の大会と

同会議では,「日本盲人翼賛運動の発足について」と「職域奉公の達成について」（大阪ライトハウス　1942b：131）の2題が話し合われ，前者について「新体制に即応して全日本盲人団体の結成に努力すること」，その方法として「大政翼賛会当局に，官民合同の盲人問題懇談会開催方を，全日本盲人協力会議の名をもって要請すること」「懇談会の結果，出席者は推進力となり，全国統一機関設置に邁進すること」（大阪ライトハウス　1942b：139-40）などが決議された．後者については,「昨年夏生まれた，鍼灸按マッサージ会の幹部には，盲人が入っていないから，協力会議の名をもって折衝，委員を挙げて交渉せしむること」「厚生省に取締規則改正に関する意向聴取と同時に，盲人側の希望を陳情すること」（大阪ライトハウス　1942b：141）などが決まった．また，6大都市の代表が大政翼賛会との折衝役として選任された．さらに近々行われる衆議院議員総選挙に，岩橋を「全国10万の盲人の代表者として議場に送るようしては」（大阪ライトハウス　1942b：138-9）との緊急動議が採択された．

同会議の半年後の同年10月1日，翼賛会との懇談会が開かれた．その席上，何が話し合われたかは不明であるが，その結果を受けて同年10月25, 26日には，会合が持たれ「大日本盲人会」の結成が決まった．そして，11月22, 23日に結成大会が開かれ，会長に今関秀雄が就き，本部を東京に置くことが決まった．その「大日本盲人会会則案」『昭和16年　永久保存綴』を見ると，事業内容として「①国体観念ノ涵養ニ関スル事項　②教育文化及ビ生業ノ振興ニ関スル事項　③自営，厚生及ビ戦時生活指導ニ関スル事項　④失明勇士ニ対スル感謝ニ関スル事項　⑤職域報国ニ関スル事項⑥調査，研究，普及，統一ニ関スル事項」が示され，戦時色の濃いものとなっている．

こうして，永年にわたる岩橋の念願は，一応達成できた．ここまで見てきたように，盲人の全国組織を作ろうとしてこれまで様々な動きがあったが，その主役は最終段階に至るまで岩橋であった．ところが，最後に会長の席に座ったのは，今関である．これにはいくつかの理由が考えられる．

まず，政治的な活動には，東京在住者のほうが有利であることがいえよう．また，大きな団体を作り，それを運営するには経費が掛る．団体が動き

始めれば，会費で何とかなるかもしれないが，立ち上げるまではそれもない．そのため，団体の設立までのお膳立ては，社会事業家である岩橋の力が必要であった．しかし，この当時，盲人の6割以上が鍼灸按摩を営んでいる．このため，団体が立ち上がった後は，これを束ねるのに鍼灸師である今関のほうが適任であるとの判断があったと考えられる．加えて，信貴山での会議の議決にも見られるように，この時期鍼灸按マッサージ業の全国組織化への動きがあるとともに，晴眼業者との対立も激化しており，こうした事情に対処するには，業界で名高い今関が適任との判断もあったのであろう．なお，1943（昭和18）年4月には，大日本盲人会が主導して「全国鍼灸按マッサージ師会」を設立し，今関が会長に就任している．

さて，難産を経て大日本盲人会はついに発足した．しかし同会のその後の動きを点字毎日から拾ってみると，1943（昭和18）年1月31日，第1回学団を開催し，按摩およびマッサージの術語の整理統一について協議，同年2月，盲人必需品の入手難の現況打開のため新たに日盲営団を儲け，さしあたり点字用紙の配給に関し商工省と交渉，同年4月10日，勤労報国の実を上げようと，大日本産業報国会，東京盲人会館，大日本盲人会の関係者が集まり，大日本盲人報国運動委員会を結成，同年12月12日，大日本盲人会支部長会議ならびに大日本鍼灸按マッサージ師会支会長会議が東京駿河台の日本医師会館で開催，などの記事が見られるものの，これ以降は消息が途絶えている．恐らくは，戦争末期の混乱で，団体の運営が困難になったのであろう．したがって，盲人の全国組織の実質的な活動は，戦後に待たなければならない．

第2節　日本盲人会連合の設立過程

先の大日本盲人会の動きは，終戦後もあまり見られない．これは，同団体が大政翼賛会の参加団体であったということもあり，占領下という現実の元では当然かもしれない．いずれにせよ，盲人の全国組織化への取組みは，戦後の基盤の上で再出発することになる．以下本節では，再び岩橋が中心となり，日盲連を設立していく過程を見ていく．

1　鍼灸存廃問題

　日盲連の設立を論じる前に,「鍼灸存廃問題」に触れておく必要がある.同問題は,別名「マッカーサー旋風」と呼ばれ,戦後の盲人達を震撼させた大事件である.その経緯はこうである.

　新憲法との関係で,従来の按摩,鍼,灸等の規則が 1947（昭和 22）年末で効力を失うこととなった.また,戦時立法である国民医療法も全面的改正が必要となり,1947（昭和 22）年 3 月,医療制度審議会はこれに答申を示した.そこには,「鍼灸,按摩,マッサージ,柔道整復術営業者はすべて医師の指導の下にあるのでなければ,患者に対してその施術を行わしめないこととすること」「鍼,灸営業については,盲人には原則として新規には免許を与えないものとすること」（厚生省　1988：670）という,盲人達にとって見過ごすことのできない驚くべき内容が含まれていた.厚生省では,先の規則の失効期日が迫っていたことから,規則を一部修正した暫定的な法律案を国会に提出すべく,その事前了解を議院関係者に求めた.

　問題の重要性を感じた業者代表小林参議院議員[2],小守日本鍼灸按マッサージ師会連盟会長[3],岡部日本鍼灸学術審議委員[4]は,1947（昭和 22）年 9 月 23 日,厚生省を訪問し関係係官に面会して当局の見解をただした.このとき関係係官は,先の規則の改正案について協議したいとして医療制度審議会のメンバーとともに GHQ（General Headquarters）[5]に出頭することとなった.そして,GHQ 当局に厚生省の考えを伝えたところ,「治療にあたっては身体の総てについて知識がなければ害が多い.しかるに東洋古来の療法であって効くものもあろうが現在行っている業者は身体に対する知識が低いから害があると思う.晴眼者でさえもむつかしいものを盲人にやらせることは何事だ.故に此際禁止を要求する.」（島田　2000：29）という返事が返ってきた.この話が業界の連絡網で伝わり,盲人達を騒然とさせた.盲人が従来から職業的自立の危機にさいなまれ続けてきたことは再三触れてきたが,今回の問題は日本を敗戦させた GHQ の意向だけに,その危機感は大変なものだったであろう.

　これに対し,業権保護を目指した運動が業界,盲学校,盲人達をあげて全

国的に展開された．岩橋は，この問題解決のために次のような提案を行った．「1. 治療行為なるが故に，どこまでも四業（筆者注，鍼・灸・按摩・マッサージのこと）は医師の指導下に立つということを原則とすること　2. 施術者ならびに治療室の衛生設備を高度に改善すること　3. 盲学校教育において普通学を徹底し，盲人業者の常識と品位を高めること　4. 徹底した普通学の上に専門の知識ならびに技術を与えること　5. 鍼灸以外の職業教育を急速度に発達せしめ，盲人の適材主義を実行し職業の選択を自由ならしめること（従って救済的に治療家たらしめないこと）」加えて，「もし，かかる条件をもって盲人生活線の第一線としての四業を擁護するならば，欧米的盲人観を持つ進駐軍当局においても日本盲界と業界との特殊な関係を認め，盲人が比較的に独立独歩人生の荒波と戦いつつその職場を守りつつあることに多大の敬意と関心を払うに至るであろうことを信じて疑わない．」（岩橋武 1947b：3）との見解を示した．

　岩橋はこの提案を携え，大日本盲人会幹部とともに GHQ および厚生省と折衝した．そうした各般の努力が実り，11 月半ばには問題は好転し，「晴盲の区別なく同等の資格で現在も将来も営業できる」「医師の指導を受ける範囲は衛生設備の監督及び指導」（島田　2000：39）であることなどが伝わり騒ぎは沈静化した．そして，「あん摩，はり，きゅう，柔道整復等営業法案」が同年 12 月 3 日に国会に提出され，同月 7 日成立した．この法律では，従来盲人にのみ認められていた乙種按摩がなくなり，この点では盲人にとって痛手ではあったが，全てを失うことは避けられた．

　この問題は，盲人達に貴重な教訓を残した．問題の渦中，「盲人が鍼灸に携わるが故に鍼灸それ自体が問題にされるのだ」（岩橋武　1947c：1）といった考えを背景に鍼灸業から盲人を排除しようとする策動が一部の団体にあったのである．岩橋はこれに鑑み，次のように述べて盲人達に猛省を促した．「業界には晴盲がある．そうしてそれは職業による利益社会である．すなわちゲゼルシャフトに過ぎない．だが盲界は盲人だけである．そうしてそこには鍼灸按摩以外の職業もあれば，また職業がなくとも盲界人である．すなわち業による団結や組合ではなしに，それはもっと大きい運命的な失明という人間課題において統一され結合されねばならぬところの共同連帯社会なので

ある.すなわちゲマインシャフトそのものなのである.前者は職業的利益的結合に過ぎないが,後者は超職業的超利益的な,人間の奥深い宿命観にまで到達するいわば親子兄弟のごとき,血縁関係を生ずるがごとき,最後は愛を基とすべき社会である.私はこのゲゼルシャフトの社会とゲマインシャフトの社会を混合した過去の盲界を,将来の盲界史に繰り返したくはないと思う.これが盲界千年の計であるとともに,また業界を正しく盛り立ててゆける大事な基礎なのである.」(岩橋武 1947c:2).すなわち,業界と盲界を分けて考え,盲界が一致団結する.その上で,業界の問題に加えて教育や社会事業,新職業開拓,立法措置の獲得等幅広いところから盲人の職業問題を扱うことにより,結果として業界内の盲人の立場も守られるとの主張である.そして岩橋は,「盲界を愛による結合体として,そのゲマインシャフト的な一大家族主義を何とでもして建設したいと祈ること切である」(岩橋武 1947c:3)と表現し,日盲連設立に向けて活発な動きを始める.しかし,その前にもう一つ,ヘレン・ケラーの2度目の来日について触れておく.

2　ヘレン・ケラーの2度目の来日

　戦争で途絶えていたヘレン・ケラーと岩橋の通信は,1946(昭和21)年になって再開された.日付は不明であるが,それは1本の電話から始まった.大阪駐在米軍第25歩兵師団長ムリンズ少将からの電話である.内容は,「マッカーサー元帥[6]より連絡あり,米国よりヘレン・ケラー女史が,マッカーサー元帥に対し,大阪に岩橋武夫という友がいるが,どうしているか心配でならない.なんらかの方法で,すみやかに探しだし,もし生存しているならば,彼の仕事の上に絶大なる援助と協力を願いたい,と,いってこられた.そこで,マ元帥は,わたしに,命令として,ヘレン・ケラー女史の言葉を忠実に実行し,特別に配慮するようにとのことで,本日,あちらこちらと探したあげく,やっとあなたを尋ねあてたのです.明日,ヘレン・ケラー女史の手紙を持参するし,また,そのとき,米軍として,できることがあれば遠慮なく申し出てほしい」(岩橋英 1962:41)というものだった.翌日ムリンズ少将が携えてきたのは,1946(昭和21)年3月11日付の手紙であった.

その後岩橋は，日本の盲人たちを激励してほしいと，ケラー女史に再度の訪日を要請した．

翌1947（昭和22）年3月に届いたケラー女史からの手紙では，女史が会長を務めるジョン・ミルトン協会からの派遣で，翌年，オーストラリア，日本，中国などを歴訪する計画があることを伝えてきた．次の手紙は同年6月29日，ムリンズ少将から届けられた．郵便事情の悪さに業を煮やした女史が手紙をマッカーサー気付にしたのである．以後，女史からの手紙はGHQを経由して届けられることになる．同年11月に届いた手紙には，来年8月までに日本へ行けると思う，そしてこのことはマッカーサーに伝えた，とあった．

これで来日が確定し，同年12月にはヘレン・ケラーの受け入れ体制として大阪ライトハウスにヘレン・ケラー女史招致委員会本部を置き岩橋が責任者となった．また，大阪，東京の毎日新聞社にそれぞれ同招致委員会の事務局を置くことになった．岩橋は，12月4日，国会総理大臣室に片山総理を訪ね，女史の来日決定の報告を行った．首相は岩橋の手を握り「ケラー女史と岩橋さんの関係は十分承知しており，常に敬服している．女史の来朝は，大変嬉しいことだ．政府としても，できるだけの役割を果たしたい」（大阪ライトハウス　1947：74-5）と力強く約束した．

岩橋は翌1948（昭和23）年2月号の『黎明』誌上で，ヘレン・ケラーを迎えるに当たり，その準備として次の3点を訴えた．すなわち，「1．日本盲界の完全な連合・統一，2．盲教育における人間観の確立と基礎教育・職業教育の正しき分離，3．各種盲人職業の勇敢なる実験とそれへの強力なる立法的保護」（岩橋武　1948a：5）これらは，かねてからの岩橋の主張をヘレン・ケラー来日という好機をとらえ，またマッカーサー旋風という危機の克服に便乗し，表現し直したものといえよう．このうち1は日盲連結成により，2は同年4月7日の盲学校および聾学校の修学義務および設置義務に関する政令により，3は次章で詳述する1949（昭和24）年の身体障害者福祉法成立等により成就した．しかもいずれにおいても，その実現に岩橋が深く関与しているのである．

さて，ヘレン・ケラー再来日の話に戻る．同年3月には，総司令部公衆

衛生福祉局（Public Health and Welfare. 以下「PHW」と略記）長サムス（Crawford F. Sams）大佐，UP東京支配人マイルズ・ヴォーン氏および，首相，文相，厚相，衆参両院議長を顧問に，そして各界の著名人を委員とする招致委員会を結成した．そして，「東京，仙台，札幌，金沢，名古屋，大阪，京都，広島，高松，長崎，福岡の11ヵ所に講演会を開く」「ヘレン・ケラー資金を設定，永続的な救済機関として社会福祉の向上を図る」「盲人諸団体を集め，全国盲人連盟を結成する」（大阪ライトハウス　1948a：64）という3綱領が決まった．また岩橋はこの前後，マッカーサー元帥，高級副官バンカー大佐，PHWのネフ，エバンス両氏と折衝し，ケラー女史の各都市訪問のスケジュールを決定した．

　ケラー女史は同年3月，ニューヨークを出発し，サンフランシスコを経由しシドニーに向かった．そして，同年8月29日，女史は岩国飛行場に降り立ち，10月28日までの全国講演が始まった．移動にはGHQが用意した「パレスタイン号」という名の特別列車が使われ，ケラー女史，通訳のトムソンの他に，岩橋夫婦とGHQの高官が同乗した．

　ところで，今回のケラー女史来日に際しては，前回の経験や反省をもとに，様々な工夫がなされた．まず，事務局について前回は朝日新聞社であったものを，今回は大阪毎日新聞社と東京毎日新聞社の両者に委託し，東西で競わせるようにしたこと，地方に下部組織を置き，本部からの司令以外をシャットアウトしたこと，新聞報道以外に『黎明』を通じて準備の状況を逐次報じるとともに，下部組織からの便りを「建設の声」として掲載し，地方における運動の盛り上がりを鼓舞したこと，『青い鳥の歌』の詩を公募しそれに曲をつけてキャンペーンを盛り上げたこと，募金の他に青い鳥のバッジ，ブローチ，笛を販売したことなどである．こうした工夫が功を奏してか，今回の募金活動は成功し，諸経費を除き3,400万円以上が集まったという[7]．なお，このときの青い鳥の笛は，ライトハウス金属工場で盲人たちが製造を手掛けた．

　さて，ケラー女史来日[8]と日盲連結成には，どのような関係があるのであろうか．これについては，次項で触れることにする．

3　日本盲人会連合の設立

　第2章でも触れた通り，終戦間際，奈良県に疎開していた岩橋と大阪ライトハウスは，1946（昭和21）年4月，大阪に帰って来た．疎開中，事業はほぼ休眠状態であった．この時期，岩橋は盲人福祉法と盲児童義務教育令の実現に向け，1946（昭和21）年4月10日投票の衆議院総選挙に大阪一区から立候補した．残念ながらこれには落選するが，次点に近い得票であったことから，岩橋の知名度の高さを再認識させるものとなった．岩橋の実弟文夫が復員してきたのもこの時期である．文夫は同年7月，ライトハウス金属工場を立ち上げ，岩橋を助けることになった．相前後して，ケラー女史からの手紙が届いた．翌1947（昭和22）年1月からは『黎明』も再開された．同誌を通じて報じられたケラー女史再来日の記事は，盲人達に明るい話題となったことであろう．

　　岩橋は，『黎明』昭和22年7月号の巻頭言で，次のようなことを書いている．愛知県下にありてその人ありと知られている愛盲の指導者片岡好亀兄が，前月号の巻頭言を引用して次のような意味のことを書き送ってきた．『愛知県盲人福祉協会の成長とともに，思わざる誤解や為にする中傷もあり道の険しさを痛感している際，黎明の巻頭言中，愛盲は十字架なりの一句に接し，大いなる勇気を呼び起こされました』．『大会席上，全国盲人の組織化と世論統一の熱望がありました．ライトハウスを中心としてそれが実現にご尽力願えないでしょうか．そして新時代に処する愛盲運動の理念の確立と具体的諸施策の実現にご健闘のほど遥かに祈りあげます』．（中略）私は今静かな戦後の盲界を眺めている．そうして片岡兄のような先駆者が，有名無名の人々の中から特に青年層を背景として開拓者的努力を開始していることに多大の関心と敬意を注いでいる．（中略）私は素晴らしい勢いをもって勃興しつつある民主主義的な若き盲人運動に対して大きな望みを託している．しかもそれらの運動が文化の線に沿うて歩調を整えつつあることは誠に人間性の目覚めとして祝福に値する．従来ならば請願運動か無謀な権利の要求か，会のための会といった蒸し暑い政治的な争いが多かったに反して，もっと反省的に，よ

り多く文化的内容たる真善美の要素を盲人生活の中に導入しようという努力が満ちていること，よしそれが職業的旗印を掲げたものにしても，その内容にはそうした反省や努力のあることを見逃す訳にはゆかない．これは誠に結構なことである．（中略）私は静かに見ていると言ったが，それは私自身の非協力性を意味するのではなしに，今までになかったより強力な，いや日本盲界に対する最後的な奉仕をなさんとするがためへの深い考慮と準備ゆえである．ひとたび鋤に手をかけたら，後を振り返る訳にはゆかない．一切の難関を克服して前進あるのみである．（中略）平和盲界の朝は来たのであるから，夜の蝙蝠はその姿を隠すべきである．悔い改めのない盲界ボスは，自らを清算しない限り時代の清算を受けるであろう．（中略）一般盲人大衆が若き日本盲界の名において新しき精神内容を取り戻し，過去をして過去を葬らせつつ，新しきもののために今こそ立ちあがるべきときである．（岩橋武　1947b：1-3）

　明言はしていないものの，これはまさに岩橋による新しい全国組織立ち上げの宣言である．しかもこれまでの失敗に鑑み，今度のものは前時代の残滓を排除し，新時代に即した，民主的で若々しいものにしたいという，岩橋の気持ちがここには表れている．

　やがてマッカーサー旋風が起きた．このとき，盲人の全国組織の再編成，特に業界とは別立ての全国組織の必要性が広く再認識された．岩橋は同問題をチャンスとしてとらえた．同じ時期，ケラー女史から来日の確報が届いた．岩橋はすぐさまキャンペーンの体制を作った．そして，そのための地方委員会が主要都市にできた．この地方委員会はヘレン・ケラー招致委員会の下部組織であるとともに，日盲連結成のための地方組織でもあった．序章で触れた，1948（昭和23）年に設立された盲人社会福祉事業者の多くが，この地方組織である．

　このような経過をたどり，1948（昭和23）年4月18日，日盲連設立準備会が大阪毎日新聞社で開かれ，新団体を社団法人とすること，ヘレン・ケラーの来日に合わせて10月に京都で結成大会を開催することなどが話し合われた．さらに，会則その他を検討する小委員会を，岩橋が会長となり立ち上げることとなった．準備会は6月にも開かれ，このとき，結成大会の日時

と場所が変更になり，詳細が決定されたのであろう．しかし，この資料は未見である．

日盲連の結成大会は，1948（昭和23）年8月17，18日，大阪府の景勝地二色の浜の大阪府海洋道場で，全国各地の代議員70余名が参加して開かれた．会議では定款，役員，宣言文などが審議され，会長に岩橋武夫が，副会長には大野加久二，磯島慶司が就任した．事務所は大阪ライトハウスに置くこととなった．こうして現在に続く日本盲人会連合が誕生したのである．

新しく誕生した日盲連の宣言文は，次のように明るく力強い．

　時は来た．新時代の太陽は昇ろうとしている．今回はるばる来朝せんとするヘレン・ケラー女史の献身的愛盲の赤誠に応え，ここに挙国的な盲界の一大統合を期した．我らは，敗戦の混迷と彷徨より立ち上がり，盲人の文化的，経済的向上と社会的地位の躍進を図り，進んで平和日本建設のため，真に人道的使命に立脚し，社会，公共のために寄与せんことを誓う．（大阪ライトハウス　1948d：6）

そして，次の決議が採択された．

　1　我らは，日本盲人の福祉と文化の向上のため，平和の戦士たらんことを期す　1　我らは，世界的標準に立つ，盲人社会立法の制定を期す　1　我らは，盲・聾・唖義務教育の完全なる実現に協力する　1　我らは，旧職業の保全と，新職業の開拓育成に努むる　1　我らは，今まさに展開しつつあるヘレン・ケラー・キャンペーンに対し，全面的に協力する
　（大阪ライトハウス　1948d：6）

この決議を見ると，「日本盲人の福祉と文化の向上」を最終目的とし，「盲人社会立法の制定」「盲・聾・唖義務教育の完全な実現」「旧職業の保全と，新職業の開拓育成」を目標の3本柱とするとともに，ヘレン・ケラー・キャンペーンの余勢を駆って，新組織のスムーズな離陸を図ろうとするものである．日盲連の最初の定款を見ると，「第3条　本会は，日本各都道府県における盲人団体をもって組織する．ただし，盲人に関する事業団体も加入することができる．　第4条　本会は，連合を組織する各種団体間の連絡・融和を図り，盲人文化の向上と，盲人福祉の達成に貢献するをもって目的とする．」（大阪ライトハウス　1948d：9-14）となっており，新しい組織は，

従来の「連盟」や全国1本立ての「盲人会」ではなく，全国の小さな組織を束ねる「連合」の形となった．これは，岩橋がかねてから主張してきた盲人のための組織は「盲人の側から必然の要求として且つ盛り上がる力として発芽成長しなければならない」との考え方が，組織形態として現れたのであろう．加えて国際社会が，「国際連盟」の失敗に鑑み，平和のための組織を「国際連合」として新発足させたのにヒントを得てのことであるとも考えられる．いずれにしても，岩橋は新しい組織を名実ともに若返らせ，その発展を青年層に託そうとしたのである．なお，上記第3条に見られるように，最初の定款では盲人社会事業者も日盲連に参加できるものとなっており，『黎明』昭和24年6月号によれば，盲人団体・事業体総数65の会員を数えた．このうちの盲人社会事業者は，後に日盲連から分離し，日本盲人社会福祉施設連絡協議会を結成するのであるが，これについては第5章で取り上げる．

　ところで，『黎明』の1948（昭和23）年2月号には，ヘレン・ケラー・キャンペーンの近況を報じた後，「なんとでもして明るい盛り上がる日本盲人連合体ができあがらねばなりません．GHQの力強いお勧めもあり，先生（著者注，岩橋のこと）はこのために懸命な努力を払われるでしょう」（大阪ライトハウス　1948b：75）との記述があるが，これは何を意味するのであろうか．特に「GHQの力強いお勧め」とはどういうことであろう．これについては，ケラー女史来日の意味を，関係する各主体の視点で考えてみなければならない．

　まず，岩橋と盲人達にとっては，前回と同様に盲人問題への世論喚起という目的があった．加えて盲人の意識高揚と意思統一を図り，日盲連の結成に繋げていくというもくろみもあった．さらにキャンペーンの収益を日盲連の運営資金の基礎としたいとの考えもあった．次に，日本政府であるが，どのような人でも努力をすれば成功するという気持ちを国民に広め，戦後の世相を明るくすることを期待したであろう．さらに次章で詳述する身体障害者福祉法への地ならしも期待した．GHQとしては，占領政策が必ずしもうまくいっていない中，米国への反感を和らげる効果を期待したであろう．こうしてみると，ケラー女史来日はいずれの主体にとってもメリットがあった．

　しかし，女史の受け入れ母体をどうするかである．その場限りの組織では

効果は薄いし募金も集まりにくい．数年前の敵国から日本政府が招待することはできない．ましてGHQでは，足下を見透かされてしまう．最もしっくりくるのは，盲人の全国組織が，同じような境遇にある女史を招待することである．これらの事情が重なり，ケラー女史の受け入れ母体として日盲連の結成が，GHQを含む各方面から期待されたのである．このことは，上記宣言文にもよく現れている．なお，大政翼賛会に属していた大日本盲人会が女史の受け入れ母体となることは，到底GHQの許すところではなかったであろう．そのためか，日盲連結成に前後して，役割を終えた大日本盲人会は静かに姿を消した．

それから，日盲連結成の功労者の一人として，岩橋の実弟文夫のことに触れないわけにはいかない．文夫は復員後，GHQから廃棄物である空缶などを回収し，盲人やその家族を雇って，大阪ライトハウスの一部門として金属加工を始めた．GHQとのつながりは，1946（昭和21）年にムリンズ少将がヘレン・ケラーの手紙を届けてくれたときから始まっていた．同金属工場の売り上げは順調に伸び，1947（昭和22）年度には，同工場から大阪ライトハウスへ864,791円35銭もの繰り入れをし，これは大阪ライトハウスの収入の9割を占めた．しかも，この方式を東京，横浜，名古屋，金沢，京都，奈良，大阪，大分など各地の盲人社会事業に拡大するとともに，技術者を派遣して指導した．やがてこれら各地の団体は，日盲連を強固に支える地方組織となっていった．団体を立ち上げるにも運営するにも資金が必要であり，今回の日盲連結成はケラー女史再来日とライトハウス金属工場によって成功が約束されたとも言えよう．

＊＊＊

本章では，日盲連の結成過程を，その初代会長である岩橋武夫の動きを中心に見てきた．

岩橋は，盲人の職業的自立の危機を克服するため，大阪に世界で13番目となるライトハウスを設立し，ヘレン・ケラーを日本に招聘した．これにより岩橋は，活動の基盤と知名度を得た．その後，紀元二千六百年を契機に全

日本盲人大会（橿原大会）を企図し，関西盲人事業連盟を発足させた．同連盟はやがて全日本盲人事業連盟となり，全国盲人協会連盟，全国盲学校同窓会連盟とともに橿原大会を成功させた．岩橋は同大会後，全日本愛盲連盟準備会を組織し，大会決議を実行に移そうとした．そして，「愛盲報国号」献納運動を成功させ，2年後に再び全国大会を開いた．この会議が準備会となり，1942（昭和17）年11月，今関秀雄を会長とする大日本盲人会が結成された．しかし，終戦前後の混乱のため，同会は十分な機能を果たすことができなかった．

戦後になると，鍼灸存廃問題が起きた．これは，盲人の多くが従事する鍼灸按摩マッサージ業を，盲人から完全に奪い去りかねないものであった．幸い，岩橋を始めとする業界，盲学校，盲人達による全国的な運動により，この問題は解決した．このとき盲人達は，新たな全国組織の必要性を痛感した．また，戦後間もなく岩橋とヘレン・ケラーの通信が再会し，ケラーの再来日が決まった．岩橋はケラー来日を契機に，その受け入れ母胎として日盲連の設立を図った．GHQ の強力な後ろ盾と，ライトハウス金属工場による経済的基盤を得，周到な準備がなされた．そして，1948（昭和23）年8月，現在まで続く日本盲人会連合が設立され，岩橋が初代会長に就任した．岩橋が自宅に「ライトハウス」の小さな看板を掛けてから21年目のことであり，盲人達が盲官廃止により組織力を失ってから80年の歳月を経てのことであった．

注

1　この時期，岩橋のことを知る東京の名士の婦人が「黎明婦人会」を結成し，失明軍人援護の事業を始めた．その中心メンバーの一人に王子製紙社長高島氏の夫人がいた．先の点字用紙配給の問題解決には，同夫人の働きもあったようである．
2　小林勝馬．鍼灸師．
3　小守良勝．同会は1947（昭和22）年6月22日結成，小守はその初代会長．
4　岡部素道．後に（社）日本鍼灸師会会長．
5　連合軍総司令部．
6　Douglas Macarthur.
7　『点字毎日創刊80周年記念出版　激動の80年』の1949（昭和24）年8月の記事に，

「ヘレン・ケラー・キャンペーン委員会の解散にともない日本ヘレン・ケラー協会が発足．(中略) 同協会の姉妹団体として東日本ヘレン・ケラー財団, 西日本ヘレン・ケラー財団が誕生．両財団の基金にキャンペーン委員会の残金, 東は 20,044,209 円, 西は 14,163,606 円 16 銭をそれぞれ当てる．」(真野　2002：頁無) との記事がある．また『視覚障害者に生きる勇気と情報を　ライトハウス物語』『大阪市社会福祉研究』にも「基金 3,400 万円余を得」(岩橋明　1988：125) たとある．

8　本書では, ヘレン・ケラーの来日を, 盲人の職業的自立と岩橋に関わる範囲で追っている．なおヘレン・ケラーの来日の研究については, ライトハウスに所蔵されている手紙類, GHQ 関係資料, 日本全国で行った講演の各地の資料, 米国での研究などを踏まえて行う必要があろう．これについては, 今後の研究が待たれる．

資料

〈日本ライトハウス所蔵　一次資料〉
(1942)「報国号飛行機並内火艇命名式次第」．
『ヘレン・ケラー関係文書』(1)．
『ヘレン・ケラー関係文書』(2)．
『ヘレン・ケラー関係文書』(3)．
『ヘレン・ケラー関係文書』(4)．
『ヘレン・ケラー関係文書』(5)．
(1939)「関西盲人事業連盟　規約, 趣意書, 陳情書」．
(1939)「関西盲人事業連盟結成式記録」．
『日盲連文書』(1)．
『日盲連文書』(2)．
ライト・ハウス (1940)『昭和十五年十月　紀元二千六百年奉祝　全日本盲人大会報告』ライト・ハウス．
(1938)『ライト・ハウス年報　第 3 号　昭和十二年度』ライト・ハウス大阪盲人協会．
『昭和十五年　永久保存綴』ライトハウス．
『昭和十六年　永久保存綴』ライトハウス．
「昭和十六年　事業連盟保存綴」．
『特別文書』(1)．
『特別文書』(2)．
『特別文書』(3)．
『特別文書』(4)．
『特別文書』(5)．

[点字資料]
岩橋武夫（1939）「巻頭言　盲界の革新イデオロギー」『黎明』(10), 1-3.
─── (1940a)「紀元二千六百年奉祝全日本盲人大会を迎えて」『黎明』(25), 1-6.
─── (1940b)「盲界新体制と経済」『黎明』(27), 1-4.
─── (1941b)「巻頭言　盲界並びに業界各一本立て運動の提唱」『黎明』(40), 1-3.
─── (1947a)「巻頭言　ライトハウス愛盲事業」『黎明』(99), 1-2.
─── (1947b)「巻頭言　盲青年層の動きと文化」『黎明』(102), 1-6.
─── (1947c)『黎明』(105), 1-3.
─── (1947d)「巻頭言　愛盲運動の再確認」『黎明』(106), 1-4.
─── (1948a)「巻頭言　ヘレン・ケラー女史再度来朝の意義」『黎明』(109), 1-5.
─── (1950)「巻頭言　回顧 15 年」『黎明』(141), 1-7.
日本盲人会連合（1978）『日本盲人会連合 30 年史（点字版）』(1) 日本盲人会連合.
大阪ライトハウス (1941a)「ライトハウスの近況」『黎明』(38), 162-5.
─── (1942a)「ライトハウス日記」『黎明』(44), 142-5.
─── (1942b)「報国日本盲人号命名式ならびに全日本盲人協力会議」『黎明』(45), 130-42.
─── (1947e)「ライトハウス便り」『黎明』(107), 70-5.
─── (1948a)「ヘレン・ケラー・キャンペーン」『黎明』(109) 58-65.
─── (1948b)「ライトハウス便り」『黎明』(109), 73-8.
─── (1948c)『黎明』(110).
─── (1948d)「付録　日本盲人連合会総会（報告）」『黎明』(116), 1-14.

文 献

古川隆久（1994）「紀元 2600 年奉祝記念事業をめぐる政治過程」『史学雑誌』103（9), 1573-608.
編集衆議院・参議院 (1990)『議会制度百年史　帝国議会史　上巻』大蔵省印刷局.
編集衆議院・参議院 (1990)『議会制度百年史　帝国議会史　下巻』大蔵省印刷局.
石川真澄（2004）『戦後政治史　新版』岩波書店.
岩橋明子（1988）「視覚障害者に生きる勇気と情報を　ライトハウス物語」『大阪市社会福祉研究』(11), 123-29.
岩橋英行（1962）『日本ライトハウス 40 年史』日本ライトハウス.
岩橋武夫（1932a）『愛盲（盲人科学 ABC）』日曜世界社.

―――（1932b）『岩橋武夫講演集　2　暗室の王者』日曜世界社.
小西律子（2009）「盲人集団の職業的自立の危機とその克服への試み　岩橋武夫と大阪ライトハウス設立を中心に」『社会福祉学』50（1），57-67.
―――（2012）「身体障害者福祉法成立に盲人集団が果たした役割」『社会福祉学』52（4），3-16.
厚生省50年史編集委員会編（1988）『厚生省50年史』厚生問題研究会.
眞野哲夫編集（2002）『点字毎日創刊80周年記念出版　激動の80年』毎日新聞社（点字）.
升味準之輔（1988）『日本政治史3　政党の凋落，総力戦体制』東京大学出版会.
―――（1988）『日本政治史4　占領改革，自民党支配』東京大学出版会.
室田保夫（2009）「岩橋武夫研究覚書：その歩みと業績を中心に」『関西学院大学人権研究』27-46.
内閣制度百年史編集委員会（1985）『内閣制度百年史　上巻』内閣官房.
―――（1985）『内閣制度百年史　下巻』内閣官房.
日本盲人会連合50年史編集委員会（1998）『日本盲人会連合50年史』日本盲人会連合.
新渡戸稲造（1938）『武士道』岩波書店.
島田信雄（2000）『日本の視覚障害者の職業小史』島田信雄.
杉山博昭（2003）「岩橋武夫と盲人運動」『キリスト教福祉実践の史的展開』大学教育出版，300-16.
「帝国議会録」「国会会議録」（http://kokkai.ndl.go.jp/　2010年5月11-21日）.
中央盲人福祉協会（1929）「中央盲人福祉協会設立趣意書」『渋沢栄一伝記資料』（30），782-4.
全国社会福祉協議会九十年通史編集委員会（2003）「第二部　救護法から社会事業法へ　⑥中央盲人福祉協会」『全国社会福祉協議会九十年史』社会福祉法人全国社会福祉協議会，135-6.

〈日本ライトハウス所蔵〉
軍事保護院（1942）『祖国を護る人々』六藝社.
ヘレンケラー女史歓迎委員会編（1937）『ヘレン・ケラー小傳』ヘレンケラー女史歓迎委員会.
本間伊三郎（1987）『源流を探る　大阪の盲人福祉』大阪府盲人福祉協会.
岩橋武夫・島史也・荻野目博道共訳（1937）『私の宗教』三省堂.
岩橋武夫・遠藤貞吉・荻野目博道共訳（1937）『私の住む世界』三省堂.
岩橋武夫（1938）『更生の彼岸　傷病将士に捧ぐ』発行者不記載.
―――（1943）『海なき燈臺』国民図書協会.
Iwahashi, Takeo（1946）Light from Darkness, a publishing company indistinct.
岩橋武夫（1948）『ヘレン・ケラー傳』主婦之友社.

岩山光男（1998）『八十四歳への挑戦　でも二人はがんばった命の限り』愛盲報恩会.
小山正野編（1934）『中央盲人福祉協会会誌』(1) 中央盲人福祉協会.
――――（1935）『中央盲人福祉協会会誌』(2) 中央盲人福祉協会.
――――（1935）『中央盲人福祉協会会誌』(4) 中央盲人福祉協会.
――――（1936）『中央盲人福祉協会会誌』(5) 中央盲人福祉協会.
――――（1937）『中央盲人福祉協会会誌』(7) 中央盲人福祉協会.
――――（1937）『中央盲人福祉協会会誌』(8) 中央盲人福祉協会.
――――（1939）『中央盲人福祉協会会誌』(11) 中央盲人福祉協会.
――――（1939）『中央盲人福祉協会会誌』(12) 中央盲人福祉協会.
中江義照（1952）『日本盲教育史年表』出版社不明.
日本盲人会連合・大阪盲人福祉協会（1956）『岩橋武夫先生頌徳碑建設決算報告書』日本盲人会連合・大阪盲人福祉協会（1956）『愛盲の使徒　岩橋武夫』日本盲人会連合・大阪盲人福祉協会.
日本失明傷痍軍人会（2000）『戦争失明者の自分史　心に光を求めて』新風書房.
西崎作太郎編（1935）『社会事業研究』23 (11) 大阪府社会事業連盟.
――――（1937）『社会事業研究』25 (3) 大阪府社会事業連盟.
――――（1937）『社会事業研究』25 (9) 大阪府社会事業連盟.
――――（1938）『社会事業研究』27 (7) 大阪府社会事業連盟.
大阪府立盲学校（1964）『創立五十周年記念』大阪府立盲学校.
大阪市立盲学校60年史編集委員会（1960）『大阪市立盲学校60年史』大阪市立盲学校.
大阪都市協会編（1936）『大大阪』(7) 大阪都市協会.
辻村泰男（1964）『視覚障害者の新職業に関する研究報告』日本盲人福祉委員会.
津守陸太郎編（1941）『社会事業研究』29 (6) 大阪府社会事業協会.
――――（1942）『社会事業研究』30 (4) 大阪府社会事業協会.
――――（1942）『社会事業研究』30 (9) 大阪府社会事業協会.
中央盲人福祉協会（1941）『日本盲人福祉年鑑』中央盲人福祉協会.
山本　実(1961)『川本宇之介の生涯と人間性――特殊教育先覚者としての』太平社.

第4章

身体障害者福祉法成立に盲人達が果たした役割

　1949（昭和24）年に成立した身体障害者福祉法は，傷痍軍人対策の必要に迫られて生まれたとされてきた．すなわち，連合軍総司令部（以下「GHQ」と略記）による占領下，我が国では非軍事化・民主化が進められ，それまで特権的な待遇を与えられてきた傷痍軍人についても恩給その他の全ての特権が剥奪された．そのため彼らは，戦闘による後遺症の苦しみに加え生活の基盤をも失った．そして生活困窮から彼らの間に社会問題を生じ，「破壊的な分子になりかねない」（社会福祉研究所　1978：173）状況となった．そうしたなか政府は，戦争を始めた国家としての責任から傷痍軍人の対策を模索することになり，その結果生まれたのが身体障害者福祉法であるとされている．

　しかし，同法の成立過程は単純ではない．先の傷痍軍人の問題がいかに深刻であったとしても，占領下という現実があるなか，政府は正面切ってこの問題を取り上げることはできなかった．GHQは嘗ての敵である傷痍軍人に保護を与える政策を認めることはできないが，その一方で占領政策が必ずしも順調でない情勢で，しかも社会主義国が勃興しつつあるなか，傷痍軍人の問題をそのまま放置することもできなくなった．このように日本政府・GHQは共に傷痍軍人の問題を巡ってジレンマを抱えていた．こうした状況のもとで，同法の成立に重要な役割を果たしたのが盲人である．

　本章では，少数派に過ぎない盲人達がどのような形で身体障害者福祉法成立に関わり，岩橋武夫と盲人達が同法成立にどのような役割を果たしたのかについて見ていく．

第1節　政府およびGHQ側から見た身体障害者福祉法成立過程

本章の冒頭でも触れた通り，身体障害者福祉法は傷痍軍人対策の必要性から生まれた．本節では，盲人の側から見た身体障害者福祉法成立過程の検証に入る前に，その背景知識として政府およびGHQ側から見た同法成立過程を辿り，そこに筆者独自の視点を加える．

1　GHQ占領政策による傷痍軍人特権の剥奪

GHQによる占領が始まる前，傷痍軍人には軍人恩給の加増，医療保護，職業保護，国鉄運賃の割引等の救済施策が施されていた．戦後進駐してきたGHQは，「初期対日方針」（SWNCC150/4/A）などに従って日本の非軍事化・民主化を進め，その一環として傷痍軍人特権を剥奪した．そのため彼らの多くは，戦闘による後遺症に加え生活の基盤をも失うという二重の苦しみに耐えねばならなくなった．また，陸海軍病院に収容されていた傷病兵のうち重い障害を背負った傷痍軍人は，治療を終えた後も社会復帰の目処が立たず，その多くが病院内に留まっていた．生活に困窮したこれら傷痍軍人の中には，街頭や電車の中で「物乞い」をする者まで現れた．さらに，これらの人々は「誰もが欲求不満から憤怒を抱いている集団で，今や破壊的な分子になりかねない」（社会福祉研究所　1978：173）状況であった．

GHQは1946（昭和21）年2月27日，SCAPIN775「社会救済」に関する指令を出し「（ア）無差別平等の原則，（イ）公的責任の原則，（ウ）必要充足の原則」（厚生省　1988：745）を示した．この原則に従い生まれた法律の一つが1946（昭和21）年9月に制定された「生活保護法」であった．政府は戦争を始めた国家としての責任もあり，先の傷痍軍人の問題を何とかしなければと，GHQに対し再三働きかけを行った．しかし，かつての敵であった傷痍軍人の対策を，GHQは「無差別平等」の原則を盾に強硬に拒絶し続けた．

身体障害者福祉法制定当時，更生課課長補佐であった佐野利三郎はこのあたりの事情を次のように述懐している．「私もずいぶんGHQへ折衝に行きま

した．先方は正規の陸軍少佐で，たいへんまじめな人で，日本の再軍備に結びつく傷痍軍人の援護にならないかというのが最大の危惧だったようで，たいへん厳しいチェックがありました．我われの立場からいうと，数万人の傷痍軍人や軍属が，恩給もなくなり，働く職場もないわけですから，厚生省としては，この人びとを社会に送り出すことが，なんとしてもやらなければならない第一の仕事でした．何か言われて，ああ，そうですかと引けばいいんですが，向こうが怒り出してもやめないものですから，時にはピストルを机に置くなど脅かされたことも何度かありました．」（佐野　1989：20）

2　傷痍者保護対策に向けた動き

　政府は1947（昭和22）年7月頃より，傷痍者対策の具体的検討を始めた．同対策が傷痍軍人を念頭に置いたものではないかと警戒するGHQに対し，政府はその対象をすべての傷痍者に拡大し，「無差別平等」に扱うという説明で乗り切ろうとした．政府は，傷痍者のハンディキャップを何らかの施策で埋め合わせないと彼らは職業戦線で一般人と平等に戦えないではないか，とする「ハンディキャップ論」（葛西　1953：6）を持ち出したのである．しかしこれとてGHQはしばらくの間受け入れようとはしなかった．その後この問題は動き始めるのであるが，当時厚生省社会局長を務めていた葛西嘉資は，解決の端緒となった事情を次のように回顧している．

　葛西は，「GHQ公衆衛生福祉局（以下「PHW」と略記）のネフ福祉課長が戦前ワシントン州で老人や傷痍者（盲人）の仕事をしていたことを知り，これはそれらの実際を見せて了解させるのが，一番早道だ」と考え，1947（昭和22）年夏，失明傷痍軍人を抱える塩原光明寮の卒業式に彼を誘った．ネフはこの話に喜び，視察時には「光明寮の経営主体の問題，財政の問題，寮生に一般人がどの位入っているか，卒業後の職業問題，教授科目の問題など」熱心に質問し，最後に「こんな立派な仕事は国立とすべきものだと思う．自分は早速サムス准将に視察報告を提出し，最高司令官にも意見を上申して国が面倒を見る様に尽力しよう」といい出したという．葛西は「傷痍者対策のよいキッカケが出来たと思い」（葛西　1953：6-7）早速国立光明寮

設置法案の準備を始めた．同法案は次の通常国会に上程され成立，1948（昭和23）年7月15日，公布された．

　一方，この時期の国内外情勢を見ると，1947（昭和22）年初頭に計画された「2.1ゼネスト」に対しGHQは中止命令を出し，それまで寛容だった労働運動にブレーキをかけた．6月には「マーシャルプラン」が発表され西側諸国への経済援助の必要性が示された．こうしたことを背景に，GHQの占領政策は，それまでの非軍事化・民主化から経済復興の促進に軸足を移し始めた．このようななか政府は，同年8月以降，GHQと度重なる折衝を持ち，同年11月 SCAPIN775の原則を堅持しつつ，傷痍軍人，戦災による傷痍者および昔からほとんど顧みられることもなく放置されていた一般身体障害者を含む「傷痍者保護対策案」がGHQに承認された．

　しかし早い段階から法律案の提示を求めるGHQに対し，政府は傷痍者対策に特別な法律は必要ないとして，生活保護法等の既存の法律の運用で何とかしようとした．これは，政府が傷痍者対策を法律化するほどの明確な政策ビジョンをこの時点でまだ用意できていなかったとも考えられるが，既存の法律を弾力運用することで傷痍軍人の扱いを優先させようとした政府と，法律にすることでそれを許すまいとしたGHQとの駆け引きを表しているとも考えられる．また，対象者を傷痍軍人から拡大したとはいえ，「傷痍」という言葉が示すように，この時点での傷痍者対策はあくまで従軍，戦災，産業活動等で後天的に傷痍の状態に陥った人が対象であり，先天ないし幼少期に障害となった人のことは念頭になかった．なお，この時期，GHQ側から医師，心理学者，教育者等を加えた委員会の設置が提案され，翌1948（昭和23）年2月「中央傷痍者保護対策委員会」が設置された．しかし，この委員会には盲人の代表者は含まれていなかった．

3　厚生省による身体障害者福祉法案作成とGHQの関与

　1948（昭和23）年8月，傷痍者問題を専管する更生課が厚生省社会局に設置された．前年まで傷痍者対策に特別な法律は必要ないとしていた厚生省であるが，この時期の省内資料とされる「傷痍者保護更生対策案」（寺脇

2008b：150-1）には「盲人福祉法の制定（状況により臨時国会に議員提出）」や「傷痍者保護対策委員会の整備と法制化（状況により臨時国会に議員提出）」などの表現が並び，この時期には法制化に向けて方針変更したことがわかる．また同文書の冒頭には，「現下の状勢，殊にヘレン・ケラー女史来訪を契機として，傷痍者の自力更生の気力を振作し，且つ国民の傷痍者に対する理解と協力とを更に深めること．」という表現もあり，後述するケラー女史の二度目の来日が厚生省の傷痍者対策施策に完全に組み入れられていたことがわかる．身体障害者福祉法の具体的な法制化の作業が始まったのは同年11月のことである．GHQにおいても同年11月，管理・リハビリテーション係長としてフェルディナンド・ミクラウツ[2]が就任し，以後1年にわたって法案策定に関わることになる．12月からは同法制定のための委員会が20回にわたって開催され，法案の検討や法律名を「身体障害者福祉法」とすることなどが話し合われた．そして，翌1949（昭和24）年3月頃までには一応の法案が完成したとされている．なお，同委員会には日盲連その他盲人関係者として岩橋他4名が加わっており，これは障害当事者として唯一の参加であった．

ところで，1948（昭和23）年1月2日付，PHWからGHQ民生局に宛てた文書には，PHWが厚生省の傷痍者対策に賛意を示した後，その理由の一つとして「日本はかつて一度もこの種のプログラムを持ったことはなかったが，障害者対策から恩恵をうけうる障害者の人数は戦争がない普通の事態の中でも多く，このようなプログラムへのニードは常に高いとされている」（社会福祉研究所　1978：174）と，政府側の資料にはない，踏み込んだ解釈を示している．また，先の「傷痍者保護更生対策案」には「リハビリテイション・センターの設置（ネフ氏提案による）」（寺脇　2008b：151）という表現もある．これらは，非軍事化・民主化という占領当初のGHQの目標からすれば違和感がある．ここで再び葛西の回顧録を引用する．1948年（昭和23）年5月頃，ネフが「全米社会事業大会へ出席する為米国へ行き帰任した時などは，米国の傷痍者福祉事業に関する資料をドッサリ持ち帰り，私共に一々説明して聞かせるという状態になった」（葛西　1953：7）．さらにミクラウツは後年，GHQに「ニューディーラと呼ばれる政策立案者たちがいたこと

は日本にとって本当に幸運なことであった」（丸山　2006a：頁無）と述懐してもいる．これらのことから，この当時GHQで身体障害者福祉法制定に関わった人々は，それがまるで自分たちの法律であるかのごとく真摯にその誕生に立ち会ってくれたと見られる．しかし，これが先に示した占領政策の変化によるものなのか，社会主義的傾向を持つニューディーラがその本領を発揮したからか，あるいは村上が指摘しているように，占領後2年を経過しGHQも現実対応を余儀なくされたのか，いずれが主因かはわからない．恐らく，それらすべてが微妙に影響しているのであろう．

　さて，ここまで見てくると，身体障害者福祉法成立過程の説明は終わったようにも見える．しかし，そうはいかないであろう．たとえPHWの理解が得られたとしても，米本国や他の連合国への説明をどうするか．同法が誰のための法律かと問われたとき，どう答えるのか．肉親を殺された恨みは，そうやすやすと消えるものではない．したがって，同法が現実のものとなるには，戦争を連想させにくい当事者集団の存在が必要になってくる．ここに盲人の存在意義が浮かび上がってくるのである．

第2節　盲人の側から見た身体障害者福祉法成立過程

　身体障害者福祉法制定以降の世の中を盲人の側から眺めると，永い航海の末にようやくたどり着いた新天地のように見えるであろう．前章までで見てきたように，近世において一定の職業的自立を得ていた盲人は，明治に入ると特権的身分を奪われ，自由競争の荒海に放り出された．そのため彼らは，自分たちのための法律を求め，さまざまな動きを見せ始める．そして，やっとの思いで手に入れたのが身体障害者福祉法である．本節では少し冗長になるが，前章までで見てきた，盲人のための法律制定に向けた動きを再びたどり，身体障害者福祉法成立に岩橋武夫と盲人達が果たした役割について見ていく．

1 盲人達の中に見られた身体障害者福祉法の萌芽と政策につながる実践的取り組み

　身体障害者福祉法を政策として大きくとらえてみるならば，明治期に既にその萌芽が見られる．第1章で見てきたように，盲人の伝統的職業である鍼灸按摩への晴眼者の進出に危機感を抱いた盲人達は，明治の末頃から「按摩専業運動」を始めた．すなわち1904（明治37）年度第21回帝国議会に「盲人保護に関する建議案」が提出され，同議会で採択された．その後も盲人達からの建議案，請願が続き，1911（明治44）年，「按摩術営業取締規則」および「鍼術灸術営業取締規則」が制定された．このうち按摩術営業取締規則では，盲人を優遇する乙種試験が設けられ，按摩専業運動は一定の成果を見た．しかし，同規則は盲人に按摩業の独占を認めるものではなかった．そのため，盲人保護を求めた運動がさらに活発な展開を見せ始め，1913（大正2）年度第31回帝国議会に「盲人保護法案」が提出された．しかし，同法案は衆議院を通過したものの貴族院で否決された．その後も同様の法案が1935（昭和10）年にかけて3度提出されたが，いずれも成立には至らなかった．

　ここまでの運動は盲人の職業保護を目的としたものである．しかも，その職業とは鍼灸按摩であり，その中でも按摩だけは死守しようとする消極的なものであった．とはいえ，ほとんどの職業に扉を閉ざされていた盲人にとって，按摩は最後の砦でもあった．しかし，列強からの圧迫を跳ね返し，独立を維持することが最重要課題であった明治期のわが国にとって，小さな犠牲はしかたのないことだったのであろうか．盲人の願いはかなわず，依然として職業的自立の危機は続いた．

　昭和に入ると，岩橋武夫が新しい試みを始めた．若くして失明した岩橋は，英国留学を通じて調査・見聞した内容を元に，1932（昭和7）年『愛盲（盲人科学ABC）』を著し，英国盲人法，英国々民盲人協会，世界のライトハウス事業について紹介した．そして，その結論部分で，盲人の教育問題および社会問題の解決，そのための全国組織の結成，そして立法措置へと至る盲人問題解決のためのグランドデザインを示した．岩橋はこれを基に大阪ライトハウスの設立，燈影女学院の設立，二度のヘレン・ケラー招聘，日盲連の結成，身体障害者福祉法制定への関与等，生涯を通じ直接あるいは間接的にそ

のすべてを成就させた．以下では，岩橋が取り組んだものの中で身体障害者福祉法につながるものとして，大阪ライトハウス設立，早川分工場設立，盲人の全国組織結成について確認しておく．

岩橋は，欧米で盲人問題の解決が進んだ背景に，盲人をそのハンディキャップを補うことで自活可能な者として肯定する「合理的保護」概念の発見があることを見出した．そして，英国で調査した盲人のための近代的な社会事業を日本にもたらそうと，日本の実情に即した「愛盲事業」を構想し，その実験場として1935（昭和10）年10月，大阪に「ライトハウス」を設立した．これは，ウィニフレッド・マザーが1905年にニューヨーク78番街の自宅を解放して「ライトハウス」を設立して以来，世界で13番目となるものであった．なお，「合理的保護」概念は，後に厚生省が傷痍者対策の基礎的概念として持ち出す「ハンディキャップ論」[3]と共通のものであり，同概念は身体障害者福祉法にも受け継がれている．この点は後でも触れる．

続いて第2章で見てきたように，岩橋は1937（昭和12）年，ヘレン・ケラーを日本に招聘した．そして，講演旅行を通じ，「盲人教育ならびにその社会問題に対する啓蒙」を図った．このときの女史来日は，同年7月に勃発した日中戦争のためその成果は十分なものではなかった．しかし，後に述べる岩橋とGHQとの親密な関係の遠因はこのケラー女史初来日にあり，非常に意義深い出来事である．また1938（昭和13）年には点字月刊誌『黎明』を創刊し，盲人の教養・文化の増進を図ろうとした．これらの結果，岩橋と大阪ライトハウスの知名度は高まり，盲人達の間でオピニオンリーダーとしての岩橋の地位も固まった．そして，寄付は増え大阪ライトハウスの事業も安定し，次なる職業リハビリテーションへと進んでいくのである．

日中戦争を盲人問題解決の好機ととらえた岩橋は，陸軍病院に入院する失明軍人への慰問や職業補導，点字教授のための講師派遣などを始めた．さらに彼は，厚生省が失明軍人寮を設置する際にノウハウを提供するなどして国とのつながりを強めつつ，大阪ライトハウスにおいても失明軍人対策に乗り出した．1943（昭和18）年9月には建物の増改築などの準備を終え，また大阪ライトハウス自身恩賜財団に移管され，名称も「失明軍人会館」に改められ，同年10月，「失明軍人講習会」が始まった．翌年1月にはシャープ株

式会社の創業者早川徳次の協力を得て，失明軍人6名からなる「早川分工場」を設立した．同工場では早川が開発した盲人用プレス台を用い，盲人が視覚に頼ることなく晴眼者と遜色のない作業効率で仕事をこなしたという．同工場は愛盲事業の理念を職業リハビリテーション分野で実現させたものであり，職業訓練の場と訓練の有効性を実証するための実践の場を併せ持つ，当時としては画期的な取り組みであった．同工場での取り組みは成功し規模も拡大したが，終戦間際にはライトハウス事業ともども疎開を余儀なくされた．なお，同工場での経験は，戦後ライトハウス金属工場および早川特選工場へと引き継がれた．後でも触れるが，初期の頃の身体障害者福祉法の中心課題は，障害のある人の職業能力の回復であり，同法成立前に職業リハビリテーションの実践事例が存在していた意義は大きい．

続いて第3章では，盲人の全国組織化への取り組みについて見てきた．身体障害者福祉法が特定の当事者のための法律である以上，その当事者の声が一つにまとまっていること，あるいは当事者の声を代弁する組織が存在することは政策担当者にとって願わしいことである．また当事者にとっても，その小さな声を最大にするには全国組織の存在は不可欠である．近世における当道座は盲人の全国組織であったが，これは明治維新後ほどなくして解体された．そして再び全国組織化への動きが始まるのは昭和に入ってからである．これを主導したのも岩橋武夫であった．

岩橋は，「紀元二千六百年」を契機に全日本盲人大会（橿原大会）を企図し，関西盲人事業連盟を発足させた．同連盟はやがて全日本盲人事業連盟となり，全国盲人協会連盟，全国盲学校同窓会連盟とともに橿原大会を成功させた．同大会では「盲人保護法ノ制定促進」その他が決議された．岩橋は同大会後全日本愛盲連盟準備会を組織し，大会決議を実行に移そうとした．そして戦闘機「愛盲報国号」献納運動を成功させ，2年後に再び全国大会を開いた．この会議が準備会となり，1942（昭和17）年11月，今関秀雄を会長とする大日本盲人会が結成された．しかし，終戦前後の混乱のため，同会は十分にその役割を果たすことができなかった．戦後にはGHQによる占領下，日盲連結成に向けた動きが始まるが，これについては次項で触れることにする．

以上本項では，これまでの章を大まかにたどりながら，盲人の中に見られ

た身体障害者福祉法の萌芽ともいえる動きと，同法の政策につながる実践的取り組みなどについて見てきた．しかし，盲人の職業保護を求めた法律制定運動は成就せず，大阪ライトハウスと早川分工場は戦争の激化で疎開を余儀なくされ，大日本盲人会も終戦前後の混乱で有名無実となった．そのどれもが挫折したかのように見えた．とはいえ，そこに関わった盲人達は生きている．彼らは戦後再び歩みを始め，その志はGHQによる占領下，身体障害者福祉法へと結実するのである．

2　日本盲人会連合の結成とヘレン・ケラー再来日

　奈良県に疎開していた岩橋武夫と大阪ライトハウスは，1946（昭和21）年4月，大阪に帰って来た．同じ頃，戦争で途絶えていた岩橋とヘレン・ケラーの通信も再開された．このときケラー女史からの手紙を岩橋のもとに届けたのは，GHQであった．岩橋は，ケラー女史に再度の来日を求めた．

　1947（昭和22）年9月，鍼灸存廃問題が起きた．戦後の医療制度改革の検討過程で，GHQが衛生上の観点から盲人の鍼灸を禁止しようとしたのである．この話はすぐさま広がり，盲人達を騒然とさせた．盲人の伝統的職業が晴眼者からの圧迫を受けてきたことは再三述べてきたが，今回は日本を占領しているGHQから出た話である．それだけに，盲人達はそれまでとは桁違いの危機感を感じたことであろう．幸い，岩橋を始めとする業界，盲学校，盲人達による全国的な運動によってこの問題は解決した．そしてこの時，盲人達は新たな全国組織の必要性を痛感した．なお岩橋は，この問題を解決するためたびたび上京し，大日本盲人会幹部らとともに厚生省やGHQとの交渉に当たった．

　時代は前後するが，この年の3月ケラー女史から手紙が届き，翌年，オーストラリア，日本，中国などを歴訪する計画があることを伝えてきた．同年11月に届いた手紙には，来年8月までに日本へ行けると思う，そしてこのことはマッカーサーに伝えた，とあった．これで来日が確定し，同年12月には大阪ライトハウスにヘレン・ケラー女史招致委員会本部を置き岩橋が責任者となった．また東西の毎日新聞社にはヘレン・ケラー・キャンペーンの

事務局が置かれた．岩橋は 12 月 4 日，国会総理大臣室に片山総理を訪ねケラー来日のことを伝えるとともに，総理から協力の約束を取り付けた．翌 1948（昭和 23）年 3 月には，PHW 局長サムス，UP 東京支配人マイルズ・ヴォーンおよび，首相，文相，厚相，衆参両院議長を顧問に，そして各界の著名人を委員とする招致委員会を結成した．そして，全国 11 カ所に講演会を開く，ヘレン・ケラー基金を設ける，盲人の全国組織を結成するという三綱領が決まった．このうち盲人の全国組織にはケラー女史の受け入れ母体としての役割が期待された．

　同年 8 月 17，18 日には大阪で大会が開かれ，今日まで続く盲人の全国組織である日盲連が誕生した．大会では「日本盲人の福祉と文化の向上」「世界的標準にたつ盲人社会立法の制定」「旧職業の保全と新職業の開拓育成」「ヘレン・ケラー・キャンペーンに対し全面的に協力する」などが決議され，会長には岩橋が選任された．

　ケラー女史は同年 8 月 29 日来日した．政府および GHQ からは国賓並みの歓迎を受け，来日直後からマッカーサーとの会見，宮中参内，政府要人との懇談，7 万人の聴衆を集めた「国民歓迎大会」等の行事が催された．そして，10 月 28 日までの 2 カ月間，GHQ が用立てた特別列車で全国を回り，盲人福祉法制定，失明防止，盲人の新職業開拓，それらへの日本国民の協力を訴えた．特別列車には GHQ の高官と岩橋夫妻が同乗した．講演回数は 25 回，約 13 万人の聴衆を動員した．そして，女史帰国後，身体障害者福祉法の具体的検討が始まるのである．

　ところで，1937（昭和 12）年のケラー女史の最初の来日は，岩橋が招いたとはいえ，公式にはルーズベルト大統領の親書を携えての平和の使者としての来日であった．しかし，女史の滞在中，日本は日中戦争に突入した．その戦争が終わり，米国を中心とする占領下，女史は再び来日した．しかも今回は平和の使者としてではなく，ケラーが会長を務めるジョン・ミルトン協会からの派遣という，一民間人としての来日であった．それにもかかわらず，先の異様な歓待ぶりである．これはどういう演出であろうか．そこには「三重苦の聖女」という役者が全国で演じる劇に込められた，各主体のさまざまな意図を感じざるを得ない．

すなわち，盲人達には盲人福祉法の実現という明瞭な最終目標があった．一方，厚生省が傷痍軍人問題の対策にジレンマを抱えていたことは本章冒頭で触れた．そこにケラー女史来日の話が舞い込んできた．しかも女史は盲人達と手を携え，盲人福祉法制定のためのキャンペーンを張るという．厚生省がこれを傷痍軍人問題解決の好機ととらえたことは想像に難くない．つまり，それまでの傷痍者対策は，その背景を探ればどうしても傷痍軍人対策につながってしまう．このため，戦争を連想させにくい盲人を対策の対象者に，あるいは盲聾唖を中心に据える．そして，盲人達が目指していた盲人福祉法を実現するため，これを包含しすべての障害者に拡大した法律にする．換言すれば，身体障害者福祉法はヘレン・ケラー来日を契機に生まれたとする．こうすれば，GHQの理解が得られやすいと，そう考えたのであろう．PHWも傷痍者対策に最終的には賛意を示しつつも，本国への説明には不安が残る．しかし，これが女史来日の結果としたならば，大きな非難は避けられる．さらに，GHQ（これは米国と言い換えてもいいが）は，「自分達はかつて平和の使者としてケラー女史を派遣した．ずっと平和を望んでいた．それを踏みにじったのは日本である．米国は，三重苦があっても，障害があっても，活躍の場があるすばらしい国だ．」，こうしたことを日本国民に印象付け，米国への親近感を醸成し，日本国民の米国への憎しみや占領政策への不満を和らげたい．日本政府は，努力をすれば報われるという好例を見せ，復興への国民の奮起を期待したい．それぞれの主体がこのように考え，ケラー女史を歓待したのであろう．

　しかし，前章でも述べたが，ケラー女史を誰が呼ぶかが問題である．戦勝国である米国が，前回のように平和の使者として女史を派遣する理由はない．民間人を日本政府が呼ぶというのも変だ．GHQが呼ぶというのでは，その足元を見透かされてしまう．最も好ましいのは，同じ境遇にあり，戦争で疲弊した盲人達がその奮起を期し，あるいは盲聾唖の人々を勇気付けるために，あるいは盲人福祉法の実現を目的に女史を呼んだとすることである．そのためにも，女史受け入れ母体として，日盲連の結成が必要だったのである．また盲人達自身，全国組織化に向けた戦前からの永い活動があり，女史来日を期に有名無実化していた大日本盲人会の再組織化を図ろうとした

ことは言うまでもない．ここまで考えてくると，先の鍼灸存廃問題も，誰かが戦略を練り，意図的に起こしたようにすら感じる．あの騒乱が，盲人達が一つにまとまるきっかけとなったからである．その真偽はともかく，ケラー女史帰国後，身体障害者福祉法は成立に向け動き出した．一人の三重苦の女性が触媒のごとく作用し，いくつもの問題を解きほぐしたのである．その一連の流れを構想したのが岩橋なのか，厚生省なのか，はたまた政府あるいはGHQの誰かなのかはわからない．しかし，一連の筋書きの中心に，盲人が置かれていたことだけは確かである．

3 身体障害者福祉法成立

前節の3項でも触れたように，1948（昭和23）年8月頃の厚生省内資料とされる「傷痍者保護更生対策案」（寺脇 2008b：150-1）には「盲人福祉法の制定（状況により臨時国会に議員提出）」という表現が見られる．この「状況により」というのは「ヘレン・ケラー来日後の世論の動向により」ということであろう．同年8月31日の朝日新聞には，「盲人福祉法案国会へ」と題する記事が掲載された．しかし，その後「盲人福祉法案」が国会に提出されることはなかった．代わりに一部の議員が議員立法で提出しようとしたのは，肢体不自由者などを含めた身体障害者に対する総合立法としての「身体障害者福祉法案」であった．先の記事には「傷病軍人パスは廃止」と題する記事も並んでおり，恐らくはこれらの記事がいわゆる「観測気球」の効果を果たし，記事への各界からの反応から，議員も身体障害者総合立法へと舵を切ったのであろう．また盲人を前面に出すことで傷痍者対策から軍人色をなくそうとしたとする筆者の前項の解釈が正しければ，厚生省にとって，また傷痍軍人にとっても，盲人単独法が先に成立することは歓迎できなかったであろう．このため「盲人福祉法」の議員立法の話が消えたことは厚生省にとって幸いであった．ところで，厚生省は前年の「傷痍者保護対策案」で法律は必要ないと考えていたこと，その対象者には先天あるいは幼少期に障害となった人は含まれていなかったことは前節の2で触れた．しかし，その後盲人が傷痍者対策の前面に出たことで，これは変化せざるを得なくなった．

なぜなら，盲人達はかねてから自分たちのための法律制定を訴えており，また盲人では先天ないし幼少期に盲人となった人の割合が，傷痍軍人を含む肢体不自由者に比して多かった[4]からである．

さて，盲人達のことである．同年10月10日に開かれた近畿盲人大会では，小林勝馬参議院議員が，盲人福祉法ではなく身体障害者総合立法の動きがあることを伝えた．しかし，10月26，27日に開かれた日盲連の理事会では，あくまでも盲人単独法を目指すことが確認された．そして，29日の期成委員会で法案の要旨を決め，岩橋らが中心となりPHW，厚生・文部・労働の各省と折衝を続けた．この時点では先のケラー女史来日の余韻が残る中，岩橋と政府・GHQとの親密な関係を背景に，かねてから訴え続けてきた盲人のための法律実現を目指そうとしていたのである．

同年11月，PHWで身体障害者福祉法を直接担当するフェルディナンド・ミクラウツが就任したことは前節の3で若干触れた．かつて従軍の経験があり，退役後は赤十字で帰還兵の仕事などをしていたミクラウツは，1947（昭和22）年，来日した．彼は赤十字の仕事で各県の病院を回ったが，そこには，夥しい数の障害者がいた．大阪では岩橋と知り合った．ミクラウツをGHQに紹介したのは，大正時代から日本で慈善活動をしていた米国人女性でケースワーカーであるG・コールフィールドだった．コールフィールド女史は弱視であり，1929（昭和4）年に設立された中央盲人福祉協会の顧問に就任しているが，岩橋もまた同協会の顧問であった．PHW管理・リハビリテーション係の責任者となったミクラウツは，同年12月15～18日，大阪ライトハウスを訪れ，身体障害者福祉法の参考にとその事業内容を調査した．そして，同年12月以降，彼は積極的に同法の法案化に関わっていく．

ところで，GHQ資料[5]によれば，同年11月30日，PHW福祉課ネフ課長，ミクラウツ，厚生省葛西次官，社会局木村局長，そして岩橋が参加し，政府が用意した身体障害者福祉法の要綱案を基に，岩橋との間で意見交換がもたれている．他の当事者との間にこのような会合はない．同法の正式な検討委員会が始まったのが同年12月20日からであることを考えれば，先の会合は盲人およびその代表である岩橋に特別な待遇を与えたといえる．また，前年6月以来，大阪ライトハウスにはGHQの高官が何度となく訪れており，

同年12月16日にはマッカーサー夫人も訪れている．さらにはケラー女史受け入れ交渉などのため，岩橋自身マッカーサーに何度も会っており，先のケラー女史に対する厚遇といい，この時期の盲人に対する政府，GHQの扱いは特別なものを感じる．これらは，前項に示した傷痍者対策における盲人の立場の優位さを物語っているのである．

　さて，以上のようにして身体障害者福祉法は成立に近づいていく．しかし，残された問題が一つある．それは，永年盲人のための立法措置を訴え続けてきた盲人達をどう納得させるかである．1948（昭和23）年10月26，27日に開かれた日盲連の理事会では，あくまでも盲人単独法を目指すことが決議されたことは先に触れたが，『黎明』の記述を見ると，1949（昭和24）年1月号では「盲人福祉法[6]」との表現が見られるものの，2月号では単に「福祉法[7]」と表現し，3月号では「盲人を含む身体障害者の社会立法[8]」と表現が変化している．岩橋は身体障害者福祉法の検討委員会の一員でもあり，一連の議論の中で盲人単独法の選択肢がなくなりつつあることはわかっていた．それがこうした表現の変化となって現れたのであろう．そして4月号では，岩橋は身体障害者福祉法案を次のように紹介している．

　　昨年12月1日に初の委員総会を開き，今年3月8日における最初[9]の小委員会をもって一通り準備の全部を終わった身体障害者福祉法は，その間実に10回[10]に渡る会合をGHQの公衆衛生福祉局や厚生省の社会事業会館等で終始熱心に討議されたものである．私はこのため東上すること前後12回，ここに本福祉法がようやくその形式と内容を明らかにすることができるようになったことを読者諸氏とともに心から感謝するものである．ヘレン・ケラーの来朝に始まりその成果として本福祉法がいまやまさに今国会に提出されようとすることは，先にフラナガン神父が来朝してその結果児童福祉法が生まれたのと同じ経路である．この進歩的な法令が恵まれない身体障害者への福音として少なくとも我々盲人のイニシヤチブによって生まれつつあることに心からの喜びが感ぜらるるではないか．このため厚生省，労働省，文部省等の関係係官をはじめ，進駐軍のネフ福祉課長やミックラウツ福祉官の涙ぐましい努力は，この法令を作っていった民間代表委員達の活躍ぶりとともに永く記憶されねば

ならないと思う．（岩橋武　1949：1）

　このように，岩橋の記述は，盲人福祉法から身体障害者福祉法へと徐々に移行し，盲人単独法への執着は見られない．しかし，大阪ライトハウス職員として岩橋のそばに仕えていた土井利家は，この当時岩橋が次のように言って嘆いていたと述懐している．

　　現在の盲学校は以前盲唖学校といって聾唖者といっしょでありました．
　　これでは，どうしてもほんとうの教育はできないので，血みどろの苦闘の結果，ついに今日の分離をみたのではないか，われわれはまたもやこの身障法によって同じ失敗を繰り返さんとされるのか．（岩橋英　1962：255）

　この岩橋の嘆きがいつのことかはわからないが，身体障害者福祉法の受け入れは岩橋にとっても苦渋に満ちたものだったのであろう．とはいえ，他の障害のある人のことを考えると，盲人が同法成立の足を引っ張るわけにはいかない．ヘレン・ケラー来日の余韻が残りGHQの絶大なる協力が得られている今回は，身体障害者のための法律を得る最大の好機である．どういう形であれ，熱が冷めないうちに法律を作っておかなければ，機を逃してしまうかもしれない．岩橋はこのような大局的判断を示したものと考える．

　岩橋の上記判断には他にも理由がある．先の引用には身体障害者福祉法案の概要の紹介の後，次の記述が続いている．

　　かねてよりしばしば述べ来たったように，本福祉法は盲人を最も中心に置いて考えられたものであるだけに，我等が日盲連を通じて主張しきたったところのすべてはもれなく取り上げられていることに気付かれるであろう．まことに感謝である．今やこの法令はGHQの手を離れて内閣に渡され，内閣より国会への手続きとなりつつある．マ元帥の経済9原則やドッジ声明によっていよいよ日本経済は耐乏と勤労生産による輸出増加の至上命令を受けたのであるから，本法令実現のため必要なる大蔵省の予算獲得には多大の努力がいることは覚悟しなければならない．このために関係当局の奮起一番を熱望するとともに我等の監視が必要である．あるいは一度全日本盲人の名において，いや全日本身体障害者の名において一大示威運動を起こさねばならぬ場合があるかもしれない．

第4章 身体障害者福祉法成立に盲人達が果たした役割　113

このために諸君の心からの声援を冀うものである．（岩橋武　1949：2）

このように岩橋は同法実現の裏づけとなる予算の確保については，厳しいものがあることをにじませている．結果的に岩橋の予想は当たり，この時期開かれていた第5回特別国会に同法案を提出することはできなかったのである．なお，先の引用中の「GHQ の公衆衛生福祉局や厚生省の社会事業会館等で終始熱心に討議され」「進駐軍のネフ福祉課長やミックラウツ福祉官の涙ぐましい努力」「今やこの法令は GHQ の手を離れて内閣に渡され」といった記述は，身体障害者福祉法に GHQ がいかに深く関わっていたかを示すものである．これは同法の制定に中心となって働いた岩橋の観察だけに非常に興味深い．

1949（昭和 24）年5月14日，第2回全国盲人福祉大会が京都府立盲学校で開かれた．ここでは，国会提出間際で足踏み状態となっている身体障害者福祉法が取り上げられ，次の決議がなされた．「我等は身体障害者福祉法の緊急制定を要望し，合わせてその実現に最善の努力を致さんことを期する」（日本盲人会連合　1978：24）．また同会議の宣言文中には「顧みれば，昨年我等が会長岩橋武夫の努力と東西両毎日新聞社並びにヘレン・ケラー・キャンペイン全国委員会の総意に基づきヘレン・ケラー女史再度の来日を実現し，恵まれざる者に対する挙国的な運動を展開したのも，期するところ真に平等にして自由なる社会の樹立されんためであった．この観点に立って我等は進歩的社会立法としての盲人福祉法，さらにこれを他の不自由者にも及ぼして，身体障害者福祉法の制定を待望しきたったのである．」（日本盲人会連合　1978：24）との記述もある．これらから，この大会の頃までには，盲人達の意見は身体障害者福祉法を積極的に受け入れる方向に定まっていることがわかる．[11]

さて，第5回国会には提出できなかった身体障害者福祉法案であるが，代わりに同国会では鈴木仙八議員ほか19名より身体障害者対策に関する議決案が提出され，本会議において満場一致で通過した．このように各方面から強い期待が寄せられた同法案は，政府案にするか，議員立法にするかで政府，国会，あるいは政党相互間でも駆け引きがあったが，結局，与野党一致の議員立法で，なおかつ衆参両院同時提出という厚遇を得て第6回臨時国会

に提出され，1949（昭和24）年11月30日衆議院，12月3日に参議院で可決成立した．先の岩橋の記述にもあるように，この身体障害者福祉法には盲人達が望んだ政策の多くが網羅され，盲人単独の法律を目指していた彼らにとっては，名よりも実を取る結果となった．その意味で同法成立は，盲人達の永年の宿願が曲がりなりにも叶った瞬間であった．

国会会議録によれば，同法の内容として「身体障害者の自発的な更正への意欲を根本といたしまして，その更正に必要な物品を交付し，訓練を施し，一般人と同等の社会的活動能力を発揮させることを主眼とするものでありまして，特別の権利や保護を與え，一生国の負担においてせわをするという，いわゆる特権的保護を規定するものでないのであります．」と説明されている．これは第1章第4節の1で示した「合理的保護」概念そのものである．岩橋が発見した欧米の「合理的保護」の概念は，その普遍性ゆえか，こうして日本の身体障害者福祉法にも採用されたのである．また同法の対象は「児童福祉法との競合を避けまして，十八歳以上のいわゆる労働年齢にある者で，盲聾唖，肢体不自由の障害のため労働能力の損傷されているもの」であるとしており，障害のある人の「職業的自立」を中心課題に据えるものとなっている．今日の同法の目的は「自立と社会参加」という守備範囲の広いものとなっているが，予算も限られた最初の身体障害者福祉法は，その目的が「職業的自立」にほぼ限定されていたのである．

ところで，同法案がほぼ固まった1949（昭和24）年6月，ミクラウツはアメリカで記者会見を開き，日本の身体障害者福祉法案についての説明を行った．その席上，同法の対象者に傷痍軍人が含まれていることを話したが，非難は受けなかったという．これは恐らくGHQの「観測気球」であろう．その結果，米国世論は日本の身体障害者福祉法に「合格」を与えたのである．また，サムスの回顧録によれば「占領がかなり進んだ段階で，マッカーサー元帥は，それまで日本政府に発した指令で政令や勅令になって実施されているものを再点検し，日本の社会に適用し得ているものはすべて1949年7月1日までに日本の法律に組み込むよう指令した」（C.F.サムス・竹前栄治 2007：84-5）という．その目的は定かでないが，前年からニューディーラの勢力が弱まり，それまでの占領政策が大きく変化しようとしてい

た．そのため，それまでの政策を法律化することで，巻き戻しに備えようとしていたのであろう．こうして考えてくると，同年末の身体障害者福祉法成立は，きわどいタイミングだったともいえる．

身体障害者福祉法成立に先立つ11月22日，GHQ は同法案に最後の承認を与えた．翌23日，岩橋は前年のヘレン・ケラー来日の答礼を兼ねて横浜港から米国に旅立とうとしていた．出港2時間前，ミクラウツが岩橋を見送りに港にやって来た．そして，できたばかりの同法案の英語訳を岩橋に手渡した．かつて従軍の経験があり，赤十字で多くの障害者に接したミクラウツは，故国アメリカでも同様な法律を実現させてほしいとの思いを岩橋に託したのであろう．また，この身体障害者福祉法案はヘレン・ケラーに対する最高の手土産となった．

＊＊＊

本章では，1949（昭和24）年に公布された身体障害者福祉法の成立過程を盲人の側から見てきた．

身体障害者福祉法は，GHQ によって特権を奪われ生活困窮に陥った傷痍軍人を救済するために生まれたとされてきた．しかし，非軍事化・民主化を占領政策の基礎に置く GHQ を前に，政府がとった傷痍者保護対策は，無差別平等という枠内で生活保護法を弾力運用するという，限定的なものにならざるをえなかった．これを身体障害者福祉法へと発展させるためには，戦争を連想させにくい対象者が必要だった．ここに登場したのが盲人である．

近代を通じて職業的自立の危機に苛まれてきた盲人達は，戦前から盲人のための法律制定を求める運動，愛盲事業や職業リハビリテーションの実践，全国組織の結成などに取り組んでいた．戦後になると，ヘレン・ケラーを招聘し，その受け入れ母胎として日本盲人会連合を設立した．そして，ヘレン・ケラー・キャンペーンを通じて盲人福祉法の実現を訴えた．政府およびGHQ は，盲人を傷痍者対策の中心に据え，同キャンペーンを演出し，身体障害者福祉法の実現へと歩みを進めた．そして1949（昭和24）年12月，身体障害者福祉法は成立・公布された．

同法は盲人達が目指していた盲人単独法ではなかった．しかし，盲人達が盲人福祉法として求めていた政策の多くが同法に盛り込まれた．これは同法の検討委員会に障害当事者として唯一盲人が含まれていた成果であった．

注

1 村上（1987：186）．
2 Ferdinand Micklautz．日本語表記は，資料によって「ミクラウツ」となっていたり，「ミックラウツ」となっていたりする．引用および巻末の資料リストについては原文通りとし，その他の文中では「ミクラウツ」を用いた．
3 本章第1節の2参照．
4 当時のデータは見当たらないが，平成22年版障害者白書によれば，18歳未満で障害となった人の割合が，肢体不自由者では17％であるのに対し視覚障害者では25％となっている．視覚障害者の約6割が65歳を超える高齢者である現状を考えれば，平均寿命が50歳そこそこだった当時には，この差はさらに開いていたことであろう．
5 丸山（2006：頁無）および社会福祉研究所編（1978：187-188）．
6 「いわゆる盲人福祉法について」『黎明』（120），（大阪ライトハウス　1949a：14）．
7 「巻頭言　理性への情熱」『黎明』（121），（大阪ライトハウス　1949b：3）．
8 「巻頭言　情熱の理性化」『黎明』（122），（大阪ライトハウス　1949c：3）．
9 「最後」の誤植であろう．
10 『厚生省50年史』（厚生省50年史編集委員会　1988：774）では20回となっており，10回とは岩橋が出席した小委員会のことであろう．
11 小西（2012：12）では日本盲人会連合50年史編集委員会（1998：51）（以下『50年史』と称す）の記述を採用し，「『第2回全国盲人福祉大会』が，1949（昭和24）年5月14，15日に京都府立盲学校で開かれ，ここでも『盲人福祉法』の制定が決議された．」とするなど本段落とは異なる見解を示している．これは50年史が，日本盲人会連合（1978：21）（以下『30年史』と称す）を修正したものと判断したためである．しかしその後，『黎明』にも30年史と同じ内容が掲載されているのを発見した．30年史は点字で書かれており，その墨字訳の完成が論文投稿直前であったため，『黎明』中の記事発見に至らなかったのである．『黎明』は当時の資料であるため，本書では30年史の記述を採用する．
12 「更生」の誤植であろう．
13 同上．
14 「第六回国会会議録　衆議院本会議　第21号」（1949/11/30）による．

資料

〈日本ライトハウス所蔵　一次資料〉

『ヘレン・ケラー関係文書』(1).
『ヘレン・ケラー関係文書』(2).
『ヘレン・ケラー関係文書』(3).
『ヘレン・ケラー関係文書』(4).
『ヘレン・ケラー関係文書』(5).
丸山一郎（2003）「メリーランド州米国公文書館から持ち帰った資料」.
─────（2006a）「ミクラウツ来日講演　丸山一郎企画」.
─────（2006b）「ミクラウツ講演の録音テープ」.
「盲人福祉法案国会へ（1948/8/31）」『朝日新聞』.
『特別文書』(1).
『特別文書』(2).
『特別文書』(3).
『特別文書』(4).
『特別文書』(5).
(1938)『ライト・ハウス年報　第3号　昭和十二年度』ライト・ハウス大阪盲人協会.

〈日本ライトハウス所蔵　点字資料〉

岩橋武夫（1949）「身体障害者福祉法の輪郭」『黎明』(123). 1-2.
日本盲人会連合（1978）『日本盲人会連合30年史（点字版）』(1) 日本盲人会連合.
大阪ライトハウス（1948a）『黎明』(111).
─────（1948b）『黎明』(112).
─────（1948c）『黎明』(116).
─────（1948d）『黎明』(119).
─────（1949a）『黎明』(120).
─────（1949b）『黎明』(121).
─────（1949c）『黎明』(122).

〈桜雲会所蔵　一次資料〉

(1950)「身体障害者福祉法施行令（案）」.
(1950)「中央身体障害者福祉審議会委員名簿」.

〈社会事業大学図書館所蔵〉

日本社会事業大学　「木村文庫整理済み文献リスト　2006年6月7日」.

文献

蟻塚昌克（2009）「身体障害者福祉法の制定　Helen Keller's Visit Japan」『証言　日本の社会福祉　1920-2008』ミネルヴァ書房, 43-60.

C.F. サムス・編訳者竹前栄治（2007）『GHQ サムス准将の改革　戦後日本の医療福祉政策の原点』桐書房.

Charlton James, I 著・岡部史信監訳・笹本征男・近藤真理・田中香織・岡部史信訳（2003）『明石ライブラリー（86）私たちぬきで私たちのことは何も決めるな──障害をもつ人に対する抑圧とエンパワメント』明石書店デザイン室.

笛木俊一（1981）「法における『障害者』概念の展開　社会保障法領域を中心とする試論的考察　上（国際障害者年の法的課題特集）」『ジュリスト』（740）, 41-54.

─── （1981）「法における『障害者』概念の展開──社会保障法領域を中心とする試論的考察　下」『ジュリスト』（744）, 143-8.

福山博編集（2006）「60 年前の記憶を手がかりに『身障法』や岩橋武夫を語る──フェルディナンド・ミクラウツ特別講演」『点字ジャーナル』（436）, 頁無.

編集衆議院・参議院（1990）『議会制度百年史　国会史　上巻』大蔵省印刷局.

今村　譲（1950）「身体障害者福祉法について」『刑政』61（10）厚生省社会局.

石川真澄（2004）『戦後政治史　新版』岩波書店.

岩橋武夫（1932）『愛盲（盲人科学 ABC）』日曜世界社.

岩永理恵（2011）『生活保護は最低生活をどう構想したか　保護基準と実施要領の歴史分析』ミネルヴァ書房.

葛西嘉資（1953）「福祉法制定の思い出」『リハビリテーション　増刊号』6-7.

勝野有美（2005）「近代日本における身体障害像の変遷　貧困と労災に関する政策・調査の対象規定を通して　小特集　日本における生活水準の変化と生活危機への対応（1880 年代～ 1980 年代）」『三田学会雑誌』97（4）, 597-638.

木村忠二郎（1939）『民営職業紹介事業，労務供給事業，労務者の募集関係法令解説』職業協会.

─── （1941）『民営職業紹介事業，労務供給事業，労務者の募集関係法令解説』職業協会.

─── （1951）『生活保護法の解説』時事通信社.

─── （1951）『社会福祉事業法の解説』時事通信社.

─── （1955）『社会福祉事業法の解説（改訂版）』時事通信社.

─── （1962）『社会福祉事業の知識』全国社会福祉協議会.

─── （1972）『社会福祉事業の知識』全国社会福祉協議会.

─────（1973）「地域組織化活動の展望」『地域活動論　保健と福祉のコミュニティ・ワーカー』37-52.
─────（1979）『社会福祉事業の知識』全国社会福祉協議会.
木下賢志（1985）「身体障害者福祉法　昭和24年法律第283号　制定前夜」『時の法令』（1242），54-6.
小西律子（2009）「盲人集団の職業的自立の危機とその克服への試み──岩橋武夫と大阪ライトハウス設立を中心に」『社会福祉学』50（1），57-67.
─────（2011）「職業リハビリテーションの黎明としての大阪ライトハウス早川分工場」『社会福祉学』51（4），5-17.
─────（2012）「身体障害者福祉法成立に盲人集団が果たした役割」『社会福祉学』52（4），3-16.
厚生省50年史編集委員会編（1988）『厚生省50年史』厚生問題研究会.
厚生省社会局（1951）「身体障害者福祉法令集（手書き）」発行所不明.
厚生省社会局更生課編（1951）『「身体障害者福祉法の一部を改正する法律」解説（「身体障害者福祉法解説」別冊）』中央社会福祉協議会.
厚生省社会局厚生課（1956）『身体障害者福祉法　厚生指導の手引　改訂版』身体障害者福祉協議会.
厚生統計協会編（1990）『厚生の指標』37（6）厚生統計協会.
熊沢由美（2004）「被占領期日本における傷痍者保護対策　身体障害者福祉法の制定をめぐって（1）」『東北学院大学論集　経済学』（156），51-86.
─────（2005）「身体障害者福祉法の制定過程　身体障害者福祉法の制定をめぐって（2）」『東北学院大学論集　経済学』（158），243-68.
黒木利克（1949）『アメリカ社会事業発見　アメリカ社会事業シリーズNO.2』全国社会事業協会.
─────（1949）『アメリカ社会事業通信』厚生時報社.
─────（1950）『ウエルフェア・フロム　USA』財団法人日本社会事業協会.
─────（1951）「社会福祉事業法について　後社会福祉事業行政の展開」『法律時報』23（8），66-70.
─────（1951）「社会福祉事業法成立の意義」『社会事業』34（4），6-12.
─────（1952）『社会福祉の指導と実務　とくに市町村における』時事通信社.
─────（1952）『社会福祉主事』中央法規出版株式会社.
─────（1952）「わが国社会事業の新しい出発に際して」『社会事業』35（2.・3），28-37.
─────（1952）「政治と社会事業」『社会事業』35（10），49.
─────（1953）『社会福祉の手帳』中央法規出版社.
─────（1954）「社会保障の癌は何か」『文芸春秋』32（7），140-3.
─────（1955）『社会事業と霊友会』国有婦人会.
─────（1955）「健康で文化的な生活を守るための社会福祉」『婦人公論』

　　　　　40（1），146-51.
―――（1955）「町村合併と社会福祉事業」『地方自治』(89)，107-18.
―――（1956）『社会福祉の指導と実務　とくに市町村における』時事通信社.
―――（1956）『社会福祉主事』中央法規出版社.
黒木利克・ほか（1956）「戦後の社会事業の出発（座談会）」『社会事業』
　　　　　39（3），46-66.
―――（1957）「年金問題について」『健康保険』11（3），2-7.
―――（1957）「英国労仂党の『国民退職年金計画』」『社会事業』40（7），
　　　　　70-80.
―――（1957）「老令年金・母子年金」『社会事業』40（6），3-11.
―――（1957）「日本の社会保障法体系」『法律時報』29（5），11-5.
―――（1958）『日本社会事業現代化論』全国社会福祉協議会.
―――（1959）『日本社会保障』弘文堂.
―――（1959）『社会福祉双書　2　新しい社会事業のあゆみ』全国社会福祉
　　　　　協議会.
―――（1959）「わが国における人口経済学的課題」『世界の労働』9（1），
　　　　　17-48.
―――（1959）「英国の年金制度　最近における政治的動向からの考察」『経
　　　　　営者』13（9），46-8.
―――（1962）『日本の社会保障』社会福祉新聞社.
―――（1964）「時勢の推移」『リハビリテーション』(59)，4-7.
―――（1965）「身体障害者福祉法の改正について」『リハビリテーション』
　　　　　(75)，9-17.
黒木利克追想録刊行会（1980）『黒木利克追想録（非売品）』黒木利克追想録刊行会.
升味準之輔（1988）『日本政治史 3　政党の凋落，総力戦体制』東京大学出版会.
―――（1988）『日本政治史 4　占領改革，自民党支配』東京大学出版会.
丸山一郎（1998）『障害者施策の発展　身体障害者福祉法の半世紀　リハビリテー
　　　　　ションから市町村障害者計画まで』中央法規出版.
―――（2006c）「障碍者対策ことはじめ　身体障害者福祉法はこうして誕生
　　　　　した　ミクラウツ氏と金田会長による回顧談」『ノーマライゼーション』
　　　　　26（10），49-51.
松本征二（1951）『身体障害者福祉法解説』中央社会福祉協議会.
―――（1954）『身体障害者福祉法の解説と運用』中央法規出版.
松本ツルエ・株式会社トーレン編集製作（1986）『暮れても見ゆる　松本征二遺
　　　　　稿集』株式会社トーレン.
宮崎音彦（1956）「身体障害者福祉の展望」『社会事業』39（4），27-9.
村上貴美子（1987）『占領期の福祉政策』勁草書房.
村上貴美子・竹前栄治（1990）「社会福祉政策の創生」『東京経大学会誌』(166)，

211-48.
内閣制度百年史編集委員会（1985）『内閣制度百年史　上巻』内閣官房.
────（1985）『内閣制度百年史　下巻』内閣官房.
日本盲人会連合 50 年史編集委員会（1998）『日本盲人会連合 50 年史』日本盲人会連合.
日本障害者リハビリテーション協会　情報センター（2009）「障害者の権利条約」（http://www.dinf.ne.jp/doc/japanese/rights/right.html　2009/10/1）.
榊原　清（1955）「身体障害者の職業補導」『教育心理』3（1），57-8.
佐野利三郎（1952）「傷痍軍人処遇の改善は」『社会事業』35（1），25-33.
────（1951）「身体障害者福祉法の一部改正について」『社会事業』34（8），5-11.
────（1951）「身体障害者福祉法施行一周年を顧みて」『社会事業』34（4），28-35.
────（1989）「身体障害者福祉法制定 40 周年特集」『月刊福祉』72（11），19-34.
社会福祉研究所編（1978）『占領期における社会福祉資料に関する研究報告書』社会福祉研究所.
社会福祉研究所木村忠二郎先生記念出版編集刊行委員会（1980）『木村忠二郎日記』社会福祉研究所.
菅沼　隆（2005）『被占領期社会福祉分析』ミネヴァ書房.
田中徹二（2006）「フェルディナンド・ミクラウツ氏の講演から考える　GHQ の施策と日本の障害者福祉」『月刊　視覚障害』（220），1-9.
寺島　彰（1999）「身体障害者福祉法における障害者施策の傾向についての考察」『国立身体障害者リハビリテーションセンター研究紀要』（20），15-23.
寺脇隆夫（2008a）「身体障害者福祉法（1949.12）の立案過程の検討（上）木村文書中の法立案過程の史資料を通して」『浦和論叢』（39），1-47.
────（2008b）「身体障害者福祉法（1949.12）立案過程の史資料（上）木村文書中の身体障害者福祉法制定関係基本資料」『浦和論叢』（39），145-69.
────（2009a）「身体障害者福祉法（1949.12）の立案過程の検討（中）木村文書中の法立案過程の史資料を通して」『浦和論叢』（40），29-70.
────（2009b）「身体障害者福祉法（1949.12）立案過程の史資料（中）木村文書中の身体障害者福祉法制定関係基本資料」『浦和論叢』（40），125-48.
────（2009c）「身体障害者福祉法（1949.12）の立案過程の検討（下）木村文書中の法立案過程の史資料を通して」『浦和論叢』（41），21-49.
────（2010）「身体障害者福祉法（1949.12）立案過程の史資料（下）木村文書中の身体障害者福祉法制定関係基本資料」『浦和論叢』（42），55-86.

地方自治総合研究所（1979）『法律の制定・改正にともなう地方財政負担調査のために』地方自治総合研究所.
宇山勝儀（1997）「法令における障害者福祉法制と現代法と比較して」『リハビリテーション研究』（93），32-8.
―――（1998）「障害者福祉法制の分類と体系　新しい時代の法統合にむけて」『リハビリテーション研究』（95），22-7.
―――（1998）「対象者別障害者福祉法の制定」『リハビリテーション研究』（94），22-31.
矢嶋里絵（1997）「身体障害者福祉法の制定過程　総則規定を中心に　その1」『人文学報』（281），41-71.
―――（1999）「身体障害者福祉法の制定過程　その2」『人文学報』（300），37-60.
山田　明（1978）「戦後障害者生活問題と障害者実態調査（1）」『障害問題研究会』（16），72-87.
―――（1979）「身体障害者運動の歴史と対策理念の発展」（掲載誌不明）200-43.
―――（1985）「近代障害者保護の展開（1）」『共栄社会福祉研究』（1），21-39.
―――（1986）「近代障害者保護の展開（4）」『共栄社会福祉研究』（2），24-40.
―――（1990）「身体障害者福祉対策の変遷　統計にみる障害者の実態と対策（身体障害者福祉法施行40周年特集）」『厚生の指標』（37）6，22-62.
―――（1999）「明治前期警察行政における障害者問題」『青葉学園短期大学紀要』（24），141-9.

〈国会会議録〉
国立国会図書館（2010）「帝国議会録」「国会会議録」．
（http://kokkai.ndl.go.jp/　2010/5/11-21）．
「第一回国会衆議院厚生委員会　15号　昭和22年09月18日」．
「第一回国会参議院厚生委員会社会事業振興会　2号　昭和22年09月27日」．
「第一回国会参議院厚生委員会　22号　昭和22年10月13日」．
「第一回国会参議院本会議　62号　昭和22年12月5日」．
「第一回国会衆議院厚生委員会　39号　昭和22年12月8日」．
「第二回国会衆議院厚生委員会　5号　昭和23年06月2日」．
「第二回国会衆議院厚生委員会　23号　昭和23年07月4日」．
「第二回国会衆議院本会議　79号　昭和23年07月5日」．
「第二回国会参議院厚生委員会　1号　昭和23年10月6日」．
「第三回国会衆議院厚生委員会　4号　昭和23年11月24日」．

「第三回衆議院厚生委員会　5号　昭和23年11月27日」.
「第三回参議院本会議　16号　昭和23年11月27日」.
「第三回国会参議院本会議　17号　昭和23年11月29日」.
「第三回国会会議録　衆議院本会議　25号　昭和23年11月30日」.
「第五回国会会議録　衆議院厚生委員会　2号　昭和24年3月30日」.
「第五回国会会議録　衆議院厚生委員会　4号　昭和24年4月2日」.
「第五回国会会議録　参議院厚生委員会　4号　昭和24年4月6日」.
「第五回国会会議録　参議院労働委員会　6号　昭和24年4月25日」.
「第五回国会会議録　参議院厚生委員会　21号　昭和24年5月10日」.
「第五回国会会議録　衆議院厚生委員会　18号　昭和24年5月12日」.
「第五回国会会議録　参議院厚生委員会　22号　昭和24年5月12日」.
「第五回国会会議録　衆議院本会議　28号　昭和24年5月13日」.
「第五回国会会議録　衆議院厚生委員会　19号　昭和24年5月14日」.
「第五回国会会議録　衆議院厚生委員会　28号　昭和24年8月20日」.
「第五回国会会議録　参議院厚生委員会　6号　昭和24年9月17日」.
「第六回国会会議録　衆議院厚生委員会　7号　昭和24年11月24日」.
「第六回国会会議録　衆議院厚生委員会　9号　昭和24年11月28日」.
「第六回国会会議録　衆議院厚生・運輸委員会連合審査会　1号　昭和24年11月29日」.
「第六回国会会議録　衆議院厚生委員会　8号　昭和24年11月25日」.
「第六回国会会議録　衆議院厚生委員会　9号　昭和24年11月28日」.
「第六回国会会議録　衆議院厚生・運輸委員会連合審査会　1号　昭和24年11月29日」.
「第六回国会会議録　衆議院厚生委員会　10号　昭和24年11月29日」.
「第六回国会会議録　衆議院本会議第　21号　昭和24年11月30日」.
「第六回国会会議録　参議院厚生・運輸委員会連合審査会　1号　昭和24年12月1日」.
「第六回国会会議録　衆議院本会議　24号　昭和24年12月3日」.
「第六回国会会議録　参議院厚生・運輸委員会連合審査会　2号　昭和24年12月3日」.
「第六回国会会議録　参議院地方行政委員会　14号　昭和24年12月3日」.
「第六回国会会議録　参議院地方行政委員会　14号　昭和24年12月3日」.
「第六回国会会議録　参議院厚生委員会　10号　昭和24年12月3日」.
「第六回国会会議録　参議院本会議　25号　昭和24年12月3日」.

第 5 章

日本盲人社会福祉施設連絡協議会の設立

　第 1 章では，岩橋武夫が欧米の「合理的保護」概念を日本にもたらすべく「愛盲事業」を構想し，大阪ライトハウスを設立した旨を述べた．また「盲人問題解決のためのグランド・デザイン」を樹立し，その後の章では同グランド・デザインに沿う形で職業リハビリテーションの試行，全国組織の結成，身体障害者福祉法の実現へとつなげていったことを示した．その間の岩橋の歩みは，社会の激動によろめき決してまっすぐなものではなかったが，彼の行動には確かなる一貫性と合理性が認められるのである．さらに第 4 章では，身体障害者福祉法の理念が「合理的保護」概念そのものであることを指摘した．こうして見てくると，「合理性の発露」というものが，岩橋の成功を支えてきたことに気付く．そして，本章における日本盲人社会福祉施設連絡協議会（以下「日盲社協」と略記）の設立も，岩橋の「合理性の発露」に他ならない．

　本章では，「合理性」を視点に，日盲社協が設立されるまでの岩橋と盲人達の行動を追ってみる．

第 1 節　米国調査

　身体障害者福祉法の成立を目前にして，これに深く関わってきた岩橋は次なる仕事に取り掛かろうとしていた．次なる仕事とは，生まれ落ちた同法を大切に育てていくことである．そのため，岩橋は再び米国に向かった．本節では，岩橋が米国で何を感じ何を得たかを見ていく．

1　渡米と受難の岩橋武夫

　1949（昭和24）年11月23日，岩橋が米国に向けて横浜港を出港したことは前章第2節の3でも若干触れた．これはヘレン・ケラーの働きかけによりアメリカ盲人協会（AFB）とフィラデルフィアのクエーカー教団から招聘されたもので，旅行の目的は，戦後の米国の盲人福祉事業や教育のあり方を視察・研究することであった．渡航の手続きは，PHWがそのほとんどを行った．また壮行会にはサムス大将，ネフ課長，ミクラウツも出席した．岩橋の今回の渡米は，先の2度目のヘレン・ケラー来日同様，GHQの全面的なバックアップを受けていたのである．

　岩橋は今回の渡米に対する強い思いを，次のように記している．すなわち，1949（昭和24）年を「中央的には日本ヘレン・ケラー協会と東西両財団の成立[1]並びに福祉法の通過という大ニュースを持ちながら，地方的にはケラー運動によって刺激されいくつかの愛盲機関の新設や各種運動の展開という朗報を見せて幕となった」と振り返りながら，1950（昭和25）年を盲人が「一人立ちして自分の知恵と力の限りを尽くし前進」していく年とした．そして今回の渡米では，「建物の大きさとか経費の問題とか法令の形式や末端を調べるのではなしに，盲人は果して幸福であり生活をどこまで自分の力で押し進めつつあるか，ないしは押し進め得るかに足る内容と素質を与えられているかについて調べ」，またこれを「盲人の側から見た盲人であり，裏から見た盲界であり，酸いも甘いも噛みしめ得る彼我の愛盲道を親しく胸を開いて分かちあいたい」とした．そして最後に「今回の旅が私と愛する日本盲界の将来を決定する重大なチャンス」（岩橋武　1950a：2-4）と位置づけた．

　これは『黎明』誌上で表明されたものであるためその表現は盲人向けとなっている．しかしここには，今回の渡米によって，日盲連を含む障害者団体や身体障害者福祉法をどのような方向へ成長させるべきかの示唆を得て，自らがそれらの発展を主導しようとする，岩橋の強い決意がにじみ出ている．なお，岩橋は帰国後中央身体障害者福祉審議会の委員に就任し，国の障害者政策に深く関与することになる．

　ところで，岩橋は渡米の直前，喘息をわずらい1月ほど入院していた．し

かも米国上陸前には妻から5本の注射をしてもらわなければならないような常態であった．これは前年の日盲連結成やヘレン・ケラー来日以来の過労によるものである．このあたりの事情を岩橋の長男英行が次のように述懐している．当時の岩橋の様子がよくわかるので長くなるが引用する．

> 思えばあのヘレン・ケラー運動後，1949年，福祉法作成のために大阪・東京間を幾回行きつ戻りつしたことか．「体を壊すから2等車で」と言っても「その金は盲人諸君のために」と言って聞かない頑固さには，この私もほとほと弱ったものである．息の苦しいうちに大阪駅の階段を抱えてのぼらせたあのときは，全く子供の我が儘以上に手の焼けると思った．（中略）8月のあの熱い日に，息切れの中にまた広島へ……．そうして宿屋でも一晩眠れず机にもたれたままの姿を今に思うとき，私は思うままにさせてこの仕事に倒れたらさぞ彼も本意であろうと，しばし一時眺めたものである．その後9月より病床にどっと臥したのであるが，11月の声聞く頃せわしい息の中に渡米して，1950年の4月，トーキング・ブック始めいろいろの彼の地における盲人参考資料を持って懐かしき故国に帰ってはきたが，彼を待ちうけたものはまた悲しい神の軛であった．突然の娘の死によって，彼の30年の暗黒の世界にまたひとつの断ち切れない暗黒はまるで地獄の使者のごとき冷たき手を持って病床に訪れた．（岩橋英　1951a：2）

このように，1950（昭和25）年は岩橋にとって受難の年であった．この引用の最後の部分は，岩橋の長女恵品（エディナ）が1950（昭和25）年6月19日[2]，岩橋が経営する燈影女学院の元教師に殺害されたことを語ったものである．恵品は岩橋が英国エジンバラ大学留学中に生まれた岩橋の第2子であり，当時は燈影女学院の教務主任をしていた．犯行の動機等の詳細は不明であるが，同女学院の経営に対する逆恨みとの話もある．岩橋はこれ以降病床に伏すことが多くなり，活動は以前に比して不活発となる．しかし，体は休んでいても，頭のほうは働いていた．後述する日盲社協やアジア盲人福祉会議の着想は，この年から翌年にかけての病床中に得たものである．

2　米国調査結果

　話を米国調査に戻す．帰国後に訪れた不幸と喘息の悪化のためか，数多くの著作を残した岩橋にしては今回の米国調査に関する報告は意外に少ない．『黎明』中にわずかな記述があるのみである．その中から，今回の調査内容の大筋を追ってみる．調査の期間は1949（昭和24）年12月中旬から翌1950（昭和25）年3月下旬までの約3カ月半で，ニューヨーク州社会局盲人課，アメリカ盲人協会，ニューヨーク・ライトハウス，ジューイッシュ・ギルド，ヨンカー[3]にある盲人ホーム，ブルックリンの盲人授産工場等，ニューヨークを中心としてワシントン，フィラデルフィヤ，ボストン等にある官民の事業所，盲学校を訪問調査した．

　まず法令についてであるが，岩橋は盲人に関係の深い連邦法として，バーデン・ラフォーレット・アクト（Barden-LaFollette Act）[4]，ランドロフ・セパード・アクト（Randolph-Sheppard Act），ワグナー・オーディー・アクト（Wagner-O'Day Act）の3つを取り上げている．これらは，盲人の職業とその補導・斡旋を目的とする盲人の更生事業の柱となる法律である．このうちバーデン・ラフォーレット・アクトは，盲人に対する職業訓練と就職の斡旋に関する国家社会の義務と責任を明らかにしている．これによって盲人はそれぞれの適性や能力に応じて職業を自由に選択し，その職業訓練とその後の就職の斡旋が受けられるようになっている．これにより米国の盲人は270種類を超える分野に職を得，戦後5,000人を超える盲人が晴眼者に混じって工場等で働いている．次のランドロフ・セパード・アクトは，盲人が連邦政府並びに州政府の公共建物内において売店の営業を可能にするものである．同法に基づきニューヨーク州では公共建物内に約200カ所，民間の建物内でやはり約200カ所の売店が開かれている．最後のワグナー・オーディー・アクトは，各種の盲人製作品を優先的に買い上げねばならない義務を連邦政府および州政府に課すものである．盲人を使用する工場や授産場に対しては，アメリカ盲人協会の中にある全国産業連が窓口となって品物を注文しこれを買い上げている．扱う製品としては，公共団体に必要な箒，モップ，陸海軍や公立病院で使用する枕，シーツその他に対するミシン掛けの大量注文など

である．同法に基づく取引きの総額は，年間900万ドルにものぼるという．

次に各州の社会局盲人課で行われている事業として，盲人の家内手工業のための材料の提供と製作品の販売市を取り上げている．これは家庭内で授産する盲人に材料を供給するとともに，彼らが手がけた「編物，織物，バスケット細工，皮製品，ミシン掛け仕事，金属製品，靴拭い，マット類」を持ち寄り，春・夏・秋およびクリスマスシーズンに州主催で市を開き，収益の全部を盲人に配分するというものである．売り上げはニューヨーク州だけでも前年の実績で91,880ドルにのぼったという．なお米国においては民間の事業者の自主的な活動が優先され，州政府や連邦政府は背後から民間の事業者を育成・強化するような方法がとられている．例えばニューヨーク州の場合，ライトハウスが市内の盲人に対し家庭訪問教師の派遣を行っているため，州政府はこれに干渉したりこれを妨害したりすることを避けてニューヨーク市以外の地方に訪問教師を派遣している．また他の民間団体がワークショップや授産場を経営しているため，州政府はこの分野に決して手出しをしようとはしないとのことである．

岩橋は，米国の盲人施策についての印象を「米国愛盲事業は軌道に乗っている．そしてそれは宣伝と啓蒙と激しい戦いの歴史を通じて今や愛盲リアリズムの時代を作り上げた」（岩橋武　1950b：1）と評した．これは，法令の体系の中から，また民間の事業者と州政府，連邦政府との関係の合理性の中から，そして売店や工場で晴眼者に混じって働く盲人の明るい笑顔の中から感じ取ったものである．また，盲人に対してことさらに奮起を促すのではなく，それぞれの盲人の個性に配慮できることとできないことを峻別して，晴眼者が適切に支援することで，全体の7割が盲人であれば，それは盲人の仕事として認めるといった現実的な配慮がなされていることにもよる．また，有能な盲人が学者，法律家，音楽家，社会事業家など各方面に活躍し，一般盲人も職業を通じて「社会と一つになりそれと解け合って，有用な仕事の一面をよき市民としよき国民として分担」（岩橋武　1950b：4）しようとしているのを見てのことでもある．岩橋はニューヨーク州の盲人世話係の事務所や盲人が営む売店，盲人が晴眼者に混じって働く工場での様子などをつぶさに観察し，このような結論に至ったのである．そして，こうした米国の

盲人事情に鑑み,「今や身体障害者福祉法はいよいよ効力を発しようとして新しい我々の時代が来つつあるのである．私はこの法令を背景として官民諸共に米国のそれのごとく，日本愛盲リアリズムの明日を実現しなければならないと思う．」(岩橋武　1950c：3) と結んでいる．

　前述した通り，岩橋の今回の調査は詳細な報告がなく事業にどの程度の予算が費やされているかも不明なため，事業の規模やその効果は把握しがたい．しかし，内容を見るに，盲人のためとはいえ民間の自由競争に制限を加えたり民間に負担を負わせるようなものではなく，政府や地方の公共団体など公的部門が実施可能な範囲で盲人施策を展開している．しかも，やっていることは職業訓練としくみや場を用意することである．恐らくはその仕組みや場の中に費用を捻出する機能が組み込まれているのであろう．そして，米国国民のノブレス・オブリージュの精神やキリスト教的な精神をうまく活用して，晴眼者の協力を得ながら事業を動かしているのであろうと想像する．岩橋は，類似の方法を取れば，国力の十分でない我が国でも，身体障害者福祉法を背景とする新たな盲人施策が展開できると考えたのであろう．我が国にもノブレス・オブリージュの精神が期待できないわけではないし，キリスト教的な背景はなくとも，国民の統合性とそれを基礎に置く人と人とのつながりの深さは米国に劣るものではないからである．

　なお今回の渡米の成果として，ヘレン・ケラーの理解もあり，アメリカ盲人協会が海外盲人部(オーバー・シー・ブラインド)の活動を日本に展開し始めた．その一環として，「英語点字本約2千冊の提供」「トーキング・ブック(もの言う本)のレコード3千枚と機械3台の提供」「盲人の生活に必要なる各種新案機械器具等の提供」(岩橋武　1950c：3) が申し出られた．なおこれらの輸送にあたっては，マッカーサーが特別の便宜を与えてくれた．また，パーキンス，オーバーブルック，カリフォルニアの盲学校を訪問した際，各学校より，日本からの教師や盲留学生に対するスカラシップの提供を受けた．さらに岩橋は，盲女の新職場開拓のひとつとして電話交換手を有望視しこれを仔細に調査するとともに，彼女達に織物や編物の材料として多量の古毛糸を輸入する道を準備してきたという．

　さて，本章の冒頭で示した「合理性」は，今回の調査のどこに見いだせる

のであろうか．これはここまで様々述べてきた中に随所に見られるため，それほど説明は要しないであろう．合理性を重んずる米国だけに，盲人施策の全体が合理的精神で貫かれている．特に，費用をかけるよりもむしろその仕組みに重点が置かれていることや，盲人が7割含まれていれば盲人が行った仕事と見なすこと，そして民間の自主的な事業と州政府や連邦政府が行う事業が適切に分離され協調がなされていることなどである．また，有能な盲人はその有能さが正当に評価され，盲人であるというだけでさげすまれることはない．それゆえ，米国の有能な盲人は，活躍の場が広い．ヘレン・ケラーの事例を見てもこのことは頷けるであろうが，これも米国の合理性ゆえのものであろう．

ところで，ここまでの説明に出てこなかったアメリカ盲人連盟，アメリカ盲人事業家協会，アメリカ盲人授産協会という3組織がある．このうちアメリカ盲人連盟は日盲社協設立後の日盲連に相当し，アメリカ盲人事業家協会が日盲社協と同じ性格の組織であることを岩橋は後に述べているのであるが，残念ながら岩橋の今回の調査に関する資料中にはこれらの組織の詳細を見つけることができなかった．しかし後述するように，今回のアメリカ調査は日盲社協誕生の遠因となっているのである．

第2節　按摩単独法と療術の問題

身体障害者福祉法が国会に提出されようとしていた1949(昭和24)年9月，再び按摩に関わる問題が盲人達の世論を沸騰させた．これは，日盲連を組織した新生盲人の見識が問われる問題であった．本節では，盲人の間にわき起こった「あん単法」の問題に盲人達がどのように対処したかについて見ていく．

1　PHWからの問い合わせ

1949 (昭和24) 年9月2日，PHWは「盲学校に於けるはり，きゅう教育の可否，その教師の資格等についての照会」(島田　2000：57)を厚生省に対し行った．同省はこれを「あん摩，はり，きゆう，柔道整復営業審議会」

に諮問．同審議会は9月5日，次のような答申を行った．

　次の理由によりこれを必要と認める．1. あん摩・鍼・灸を業とする者は古来盲人が極めて多くこれらは盲人の適職と考えられるので，これを禁止することは社会的政治的に大きな問題を生ずる．2. 従来の経験に徴するに，盲人があん摩・鍼・灸を業として行ったために弊害を生じた事例を見ないばかりでなく，新法により資格も非常に引き上げられ，保健衛生的指導も厳格に行われている．（真野　2002：頁無）

　PHWはこの時期何故，1947（昭和22）年の鍼灸存廃問題の時とよく似た内容を持ち出したのであろうか．これに対し筆者は以下の通り解釈している．我が国の身体障害者福祉法を1年近く検討してきたPHWは，この時期同法に最終の承認を与えようとしていた．同法では障害のある人の更生援護のための施策として，公共施設における売店の設置，たばこ販売の営業，製作品の買い取りに対し，優先的取り扱いを規定しようとしていた．厚生省はこうした措置を延長し，先の鍼灸存廃問題の後に制定されたあん摩，はり，きゆう，柔道整復等営業法（以下「あん営法」と略記）から按摩だけを取り出して単独法とし，盲人の按摩業に対し何らかの優先的取り扱いをするよう検討していたようである．これは盲人が明治以来抱えてきた，職業的自立の問題を解決しようとする措置であることは言うまでもない．これに対しPHWとしてどのような態度を示すべきか．前回の問題では衛生面での配慮等を条件に盲人の鍼灸を認めたが，これは消極的態度であった．しかし，盲人を優先扱いするには，以前のような消極的態度では済まされない．そのため，盲人に鍼灸を積極的に認めるには，何らかのお墨付きが必要だったのであろう．しかし前回と同じ問題を蒸し返すわけにはいかない．そのため，前回は盲人自身の資質を問うたのに対し，今回は形を変えて盲教育界が盲人に対し完全な教育を施すことができるかどうかを問う事にしたのではないだろうか．こう考えれば，PHWの問いに少しずれた感のある，先の答申にも納得がゆく．

2　按摩単独法に反対する盲人達

　一方，PHW の厚生省への紹介を機に，全日本鍼灸按マッサージ師会連盟（以下，「全鍼連」と略記）の一部の勢力が議員を動かし，按摩単独の法律化（以下「あん単法」と略記）を目指して動き出した．先の PHW の真意はともかく，このあん単法に対し，盲人達の中から反対運動が起こった．盲人の優先的取り扱いは結構なことであるが，盲人に配慮するあまりにそれが「按摩業者の粗製濫造」につながり，結果として技術の低下ひいては業界への信頼や評価の低下につながりかねず，さらに按摩を盲人に優先させる代償としてゆくゆくは鍼灸から盲人が排斥されることになるというのが反対の理由であった．これは戦前の按摩専業運動とはまったく逆の主張であり，何という変化であろうか．

　岩橋も 1949（昭和 24）年 12 月の『黎明』(131) で以下のように述べ，あん単法に反対の姿勢を示している．「この法令（筆者注，身体障害者福祉法のこと）は衛生医務の立場における取締法ではなしに，どこまでも福祉法であることに注意しなければならぬ．ここに盲人の職業が鍼按にだけ限定されたら，他の職業の可能を自分で不可能にする愚かさとなる．それよりは，盲人にしてもし働く意欲がある限り国家社会はこれに「適当な職業」を，また「そうした訓練の場所」を設置し，もって彼等をして社会における厄介者扱い（一般の税金による救済の対象）ではなしに，一般人と伍して社会の福祉や文化の増進に貢献しようとする有能な人（彼等をして却って逆に税金を払わしめる人）たらしめるところに，この法令の人道主義的な，盲人をして人間としての価値を平等自由ならしめたところに明るく強い立場が成立することを深く認識しなければならない．この意味において鍼按を謳わないところにこそ鍼按を含めたあらゆる可能な盲人職業の将来がこの法令によって開拓されることを意味しているのである．」(岩橋武　1949：1-2)

　こうした盲人達や岩橋のあん単法への反対の背景には，もう一つ療術の問題が存在する．すなわち，あん営法で禁止となった医療類似行為に携わる業者が，自分たちの職業を「療術」と称しその禁止を解くよう求めてこの前後盛んに政治運動を繰り広げたのである．さらに 1951（昭和 26）年 1 月の点

字毎日紙上には「ミストルコ誕生．東京銀座に総工費2千万円で建築中の東京温泉株式会社はサービスガール——ミストルコを募集．トルコ風呂の客にマッサージする女性で，促成教授中．按摩との関連で問題を投げかける．3月開館．」（真野　2002：頁無）との記事が踊った．あん単法で按摩の質が低下し，これら治療効果が証明されていない療術や単なる慰安とも何ともつかないような業者と按摩が区別できないような状態となれば，按摩に盲人の優先権が認められても，ゆくゆくはこれら晴眼の類似業者に職を奪われることになる．盲人達はそのことに気付いたのであろう．さらに按摩が盲人の適職であったとしても，按摩が向かない盲人もいる．逆に他の分野に，より適性を持つ盲人もいるはずである．あん単法はこうした按摩以外の道を目指す盲人の可能性を奪う結果ともなりかねない．そうした諸々のことを考え合わせれば，身体障害者福祉法成立以前ならいざしらず，同法が成立した後にあっては一つの職業に固執するよりも，普遍性のある職業政策を同法に求め，将来の可能性を模索した方が盲人にとって得策であるとの合理的判断に至ったのではないだろうか．

　先の『黎明』（131）の記事でも明らかなように，少なくとも岩橋は上記のような合理的判断のもと，あん単法に反対した．そして，鍼灸存廃問題の時と同様に，ゲマインシャフトとゲゼルシャフトを持ち出し，「盲界は人間の名における，盲人の職業教育文化の一切を含めた高度な連帯社会である．したがってこれはゲゼルシャフトとはならない．どこまでもゲマインシャフトとしての共同社会である．愛と平和を基礎にした新しき人間の結合体たるこの共同社会が，この一年において明るく強く自覚されるとともに，それが来たるべき盲界の未来を指導し指南する最高イデオロギーでなければならないと思う．」（岩橋武　1949：4）と結成後ほどない日盲連の性格を再確認している．しかし我が国の盲人が永年にわたって三療を生命線としてきたものであるだけに，一足飛びに変化を求めることはできない．そこで「業界と盲界を二本立てとして認めながら，盲界がより積極的に業界をリードし自らその主体性を勝ち取ることにおいて両者の結合を考える」（岩橋武　1951a：3）のが得策であるとの考えを示した．すなわち岩橋は，業界としての全鍼連や次節で詳述する日盲社協の上に日盲連を置き，盲人のすべてを代表する団体

に日盲連を成長させようとしたのである．

　なお，あん単法案は1950（昭和25）年4月26日，第7回国会に提出された．このときの法案は単純にあん営法から按摩だけを切り出したものであり，盲人に対する特権的取扱いは含まれていなかった．同法案はその後会期切れで廃案となっている．これに対し，1951（昭和26）年11月の『黎明』(154)の記事には，「身体障害者福祉法を根拠として考えられた今度の按摩専業案は単なる盲人の救済法ではない．せめてこの1点においてでも盲人に身分の保障と社会的経済において利点を与えようとする合理的な要素を多く持っている．この9月私が新帰朝の厚生省社会局松本課長[5]と懇談した際にもこの問題がクローズアップして私の意見を求められたのであった．私はこれを簡単に，過去における按摩専業案のごとく片付けることは極めて妥当を欠くと思う．さらばと言って，これを鵜呑みに受け取ることはもちろんできない．もし仮定として，こうした法令が議会に現れ政府を通して実施されるとなったら盲人はどうだろう．与えられる特権をただ遮二無二否定することはできない．これを簡単にイエスと受け取れないと同様に，これを無吟味にノーと断れないところに，盲界を中心としての業界に新しい展望がある．」（岩橋武1951c：3）との記述がある．このように，先にも触れた身体障害者福祉法の理念に基づく新たなあん単法案が政府内で検討されており，岩橋はこれに上記のような複雑な心境を吐露している．岩橋は中央身体障害者福祉審議会の委員となっていることは先にも触れたが，同委員としての岩橋の言葉ににじみ出るあん単法の微妙な存在が理解されたのか，厚生省が検討していた同法案はその後国会に提出されることはなかった．

第3節　日本盲人社会福祉施設連絡協議会の設立過程

　GHQによる占領下，旧生活保護法，児童福祉法，身体障害者福祉法と，戦後の社会福祉を基礎づける法律を矢継ぎ早に制定していった我が国では，1950（昭和25）年に入ると，これら法律やその周辺を調整していく段階に入った．そして，1950（昭和25）年5月4日，新生活保護法が，1951（昭和26）年3月29日，社会福祉事業法が制定された．こうした中，設立から

数年を経た日盲連も，福祉サービスの受益者と提供者という視点で調整すべき段階に入った．本節では，日盲社協を日盲連から分離して設立していく過程を見ていく．

1　大阪ライトハウスと大阪盲人協会の分離

　日盲社協の正式な発足は1953（昭和28）年のことであるが，1951（昭和26）年には既にその兆しとなる現象が現れていた．同年3月29日，社会福祉事業法が公布され，同年6月1日施行された．同法の成立により，民間の社会事業者が，各種の福祉事業を自治体から受託する道が大きく広がった．これは従来寄付金を主な収入源としていた彼らにとって，この上ない朗報であった．大阪ライトハウスでも同法に基づく社会福祉法人格を取得すべく行動を始めた．しかしそこには一つの問題があった．

　岩橋が1933（昭和8）年に大阪盲人協会の会長に就いたことは第1章で触れたが，1935（昭和10）年の大阪ライトハウス設立当時から，盲人の団体である大阪盲人協会と社会事業者であるライトハウスは渾然一体となって運営されていた．これは大阪盲人協会の会員も岩橋もともにメリットがあったためであり，自然にそうなっていたのであろう．すなわち，会員はライトハウス事業から無料ないし低廉な料金でサービスを受けられる．このためライトハウスの発展は会員の利益につながる．当時まだ無名だった岩橋にとっては団体の会長職という立場を活用でき，それによってライトハウスの事業拡大やその先の計画を有利に運ぶことができる．これは，大阪ライトハウスの名称を「大阪盲人協会ライトハウス」と言ったり，「ライトハウス大阪盲人協会」と言ったり，あるいは単に「ライトハウス」と言ったりするなど，時と場合によって使い分けていることからもよくわかる．しかし，社会福祉法人の認可申請をする場合，これではまずい．会計の混同を避けるために，福祉サービスの提供者と受益者の間には明確に線を引く必要が出てきたのである．

　1951（昭和26）年12月20日に開かれた大阪盲人協会理事会において，岩橋は次のように説明してライトハウスの分離について会員に承認を求めた．「たとえ形の上で分離されても，これは時の要望であり，より発展する

方式であって，根本精神はかわらない．これからは，それぞれの立場において，より一層，緊密に協調し，合理的な運営を進める方針である.」（中島1962：84-5）．これに多少不安や疑念を抱く役員もあったが，岩橋を信頼して理事会はこの提案を承認した．資料に明確な記述はないが，筆者はこの分離問題が，日盲連から日盲社協を分離させるきっかけの一つとなったと見ている．なお，岩橋はこの分離の直後，大阪盲人協会の会長職を退いている．

大阪ライトハウスの社会福祉法人化に当たっては大阪盲人協会との分離問題のほかに，収益部門であるライトハウス金属工場の存在が問題となった．これは同法の第2種社会福祉法人格を受けることで形式的には片付くのであるが，税金等の問題もありそこにはかなりつっこんだやりとりがあったようである．しかしその詳細は不明である．1952（昭和27）年4月から5月にかけ厚生省と岩橋との間でこれらの法的折衝が持たれた．まだ同法の制定間もない時期であり，大阪ライトハウスの例は追随する事業者のモデルケースとなるだけに，岩橋にとってもゆるがせにできない交渉であった．これらの問題が片付き，大阪ライトハウスは同年5月10日をもって社会福祉法人ライトハウスとなった．

2　日本盲人社会福祉施設連絡協議会の準備

さて，日盲社協のことである．1952（昭和27）年5月10日から12日まで，滋賀県彦根市で第5回の日盲連総会および全国大会が開かれた．その席上，盲人社会福祉事業者の相互間における連絡統一を図る必要性が議論された．これを受け，岩橋はこれら事業者が一堂に会し「忌憚なく意見の交換を願うとともに将来の発展のために研究と激励を送り合う機会を持つべく準備した」（岩橋武　1952a：5）．そしてその会合は同年10月23,24日，東京の日本赤十字本社で，19の出席団体[7]を得て「盲人社会福祉施設連絡協議会」として開催された．

会議の結果，次の決議が採択された．
　決議（1）我等は盲人社会福祉施設の重要性に鑑み，いよいよその連絡を密にし，研究協議を重ね，もって使命達成と事業の進展を規す．（2）

我等は視覚障害者の更生援護を目的とする収容ならびに職業補導施設の目的遂行にあたって，次の諸点の実現を規す．（イ）身体障害者更生援護施設に対しその筋より事務費の給付を受け得るよう運動すること．（ロ）身体障害者にして施設入所中の要援護者に対しては，その生活費を身体障害者福祉法独自の手続きにより支給されるよう運動すること．（ハ）授産所における個人の収益金は，生活保護費給付額のうちより差し引かざるよう運動すること．（ニ）購買審議会の活動を強く要望するとともに，購買品の範囲を拡充して障害者の製作品には品種を問わず取り上げられるよう対策を講ずること．（ホ）障害者の製作品展示会に要する諸経費は，国または公共団体においてこれを支給されるよう運動すること．(3) 我等は点字図書間の充実と進展を規するため，次の事項の実現を規す．（イ）点字写本書の交換．（ロ）機関誌または図書目録の交換．（ハ）点字の磨滅を防ぐため点字書郵送方法の改善，図書袋の改良ならびに用紙の硬化研究等．（ニ）点訳に要する労力を省くために必要なる複数点訳方法の研究．（ホ）出版所に対し図書館用点字書籍の資質の改善ならびに製本技術に関する特別なる注意の喚起．（ヘ）点字出版図書の重複を避けるため，出版所に対し発行予定のものをできうる限り速やかなる方法において予告されたき旨の要請．（ト）関係当局に対する点字図書の無料郵送かた実現の要請．(4) 点字出版事業の使命に鑑み次の諸点の実現を規す．（イ）各点字出版所は新刊発行に際してあらかじめこれを日本盲人社会福祉施設連絡協議会事務局に報告すること．報告を受けたる事務局はこれを他の点字出版所ならびに各点字図書館に通達連絡すること．（ロ）事務局は各点字出版所より発行せられたる単行本の総目録を墨字ならびに点字にて作成し，これを関係各方面に頒布すること．（ハ）点字書き方に関する統一を盲学校側のみならず点字出版所側においてもこれが研究を成し，学校側との密接なる連絡のもとに統一を図ること．（ニ）身体障害者福祉法における「点字出版所」の規定を活かす意味において，経営難にあえぐ既設の各点字出版所に対し経済的援助を成しうるよう関係当局に要望すること．日本盲人社会福祉施設連絡協議会（岩橋武　1952b：4-5）

また会議の席上,「かかる有意義な会合が1回だけをもってそのまま立ち消えてはならないという強い全員の要求に基づきこれを恒久化するのみならず最後には日盲連と相平行した姉妹団体として独自の立場を許され成長発展すべきものであるという意見が圧倒的であった．がさしずめそれまでの暫定的処置として日盲連と不可分の関係におきながら福祉団体としての性格を自由に発揮せしめうるよう運営の妙を期すべく当分の間事務局を赤十字本社内におき運営委員8名をあげて事業目的遂行に万全を期することになった．」(岩橋武　1952b:3)．そして会の名称を「日本盲人社会福祉施設連絡協議会」とするとともに，委員長には岩橋が就任した．

　さて，ここで少し過去を確認しておきたい．第3章で見てきたように，岩橋は1939（昭和14）年，関西盲人事業連盟を結成した．また翌年には関東盲人事業連盟が結成されこれら二つの団体を統合し全国盲人事業連盟となった．これらの団体は「事業連盟」とはいうものの盲人社会事業者の他に盲人会，盲学校同窓会も含まれていた．岩橋はその後，全国盲人協会連盟，全国盲学校同窓会連盟と協力し，橿原大会を成功させるとともに，全日本愛盲連盟準備会を経て1942（昭和17）年，盲人の全国組織である大日本盲人会を実現させた．さらに戦後再び盲人の全国組織化に取り組み，1948（昭和23）年に日盲連を結成したこと，さらにこの日盲連には盲人社会福祉事業者も参加していたことはこれまで見てきた通りである．ここまで岩橋が目指したものは，一貫して盲人の全国組織を作ることであった．しかもそれは，業界，事業者，盲学校などの分野別ではなく，それらすべてを包含する1本立ての全国組織であった．しかし，ここに来てなぜ再び日盲連から盲人社会福祉事業者を分離しようとするのであろうか．岩橋はこれについて次のように説明している．正確を期すため，長くなるが引用する．

　　英米のごとき先進国にあっては，すでに盲界の歴史は幾つかのペイジを[8]繰り広げて，1世紀ないし半世紀の期間をおきながら我々の前を先行しつつあるのである．「盲人による盲人のための盲人の文化」と私が口癖にしていたところの三段構えは歴史の進展とともに分化（ディファレンシエイト）して，3つの平行線となりつつあることはまさに歴史必然である．いっさいは盲人によって始められ盲人によって終る問題ではあ

るが，この問題の解決が一歩一歩緒につき円熟してくると盲人それ自身は受け身となって，一般社会や国家が能動的な与える立場となってくるのである．私の第1回渡米と先頃の第2回渡米との間にはわずか14年の歳月しか流れていないのであるが，その間第2次世界戦争を含むことによって盲人問題の解決は傷痍軍人の徹底した対策処置に促されて飛躍的な発展を遂げ，米国盲界の全体としてのあり方が (1) アメリカ盲人連盟 (2) アメリカ盲人事業家協会 (3) アメリカ盲人授産協会 の三つに分化してきたのである．これはまさに進歩の象徴と言わねばならない．第一は盲人の組織団体であり受益団体であるところの統一で，我が国における日盲連の立場ということができる．第二は今回東京において初の誕生を見た社会福祉施設連絡協議会の線であって，愛盲事業ならびに福祉施設の総合統一である．第三は各種の盲人授産事業に対する材料の供給と多種多様にわたる盲人製作品の販売操作を扱う総合統一機関である（岩橋武　1952b：1-2）．

　ごく簡単に言えば，身体障害者福祉法が実現するまでは盲人達が一丸となってその実現に向け一致した行動を取らなければならない．しかし同法が実現してしまえば，福祉サービスの受益者である盲人そのものの団体と，サービスの提供者である盲人社会福祉事業者の団体が分かれるのは合理的かつ必然であるということであろう．受益者は安価かつ質・量ともに充実したサービスを求め，提供者は経営の安定を求めるものであり，そこには対立する側面もあるからである．ただし，盲人そのものの団体と盲人社会福祉事業者の団体は目標を共通にする部分も多いわけである．すなわち，社会福祉事業の充実は盲人にも事業者にも利益となるが，そのためには盲人自身が大きな声を上げなければならないのである．その場合には盲人自身の団体が一歩高い立場で盲人全体の意思を代表しなければならない．これを事業者が代わって行っても，そのようなものが政策として認められるはずはないのである．一つ前の引用中「さしずめそれまでの暫定的処置として日盲連と不可分の関係におきながら福祉団体としての性格を自由に発揮せしめうるよう運営の妙を期すべく」云々との記述は，日盲社協参加団体の当面の課題を解決しつつ，並行して日盲連と日盲社協の関係を上記のような日盲連上位の立場に

持ち上げるための時間を置きたいとの岩橋の考えの表れであると考えられる．

3　日本盲人社会福祉施設連絡協議会の設立

　さて，先の会議は日盲社協の準備会の性格のものであった．翌1953（昭和28）年9月29日，日盲社協は正式な発会式を迎えた．会場は前年と同じ日赤本社である．参加団体は32[9]であった．

　岩橋は発会式を前に同協議会の性格を次のように表現して見せた．「日盲連はどこまでも組織団体として盲人運動の中心機関であり後者（筆者注，日盲社協のこと）は各種社会福祉施設としての連絡協議会である．この2者は車の両輪のごとく相互に助け合いつつ発展し盲界全体の幸福のために役立たねばならないとゆう使命を持っている．」（岩橋武　1953：1）．そして次のように同協議会の活躍にエールを送っている．「この会の成立によって点字図書館事業や点字出版事業は全国的に強力化されるとともに相互の勢力争いや時として起こる同じ図書の二重出版あるいは図書の盲学校売り込みに伴うあらずもがなの摩擦や勢力争いもなくなって平和にして協調的な盲界事業体の横顔を見ることができるようになるであろう．」（岩橋武　1953：2）．これは小さなパイを奪い合って争うよりも，各事業者が協力・協調していくほうが業界全体の発展にとって有利であるとともに，あくまでも当事者主体の事業経営に徹すべきとの，岩橋の業界に対する戒めでもあろう．

　あらためて同協議会の規約を見てみると，「第四条　本会は日本盲人会連合会[10]と緊密なる関係を保ちつゝ各施設間の連絡，融和を図り，盲人文化の向上と盲人福祉の達成に貢献するを以て目的とする」（日本盲人社会福祉施設協議会規約　不：頁無）となっており，上記「車の両輪」の理念が規約として明示されている．なお，日本ライトハウスに残されている同協議会の規約では，名称を「日本盲人社会福祉施設協議会」としており，初期の名称から「連絡」が取れている．この名称変更がいつであったのかを示す資料は見つかっていないが，同規約には委員長として岩橋の名前が残っており，岩橋が亡くなるのが1954（昭和29）年のことであることから，早い段階で現在の名称である「日本盲人社会福祉施設協議会」となったようである．

＊＊＊

　本章では，身体障害者福祉法を手にした盲人達が日本盲人社会福祉施設連絡協議会を日盲連から分離して設立するまでの過程を見てきた．

　1949（昭和24）年11月，岩橋は米国調査に旅立った．岩橋はそこで盲人の更生施策の中に米国流の合理性を背景とする現実解を見た．岩橋はこれを「愛盲リアリズム」と呼び，身体障害者福祉法の適正な運用や日盲連の発展に活かそうとした．また同じ時期に発生した按摩単独法等の問題に対しても，盲人達は按摩単独法反対という合理的判断を示した．これは戦前に按摩専業運動を永年にわたって続けてきた同じ集団とは思えない変化であった．

　さらに，社会福祉事業法公布に呼応し，米国の例も参考にして，盲人の運動体である日盲連から，事業者を分離し，事業体としての日盲社協を設立した．こうして，盲人達は組織として合理的判断ができるまでに成長し，組織体制も合理的に整備されたのである．

注

1　ヘレン・ケラーの2度目の来日の結果，諸経費を差し引いて約3,400万円の募金が集まったことは第3章第2節で触れた．1949（昭和24）年8月25日の会議で，先の募金をもとに東日本ヘレン・ケラー財団，西日本ヘレン・ケラー財団，そして両財団の連絡・調整を図るとともに全国的および国際的な事業を手がける機関として日本ヘレン・ケラー協会を設立することが決まった．同会議に出席したPHWのミクラウツもこれを了承した．このうち，日本ヘレン・ケラー協会の会長には日本商工会議所会頭の高橋龍太郎が，幹事長には岩橋が就き，東日本ヘレン・ケラー財団の理事長には同じく高橋龍太郎が，西日本ヘレン・ケラー財団の理事長には大阪商工会議所会頭の杉道助が，同常務理事には岩橋が就くことになった．

　東日本ヘレン・ケラー財団は，ヘレン・ケラーの第1回目の来日を記念に建設された財団法人東京盲人会館の財産を併合し，同会館を拠点に事業を始めることとして1950（昭和25）年4月1日，財団法人として認可された．これと同時に同財団は中途失明社のための按摩教育課程として「ヘレン・ケラー学院」を開設した．西日本ヘレン・ケラー財団は1950（昭和25）年5月29日財団法人として認可され，事務所を毎日新聞大阪社会事業団内に置いた．その後，大阪ライトハウスの敷地の一部を譲り受け，盲女史のための施設である平和寮を建設した．

2　1950（昭和25）年7月の『黎明』（138）の記事「巻頭言　今日この頃」（岩橋武1950d：2）および『点字毎日創刊80周年記念出版　激動の80年』（眞野 2002：頁無）による．なお『義務ゆえの道行』（関　1983：65）では，恵品が亡くなった日を「6月29日」としているが，これは誤りである．
3　ニューヨーク市郊外の地名．
4　岩橋は「バーデン・アクト」（岩橋武　1950b：2）と記している．
5　松本征二のこと．松本は1951（昭和26年1月から6カ月間，社会事業研究のためスイス・イギリスへ出張している．
6　一部同年4月1日および同年10月1日施行．
7　1952（昭和27）年11月の『黎明』（166）によると，最初の加盟施設は26（岩橋武　1952b：6）である．以下に加盟施設を参考までに記しておく．国立東京光明寮，桜雲会，東京光の家，東京点字出版所，日本点字図書館，東京ヘレンケラー会館，日本赤十字図書館，友愛十字会友愛寮，富士根園，新潟県盲人協会，名古屋ライトハウス，上田図書館，京都寮，点字毎日新聞，西日本ヘレンケラー財団平和寮，大阪ライトハウス，関西盲婦人ホーム，愛媛県松山光明寮，福岡県盲人協会，（北海道点字図書館，国立塩原光明寮，岐阜訓盲協会，石川県愛盲協会，和歌山県盲人協会，国立神戸光明寮，九州ライトハウス，以上欠席）．
8　原文通りである．
9　1953（昭和28）年10月の『黎明』（177）（岩橋武　1953b：2）より参加団体を記しておく．北海道点字図書館，国立東京光明寮，日本赤十字社図書館，日本点字図書館，東京点字出版所，東京光の家，桜雲会，東京ヘレンケラー協会友愛寮，聖ルカ失明者更生協会，国立塩原光明寮，千葉県盲人協会，富士根園，静岡県盲人連合会，聖愛園，名古屋ライトハウス，岐阜訓盲協会，市立上田図書館，新潟県盲人協会，石川県愛盲協会，大阪ライトハウス，西日本ヘレンケラー財団，点字毎日新聞出版部，府立京都寮，和歌山県盲人協会，国立神戸光明寮，関西盲婦人ホーム，広島県盲人協会，青い鳥盲女子ホーム，県立松山光明寮，福岡県盲人協会，真生会，九州ライトハウス．なお九州ライトハウスは，真生会の建物内に所在している．
10　日本盲人会連合の誤植であろう．

資料

〈日本ライトハウス所蔵　一次資料〉
（不明）「日本盲人社会福祉施設協議会規約」．
（不明）「日本盲人社会福祉施設協議会名簿」．
「岩橋英行文書（1）」．
（不明）「燈影女子英学院入学の栞」．

[点字資料]

岩橋英行（1951）「巻頭言　木枯らしの間に」『黎明』（145），1-4．
岩橋武夫（1949）「巻頭言　昭和24年を送る」『黎明』（131），1-4．
―――（1950a）「巻頭言　カリフォルニヤベアー号より」『黎明』（132），1-4．
―――（1950b）「巻頭言　盲人の目を通じて見た盲人」『黎明』（134），1-4．
―――（1950c）「巻頭言　北米愛盲行脚より帰りて」『黎明』（136），1-3．
―――（1950d）「巻頭言　今日この頃」『黎明』（138），1-4．
―――（1951a）「巻頭言　盲界と業界との関連についての再検討」『黎明』（146），1-4．
―――（1951b）「巻頭言　按摩専業案の可否」『黎明』（154），1-4．
―――（1952a）「巻頭言　秋の論題3つ」『黎明』（165），1-5．
―――（1952b）「巻頭言　日本盲人社会福祉施設連絡協議会の誕生」『黎明』（166），1-6．
―――（1953）「巻頭言　注目すべき2つの集会」『黎明』（177），1-4．
日本盲人会連合（1978）『日本盲人会連合30年史（点字版）』（1）日本盲人会連合．

文　献

編集責任者中島俊一（1962）『社団法人大阪盲人福祉協会　三十年史』社団法人大阪盲人福祉協会．
岩橋武夫（1932）『愛盲（盲人科学ABC）』日曜世界社．
―――（1950）「米国に於ける盲人の社会的地位と其教育」『盲教育評論　新盲教育総合研究誌』（11），4-5．
―――（1954）「日本盲教育学会の誕生と極東盲人会議」『盲教育評論　新盲教育総合研究誌』（25），3-4．
小西律子（2009）「盲人集団の職業的自立の危機とその克服への試み　岩橋武夫と大阪ライトハウス設立を中心に」『社会福祉学』50（1），57-67．
―――（2011）「職業リハビリテーションの黎明としての大阪ライトハウス早川分工場」『社会福祉学』51（4），5-17．
―――（2012）「身体障害者福祉法成立に盲人集団が果たした役割」『社会福祉学』52（4），3-16．
眞野哲夫（2002）『点字毎日創刊80周年記念出版　激動の80年』毎日新聞社（点字）．
升味準之輔（1988）『日本政治史3　政党の凋落，総力戦体制』東京大学出版会．
―――（1988）『日本政治史4　占領改革，自民党支配』東京大学出版会．
社会福祉法人日本盲人社会福祉施設協議会・創立50周年記念誌編集委員会（2003）

『社会福祉法人日本盲人社会福祉施設協議会　創立50周年記念誌』社会福祉法人日本盲人社会福祉施設協議会.
島田信雄（2000）『日本の視覚障害者の職業小史』島田信雄.

第**6**章

世界への飛躍

　岩橋が構想した愛盲事業は，大阪ライトハウス設立をはじめとして日盲連の設立，身体障害者福祉法や社会福祉事業法の施行，日盲社協の設立を経て，少しずつ日本に芽を出し始めた．そして，岩橋の手により欧米から輸入され，日本で東洋的に培養された「合理的保護」概念やこれを基礎に置く盲人社会事業は，やがてアジアの盲人のために輸出されることになる．

　本章では，我が国盲人の代表が世界盲人福祉会議等へ参加していく過程，そしてアジア盲人福祉会議の開催へと至る過程を見ていく．

第1節　世界につながる日本の盲人

　第3章では弱者がその小さな声を政治に届けるための活動として日盲連の設立過程を見てきた．それは自分たちの問題を共通項として個人の力ではなく集団の力を借りて解決しようとするものであった．しかし，「盲」というハンディキャップは世界共通の問題であり，小さな集団がその解決策を求めて世界とつながることは必然である．本節では，岩橋武夫と盲人達が世界とどのように関わっていったかを見ていく．

1　世界に目を向け続ける岩橋武夫

　岩橋の世界への目は，失明とともに開かれたといっても過言ではない．第1章で見てきたように，岩橋は失明の翌年盲学校に入学し，点字を習得した．そして点字書を通じ，ジョン・ミルトンやヘレン・ケラーなど，世界の偉

大なる盲人の存在を知った．岩橋は再び学問の道を目指し，英語の勉強を兼ねて英国から点字聖書を取り寄せた．同じ頃，熊谷鉄太郎の影響を受けキリスト教に入信した．盲学校の嘱託教諭橋本喜四郎の紹介でエスペラント語にも親しむようになった．1年ほどの間に起きたこれら諸々の出来事が岩橋の目を世界に向けさせ，後の岩橋の運命を決定づけたとも言える．

岩橋はその後関西学院の文科（英文学専攻）に進み，さらには英国エジンバラ大学に留学した．英国滞在中の1926（大正15）年7月31日から8月7日にかけて，万国エスペランティスト大会が開かれ，岩橋は日本盲人代表として同大会に出席した．同大会では盲人分科会も持たれ，岩橋は同分科会で副議長を務めた．1928（昭和3）年に自宅に掛けた「ライトハウス」の看板には，「大阪府下在住の盲人方に対し，いろいろな仕事をするばかりでなく，全日本ならびに諸外国の盲人を対象とする各種の文化的使命と実践をもつ……盲人のための社会事業」（岩橋英 1962：228）と記されていたことは第1章第5節で触れたが，既にこの時期，岩橋の志は世界にまで広がっていた．その後のマザー夫人やヘレン・ケラーとの交流，2度の渡米，GHQとの交流および交渉などは前章までで見てきた通りである．加えて岩橋は，1943（昭和18）年に中国北部へ，1944（昭和19）年には「満州国」へと向かっている．

戦後になると，盲教育の義務性が実現し，日盲連が発足し，身体障害者福祉法も施行された．これらにより，国内における盲人問題解決への道筋は見えてきた．岩橋はやがて再び海外へと目を向け始める．その第一歩は，身体障害者福祉法の成立が見えてきた1949（昭和24）年11月からの米国調査であることは言うまでもない．米国調査の主立った内容は前章第1節で見てきた通りであるが，渡米中の1950（昭和25）年3月，ユネスコ主催の世界点字統一会議[1]がパリのユネスコ本部で開かれることになった．岩橋はユネスコのサー・カルサ・マッケンジー（Sir Clutha Mackenzie）[2]より同会議への招待を受けたため，その準備のため各種の点字材料を日本から飛行便で取り寄せる等の準備を進めた．しかし，一時は軽快に向かっていた持病の喘息が再発し，岩橋はパリ行きを断念せざるを得なくなった．そのため，改めて日本に招待状が送られ，中村京太郎が岩橋に代わり渡仏した．

このパリ会議は，世界の点字統一のためのものとしては最初の会議で，

第2回目は同年5月にイタリアのフローレンスで開かれた．これらの会議に刺激され，「アフリカ，特に近東アジアの点字問題が台頭し，アラビア・ペルシャインド語系における点字の統一と，より良き盲人文化の発展に対する運動が展開し始めた」（岩橋武 1951b：2）．これを背景に翌1951（昭和26）年2月，レバノンのベイルート[3]で第3回目の会議が開かれた．同年12月にはパリで再び会議が開かれ，このときはロンドン在住の好本督が日本代表として出席した．好本はこの会議の結果を次のように岩橋に書き送っている．

　ここでは，点字組織の貧弱な国々にはこれを改正し，全然なき国には新たに作成するよう助力をしております．これらの組織は，ローマ字・アルファベット式にもとづいて組み立てられてゆけば，うまくやればやるほど点字の書き方は世界中に共通したものとなっていくことでしょう．
　日本の点字はなんら改正の必要のないものとして通過しました．点字音符は算術などと同様，世界中共通したものにすべく体制を加えようとしています．これを改正していくと，だんだんと英国式音符の線に沿うてきます．（好本　1952：8）

この時期，世界中の文字を6点（縦3点×2列）の点字で統一しようとする試みが進んでいたのである．その後の同会議の動向は不明であるが，1954（昭和29）年7月には，パリのユネスコ本部で点字音符の統一会議が開かれ，これには岩橋英行と鳥居篤治郎が出席した．

2　世界盲人福祉協議会への加盟と世界盲人福祉会議への参加

先の点字音符統一会議に引き続き8月5日から14日まで，世界盲人福祉会議（以下，「パリ会議」と略記）が同じくパリのユネスコ本部で開かれることとなった．同会議は世界盲人福祉協議会（World Council for the Welfare of the Blind，以下「WCWB」または「世盲協」と略記）の第1回目の総会であり，これ以降5年ごとに開かれている．世盲協は1949（昭和24）年[4]，イギリスのオックスフォードで開かれた国際盲人事業会議（International conference of Workers for the Blind）が起源となっている．この最初の会議には9ヵ国の代表が参加し，日本からはオックスフォード在

住の好本督が出席した．同会議では，「盲人のレベルアップを可能にするための国際団体設立の必要性」（世界盲人百科事典編集委員会編　1972：668）が議論された．1951年，再度会議が開かれ，名称を世界盲人福祉協議会とし，本部をパリに設置することが決まった．

　岩橋は，次節に示すアジア盲人福祉会議の具体的な準備の一環として，パリ会議に日本も参加すべく，盲人達に呼びかけた．しかしそのためには我が国の盲人諸団体を代表する組織を立ち上げ，世盲協に加盟する必要がある．具体的な組織はなくとも，少なくともどの組織から誰を代表として派遣するかを決定するための集まりが必要である．そこで，1954（昭和29）年3月15日，日盲連，日盲社協，全国盲学校長会，日教組特殊教育部（盲部）の幹部が非公式ながら奈良に参集し，パリ会議参加のための応急処置として「(1) WCWBへの加入と年会費300ドルの送金　(2) 代議員6名の選出　(3) パリー会議出席者代表2名の選出等が決定」（岩橋武　1954d：7）された．そして「世界盲人福祉協議会日本委員会」本部を大阪ライトハウスに置き，岩橋が委員長に就いた．なおこの日本委員会は，1956（昭和31）年4月7日に発足する「日本盲人福祉委員会」にその役割を移すことになる．

　岩橋はこの時期の『黎明』(184) に次の一文を掲載している．

　　鍼もあんまも知らない私が関西学院を出て何になる．ましてや遥々エヂンバラの大学まで出かけてと人々は言ったかもしれない．だが夢はそろばんでははじけない．人は二人の主に兼ね仕えることができないからである．私のライトハウス愛盲事業も失明後ここに36年「世界盲人福祉協議会日本委員会」の形成となってパリーの本部に直結され例えあらゆる悪条件はあるにしても独立日本にふさわしい独立盲界を建設することができてここに文字通りの黎明が最も確実な基礎と組織のもとに日本盲人文化史の新たなる第1ページを綴ることが可能になったとはなんという感激であろう．（岩橋武　1954d：4）

失明の直後，世界の盲偉人に感銘を受けて自らも世界に飛び出した岩橋が，とかくまとまりにくい日本の盲人達をゼロからまとめ上げ，世界に結びつけるに至った30有余年の感慨が，ここにはよく現れている．

　さて，パリ会議に誰を出席させるかである．この時期岩橋の喘息は悪化

し，とてもパリに行ける状態ではなかった．同年4月30日から5月2日にかけて第7回全国盲人福祉大会が広島市で開かれた．そこで岩橋の名代として長男英行が鳥居篤治郎とともに選ばれ，パリ会議および先の点字音符統一会議への派遣が決まったのである．ちなみに，英行が岩橋の長男であることは先にも触れたが，英行は1950（昭和25）年から大阪ライトハウスに勤務し，父の事業を手伝っていた．また，1952（昭和27）年3月には明子と結婚．英語に堪能な明子は英文資料の和訳，海外への通信の英訳，国際会議での通訳などでライトハウス事業を助けるとともに，英行亡き後は日本ライトハウス理事長，後には会長となり今日に至っている．

パリ会議では次のような決議が採択された．『世界盲人福祉会議並びにヨーロッパにおける盲人福祉事業施設視察報告書』（岩橋英　1955：36 - 39）より要約して示す．

① **盲の定義**　盲の定義を次のように決定し，各国政府および盲人関係団体がこの定義を採用するよう要請する．
　A．視力の完全喪失
　B．矯正レンズを用いてもいずれか一方の良い方の視力が0.05を超えない
　C．ただしいずれか一方の良い方の眼が0.1の視力を有する者も盲に準ずるものとし，盲の定義を拡大することを要望

② **全盲優先**　全盲者は多少とも残視を有する盲人よりも常に困難な障害をうけているから，他の盲人と機会均等が保証されるためにはできるだけ優先的に奉仕と援助が与えられなければならない．

③ **失明防止対策**　盲人対策として失明予防ならびに眼疾治療の重要性を認め，失明の絶滅を期する．そのため，国連特に国際労働機関，国際保険機構，ユネスコ，国連国際児童教育財団等，専門機関に技術的指導及び経済的援助を要請するとともに，各国政府に対しては盲人の学校教育に関する運動の展開とその経済的援助を要請し実行を期する．

④ **盲教育の普及および宣伝**　僻遠の地にある盲児の基本的教育徹底のためにはその家族や地域社会の啓蒙が必要でありまた中途失明者に対しては，その失明前の職業的関係からなるべくその地域においてそれぞれ特殊技能を磨くことのできるような職業指導所を設置することにより問題

を処理すべきである．したがって，世界各国のこのような地区においては，赤十字社等の関係団体が一体となって盲教育啓蒙のため家庭訪問を行い，父兄を啓発されるよう望む．

⑤癩盲の救済　国際的に各国の救癩協会と協力し，癩盲者の実状を調査するとともに，その蔓延を防ぎ，かつすでに癩菌に侵された盲患者の治療更生に関しては全盲界関係団体が最善の努力を致すべきことを勧告する．

⑥世界的な連絡の緊密化　失明防止並びに盲人福祉に関する与論を喚起し，全世界の関心をここに集め，世界各地の研究所や団体等の公開，資料の刊行配布などを奨励するために世界各国の適当な機構と提携して映写フイルム，ポスター，パンフレット等の総目録を編集することを決議する．

⑦経済的援助の要請　科学的，技術的分野の進歩は盲人の生活における自立と前進への希望を増大した．このため，この分野のより大きな発展が着実に実行されるよう，国際的諸団体並びに各国政府は盲人の肉体的，社会的，経済的，科学的自立の発展を促進するため，世界盲人福祉協議会が企画する事柄に対し，十分な物質的もしくは資金的援助を与えることに同意されたい．

⑧盲人に対する社会保障制度確立　勤労によって経済的，社会的生活に参与したいという盲人の意欲は，如何なる意味においてもそこなわれるべきものではないことを保証するとともに，総ての盲人を対象として特別な経済法規が制定されるべきである．このため各国政府に対し，その財政の許す範囲で賄えるような盲の社会保障法を制定されることを切望する．

⑨世界点字審議会　世界盲人の工場のため先に行われた綴字法点字統一研究およびその事前研究に対し，ユネスコ当局から寄せられたご協力に対し感謝する．なお1952年7月にユネスコ顧問委員会として設置され1953年8月以降は世界盲人福祉協議会の点字諮問委員会として活動してきたところの世界点字審議会の設立を心から喜ぶものである．

決議は以上である．これらに対して論評することは詳細に過ぎるため避けたいが，次節に示すアジア盲人福祉会議の決議文と比較すると興味深いため，ここであえて論評無しに全文の要約を掲載した．なお，岩橋英行はこの会議で世盲協の都市職業雇用委員会常任委員に指名されている．

3　点字コンサイス英和辞典の発行と世界盲人百科事典の編纂

　本節の最後に，世界へ目を向ける岩橋を象徴する事業として，点字英和辞典の発行と世界盲人百科事典の編纂について触れておきたい．

　まず点字英和辞典であるが，これは第2回のヘレン・ケラー来日の記念と大阪ライトハウス創立15周年記念事業として，三省堂発行のコンサイス英和辞典を点字本化して出版する試みであり，1949（昭和24）年3月に発表された．その後約2年をかけて点字辞書としての編集方針，発音記号や略字の研究等がなされ，1951（昭和26）年10月，語数約5万語，総ページ数約1万3千にも及ぶ点字ニュー・コンサイス英和辞典の第1巻を発行した．なお，最終的に同英和辞典が完成するのは1963（昭和38）年，英行の代になってからのことであり，総巻数は71巻にもなった．

　次に世界盲人百科事典であるが，これはウィーンのアレキサンダー・メルが1900年に著した「Encyklopädisches Handbuch des Blindemuesens」をもとに，これにその後の盲人事情，特に日本におけるそれを加えた日本語版を発行しようとしたもので，1942（昭和17）年から編纂作業が開始された．岩橋はこのために「盲人文化研究所」を設立し，山内報国会から1万円の資金を得て，当初は5年の計画で始められた．しかし，1945（昭和20）年，メルの原本と一部翻訳の終わった原稿が戦火により消失してしまった．このとき岩橋は「愛児を亡くしたよりも深い愛情の情を禁じ得ない」（日本ライトハウス　1972：頁無）と嘆いたという．作業はその後も続けられたが，資金難から中断の憂き目にあったこともある．結局翻訳と資料収集に20年，編集に10年を要し，1972（昭和47）年9月1日刊行された．これも英行の代になってからのことである．

第2節　アジア盲人福祉会議の開催

　前節で見てきたように，我が国の盲人達は世盲協への加盟を果たし，パリ会議は終わった．しかし，岩橋の体力は限界に近づいていた．本節では，岩橋が生涯をかけて取り組んできた，「愛盲」精神を具現化する活動の最後の

仕上げともいえる，アジア盲人福祉会議の開催過程を見ていく．

1　アジア盲人福祉会議の開催に至る過程

　岩橋がアジア盲人福祉会議（以下，「ア盲会議」と略記）の構想を持ち始めたのは，1950（昭和 25）年から翌年にかけてである．1954（昭和 29）年 2 月の『黎明』(181) には，ヘレン・ケラーの 2 回目の来日を回顧した後，次のように記している．

> 　彼女は秘書ポーリートムソンが高血圧のため長途の旅行にこたえずために医師のすすめに従いアジアへの大愛盲運動を断念して，今回も第 1 回と同じく悲劇的な結末を悲しみつつ，日本に残した大きな勝利の足跡をせめてもの慰めとして帰米したのである．私はその翌年彼女と全米盲人協会との招へいにより第 2 回目の渡米を試み，戦後の盲人福祉事業や教育のあり方を視察研究してきたことは人々の知る通りであるが，この旅行を通して私はヘレン・ケラーが待望してやまぬアジア盲界の救済と福祉のために，彼女に代わってその残された事業を継承しなければならぬという使命感を強く感ぜしめられた．ここから明年 5 月を期してのアジア盲人対策協議会の計画が成長し始めたのである．（岩橋武　1954a：5）

この記述中「アジア盲人対策協議会」はアジア盲人福祉会議となり「明年 5 月」は実際には 10 月になるのであるが，それはともかくア盲会議構想の最初のきっかけが岩橋の 2 度目の渡米にあることをここで明言している．さらに 1951（昭和 26）年 4 月の『黎明』(147) には，前節で見てきた世界点字統一会議の開催経緯と，国連主催の「盲児の教育と中年失明者の厚生福祉に関する調査」に答えたことを紹介した後，

> 　対日講和が完了し日本が政治的に経済的に且つ文化的に完全な独り立ちを許されるに至ったあかつき，我等は民族の新しい使命として，平和を基調にこの盲人文化の課題を取り上げることは誠に時宜に適したものであることを主張したいと思う．何となれば，日本が愛盲の課題を引っ提げて立ち上がり，アジアの後進国や世界文化からはややもすると取り残されがちであった諸民族に対して些かの奉仕を実現したならば，それこ

そは日本軍閥によって侵されたこれらの国や民族に対する過去の罪の償いとなり，憎しみと猜疑とを転じて愛と信頼に変えることのできる重要な基礎となるであろう．この意味において私は許されるならば講和成立後の日本において，ユネスコや国連を背景としてのアジア盲人大会の開催，あるいはこれを太平洋沿岸に限定して汎太平洋盲人文化協議会の開催といった線へ持って行きたいと考えているのである．（岩橋武 1951b:3）

と，ここでもア盲会議に向けた決意を表明している．ここで注目すべきは，ア盲会議を日本が主催し，「愛盲の課題」を議論し，あるいは多少とでも進んだ日本の愛盲事業そして愛盲の精神をアジア諸国に紹介することが，アジア各地を戦渦に巻き込んだ「過去の罪の償い」となり，「憎しみと猜疑とを転じて愛と信頼に変えることのできる重要な基礎」となるとした点である．付け加えるならば，戦争からほど遠い盲人達こそ，そうした役柄にうってつけの存在だということであろう．

しかし，この時期はまだどのようにアプローチしていけばこの種の国際会議が実現できるものか，岩橋にもまだよくわかっていなかったのであろうか，その後しばらくは海外との書簡の交換があるのみで具体的動きはない．ア盲会議に至るまでにはまずは資金の問題，国内の盲人組織の整備，国際組織への参加，ア盲会議の国際間の位置づけ，同会議で最終的に何を目指すかのコンセンサス調整，国や財界をどう巻き込むか，受け入れ体制の整備，国際会議開催ノウハウの蓄積等解決しなければならない問題が数多く存在する．これら諸問題をこれまでのように岩橋およびその周辺だけで克服し，同会議の開催につなげていけるかどうかは未知数であった．しかしそれでもなお走り出すのが岩橋の真骨頂である．

前章で見てきたように，その後の岩橋はあん単法問題や療術問題への対応に忙しく立ち働きつつ，しかもたびたび襲ってくる喘息の発作に耐えながら，日盲連の成長・発展，日盲社協の設立，身近では大阪ライトハウスの大阪盲人協会との分離と社会福祉法人化などに取り組んできた．こうした諸々の懸案の目鼻がつき，またサンフランシスコ条約が1952（昭和27）年に発効したことで機が熟したと判断したのであろうか，岩橋は1953（昭和28）年5月に静岡で開かれた第6回日盲連大会に，翌年にア盲会議を開催することを

提案した．岩橋はこの大会直前，自動車事故で重傷を負って入院したため，会議には英行が出席し，先の提案も英行が代読した．

さて，先の自動車事故の傷も癒え，岩橋はア盲会議の具体的な計画を作り，同年8月頃より厚生省，政府関係者，日赤，全国社会福祉協議会（以下，「全社協」と略記），東京都庁などの要人と会議実現に向けて接触を開始した．9月以降2度の会議を経て11月には下村宏を会長とする準備委員会を結成した．しかし，この時期にはまだ予算の目処が立たず，開催時期も決められなかった．

ところが，かねてから岩橋が同会議開催に向け交渉を重ねてきたエリック・ティー・ボルターが，韓国盲人救済のため同国に赴く途中，1954（昭和29）年2月28日日本に立ち寄った．3月1日には岩橋，安田巌社会局長，葛西嘉資日本赤十字社副社長等準備委員会幹部が日赤本社に集まり，ボルターを囲んでア盲会議について協議した．席上，ボルターは日本における同会議の開催に賛意を表すとともに，同会議に5千ドル，各国からの出席者に旅費の援助として5千ドルを拠出することを表明した．これにより，ア盲会議開催の機運はにわかに高まった．

1954（昭和29）年6月の『黎明』(185)には次のような記事がある．大阪ライトハウスの1953（昭和28）年度の会計報告の後，「なお最後に特記すべきことは，本会計年度中において長年の宿題たる極東盲人福祉会議ならびに大会を企画し，いよいよ明年5月を期して東京・大阪においてその実現を見ようとするに至ったことで，このため厚生省を中心に文部・外務・労働の3省をはじめ日赤本社・全社協・東京都・大阪府市等が主体となって，下村海南博士を委員長とする東京準備委員会が形成され財源の捻出と会の運営に当たり，盲界側としては日盲連・日盲社協・日教組特殊教育部（盲部）ならびに盲学校長会がうって一丸となりプログラム委員会が形成され，プログラムの作成と研究課題の選択推進に当たることになりました．」（岩橋武 1954c：3 - 4)．ア盲会議の名称はここでも変化しているが，それはともかくこの時点では時期は5月でしかも東京と大阪の2カ所の会場で会議を催すことになっていたようである．これがいつの時点で10月となり東京1カ所になるのかは不明である．

同年の夏，厚生省は 1955（昭和 30）年度予算を計上するに当ってア盲会議に対する厚生省の負担分を計上した．これで会議開催がようやく具体化して不動のものとなった．同年 10 月 26 日，厚生省社会局更生課長松本征二が岩橋の自宅を訪れた．松本は切り出した．「岩橋先生，ヘレン・ケラー運動，身体障害者福祉法制定，最後の仕上げとしてのアジア盲人福祉会議開催への呼びかけ，誠にご苦労さまでした．厚生省は責任をもって，昭和 30 年秋東京においてアジア盲人福祉会議を開催します．」（岩橋英　1982：頁無）．この朗報に岩橋と同席した点字毎日編集長の長岡加藤治は，声がつまって言葉にならなかったという．岩橋はこれに安心したかのように同月 28 日心臓喘息により急逝した．なお，大阪ライトハウスでは岩橋の葬儀の翌日緊急の理事会が開かれ，英行が理事長に任命された．

2　アジア盲人福祉会議の開催とヘレン・ケラー 3 度目の来日

　ア盲会議は，翌 1955（昭和 30）年 10 月 20 日から 26 日まで，東京で開かれた．会議には日本も含め 11 カ国から，正式代表者 20 名，講演者 10 名，オブザーバー 27 名，来賓者 450 名，傍聴者 750 名が参集した．同会議の決議は以下の通りである．先の第 1 回世界盲人福祉会議の決議と比較するため，長くなるが『アジア盲人福祉会議議事録』（世界盲人福祉協議会日本委員会　1956：12-8）より全文を要約して次に示す．

①**盲の定義**　世界盲人福祉協議会が次のような盲の定義を採択する措置をとり，これを世界が承認し，かつ世界中に実施すべきものとして勧告したことを興味をもつて注目する．（盲の定義は省略）われわれは，ここに述べられた定義を承認するという考えに基いて，アジア地域の各国政府がこの問題に関して速かに十分な考慮を払うよう要望する．

②**失明の予防**　アジア各国の人口のうち失明者が相当数に上っている事実を驚きをもって注目する．しかしながら，日本その他いくつかの国々においては，失明をひきおこす病気の予防，治療及び抑制においていちじるしい進歩がとげられていることを知り，又世界保健機構及びその他の国際連合の専門機関によってなされた以上の事柄に対する貢献を知って

心強く思う．従って本会議はアジア地域の各国政府に対して失明によっておこされた緊急の社会問題に対する注意を喚起し，失明の予防，治療及び抑制のための適切な事業を導入するよう切に要望する

③ **器具その他諸器具の製作**　アジア地域の盲学校ならびに盲人団体が各種の点字器具を適当量購入するのに困難に直面していることをよく知っており，また欧州や北米合衆国で製作せられるよりは，安い値段で，アジアでこのような器具が生産せられ得るであろうという意見を持っている．国際連合，米国海外盲人協会および王立英国盲人協会を始めとして，この問題に関心を持つ国際団体が資金を出し技術的指導をして，アジアの便宜な地に，かかる器具製作のための地域的センターを創設し，当初の運営を援助することを考慮するよう切望する．

④ **更生および職業訓練**　盲人の再適応，職業訓練および一般的更生のための事業が，十分に行われることによってのみ彼等が共同社会の経済的，文化的及び社会的生活へ全面的に参加することができることを認める．よって本会議は国際的な機関であれ，また一国内の機関であれ，また公的なものであれ，そうでないものであれ，すべての責任ある機関に対し，以下のことを要望する．

(1) 盲学校に社会訓練および職業予備訓練の課程を含めることを強調するとともに，一方特に能力のある学生のためには，高度の学術的研究ができるような措置をするようにされたい．

(2) すべての中途失明者に対して，各盲人の個々の必要（ニード）をみたす最もよく考えられた相談，その他の更生の事業を与えるようにしていくこと．これらの事業は特別の訓練を受けた職員によって行われ，また出来得れば十分な設備を持った更生センターでおこなわれなければならない．

(3) 適当であり，且つ，相当な収入のある雇用を確保するような職種について，その盲人の家庭のある地域社会において職業指導をすること．アジア地域の盲人の大多数が農村の出身であることから考えて，公的およびその他の機関が農村地域に居住する盲人の雇用に適当な方途を講ずると共に，盲人がその地域に就職し得るような教育訓練なら

びに職業訓練事業を導入することに一層の注意を払うよう勧告する．

⑤**身体障害者と国際連合技術援助計画**　盲人を含む身体障害者の更生事業の進歩に関して各国が大きな関心を持っていることを認め，世界の経済開発における国際連合の技術援助計画の重要性を認識し，経済開発計画の一部としての身体障害者福祉事業に対する国際連合技術援助理事会の援助方針に関して世界各地で相当の不安があることを認めるが故に，現在身体障害者に対する事業に対し緊急にその必要性が増大して来て居り，特に労務災害を受けた者や，国の工業が現に急速に進展しつつある国々においては，そうであるという事実が認識されることを切望する．

⑥**点字印刷**　点字印刷における民間団体の努力，特に日本の毎日新聞が行っている他に比類を見ない役割について感謝の意を表すものであるが，更に極東地域各国政府が，盲人の教育的およびリクリエーション的方面の必要をみたすために，点字印刷物を一層ふやさなければならないという緊急の必要に注意を向けることを希望する．本会議はここに以下の2点を勧告する．

(1) 政府が未だ点字出版の仕事に補助金を交付していない国においてはその実施を考慮すること．

(2) 各国の新聞社が，点字図書出版における日本の毎日新聞社を模範として行えば，そのことが奨励されるような措置のとられること．

⑦**雇用**　盲人がそれにふさわしく，かつ十分相当した報酬のとれる仕事につく基本的な権利を持つことを認める．またこの地域においては安定した雇用を見出すことに大きな困難があることを認め，よって，これらの地方において盲人のための事業を実施している各種機関が，盲人が福祉施設において，授産場において，一般工場において，また独立の自営業において，また家庭作業者として，盲人のあらゆる可能な雇用を徹底的に探究しその実現に努力されるよう切望する．更に本会議は，これら諸国の政府が，現行の法規中盲人の雇用を妨げているものがあればこれを除去し，必要があれば盲人雇用を推進するに役立つ立法をおこない，また必要な場合には盲人の所得を増大し，生活を営むことのできる賃金を確保するための補助を与えるよう切望する．

⑧**政府活動および民間活動の協同調整**　次の二点を勧告する.
(1) この地域のすべての政府は，善意に基く全国的な又は地方的な盲人自身による団体および盲人のため団体で，参加を希望するすべてのものを代表する適法に組織された全国委員会を認めてゆくこと．かかる全国委員会は，盲人に関するすべての事項につき政府に対して公式な助言を行う団体として活動し，また政府はかかる全国委員会がその助言の機能を果すために必要なあらゆる援助を提供すること.
(2) またこの地域の各国政府は，民間福祉団体が政府の行う事業を補い，政府の政策を実現するために必要な，被扶助者を個別的に取扱う事業を盲人について実施するようこれら団体を奨励し援助すること.

⑨**盲児教育および盲学校教員の訓練**　盲学生が社会において正当な地位を占めうるよう十分な準備をする必要のあることを認め，また盲児を訓練する教師に，十分な対策がなされなければならないことの重要性を認め，よって，盲人の福祉のために活動する公的機関，全国的および国際的団体ならびに地方民間福祉機関が，各地方の実情に即し，視力障害者の教育およびその教師の訓練を推進する措置をとることを要望する.

⑩**国際盲青年教育者会議**　国際青年教育者会議がその第二回の会議を，一九五七年八月二日から十日に至る間，ノールゥエーのオスロで開催する計画を持っていることを知り，喜びとするものである．この重要な会議への代表として各国が適当な資格のある盲青年教育者を派遣するように各国を激励することを本会議出席の代表の方々にお願いする.

⑪**アジア地域の協力**　この地域内の各国および領土の間で行われる絶えざる協力や相互の意見や経験の交換によって得られる便益の大きいことを認め，且つ地方的な問題を十分に考慮することは世界的なレベルにおいては容易になし得ないという意見を持つにより，世界盲人福祉協議会に対し，極東アジア，南アジアおよび東南アジアの問題に関する特別委員会を設置するよう要望する.

⑫**感謝決議**　（後略）

ア　盲会議の決議は以上である．先のパリ会議での決議に比べ，かなりつっこんだ詳細な内容となっていることがわかる．この種の国際会議において

は，決議文の原案はかなり時間をかけて事前調整がなされているはずであり，その過程で各国の実情および日本の盲人，厚生省，文部省，労働省，その他関係団体の要望が決議文中に広範囲に盛り込まれたため，このような詳細な表現になったのであろう．この種の国際会議の目的が，その決議を将来の政策実現のバネにしようとするものであるからして，これは当然のことである．また主催は世盲協日本委員会であるものの，岩橋亡き後は事務局の松本征二ら厚生省が実質的な主催者として大きな力を発揮した．その結果，決議が具体的かつ現実対応可能な落ち着いたものになったと想像する．また，同じ理由で，この会議を盲人のためのものだけにはできず，そのため決議の一部に身体障害者全体を対象とするものが挿入されたのであろう．その一方で，パリ会議の決議文中の「②全盲優先」「⑤癩盲の救済」はすっかり抜け落ちており，「⑦経済的援助の要請」「⑧盲人に対する社会保障制度」はかなり縮小されたものになっている．これはアジアの現実を反映したものであろうが，資料もないのでこの点はこれ以上論評できない．

さてこうして岩橋の悲願であったア盲会議は，岩橋亡き後彼の意志を受け継ぐ者たちの手によって実現した．この会議がその後アジア諸国の盲人施策にどれほどの影響を与えたかについては本書の範囲を超えてしまう．しかし，この決議文には岩橋が大阪ライトハウスの事業や日盲連などの組織作りで得た教訓，身体障害者福祉法に盛り込まれた精神が随所に盛り込まれており，それゆえパリ会議のものとは異なって鮮やかな色彩を放つものとなっている．岩橋が大阪ライトハウスや日盲連設立等で行おうとしたもの，そして身体障害者福祉法に盛り込もうとしたものは，愛盲精神の発露に他ならない．その岩橋の愛盲精神は，アジア盲人福祉会議によりアジアに飛び立ったのである．

最後にヘレン・ケラーの3度目の来日のことについて触れておく．ケラー女史は1955（昭和30）年2月からの東洋各地を歴訪する旅の最後に日本を選び，5月27日羽田に着いた．6月5日までのわずかな滞在であった．来日の目的は明らかにされていないが，前年暮にケラー女史のほうから日盲連に来日の打診があったとのことであり，前年10月28日に亡くなった岩橋武夫の霊前に花を手向けるのが目的の一つであったであろう．ケラー女史は羽田

に降り立つと，出迎えたきを婦人と涙ながらに抱き合った．そして空港内で記者会見に応じ，「日本に着いたら最初に握手をしたいと心から願っていた岩橋さんともうお会いできないのは，大変残念です．」(竹内　2000：頁無)と語った．ケラー女史は6月3日大阪ライトハウスを訪れた．そして岩橋の遺影の前で泣き崩れ，しばらく立ち上がることもできなかったという．

＊＊＊

　本章では，我が国の盲人が世界とつながっていく過程，アジア盲人福祉会議を開催していく過程を見てきた．

　身体障害者福祉法を手にして以降，国内の体制整備と並行して岩橋が取組んだのが，わが国の盲人を世界につなげることであった．英国で目の当たりにした欧米の進んだ社会事業に触発され，大阪ライトハウスを設立した岩橋にとって，それは最後の仕上げともいえる仕事であった．1954（昭和29）年8月，第1回世盲協会議がパリで開かれることになった．岩橋はこの会議に日本代表を派遣すべく，同年3月，世界盲人福祉協議会日本委員会を設立し委員長に就任した．そして世盲協に加盟するとともに，同会議には岩橋英行と鳥居篤治郎の派遣が決まった．

　パリ会議への日本代表の派遣は，翌年に計画していたア盲会議の準備の意味合いもあった．第1回目のヘレン・ケラー来日では日中戦争の勃発により，第2回目では秘書ポリーの体調不良により，ケラー女史のアジア歴訪は中断せざるを得なかった．岩橋は未完に終わったケラー女史の意思を引き継ぐとともに，太平洋戦争で失ったアジア諸国との友好を回復するため，1951（昭和26）年頃よりアジア盲人福祉会議の構想を暖めていた．その後わが国は独立を回復し，世盲協よりの資金援助，厚生省の人的・財政的支援が得られることが決まり，ア盲会議の開催は本決まりとなった．同年10月26日，更生課長松本征二からア盲会議は厚生省が責任を持って開催する旨の報告を聞いた．それに安心してか，10月28日，岩橋は56年の生涯を閉じた．

注

1 岩橋側の資料では「世界点字統一協議会」(岩橋武 1951c：2) となっているが，点字毎日では「世界点字統一会議」(眞野 2002：頁無) を使用しており，こちらに統一した．なお「世界点字統一協議会」が開催する会議のことを「世界点字統一会議」といっている．
2 当時の役職は不明であるが，後に開かれた第1回世界盲人福祉会議の時には世界点字協議会議長の肩書きで参加している．国籍はニュージーランド．
3 岩橋は国名あるいは地域名を「シリヤ」(岩橋武 1951c：3) としている．
4 (世界盲人百科事典編集委員会編 1972：668) による．なお『世界盲人福祉会議並びにヨーロッパにおける盲人福祉事業施設視察報告書』(岩橋英 1955：20) では1931年となっているが，これは誤りであろう．
5 財団法人藤楓協会会長．後にア盲会議議長となる．
6 Eric T. Boulter. 世盲協書記長，米国盲人協会海外盲人局長．
7 本名は「下村宏」．「海南」は雅号．

資料

〈日本ライトハウス所蔵　一次資料〉
岩橋英行 (1982)「明日から担わねばならないもの」『英行理事長　関連文書』．
───── (1955)『世界盲人福祉会議並びにヨーロッパにおける盲人福祉事業施設視察報告書』(福) 日本ライト・ハウス．
(不明)「日本盲人社会福祉施設協議会規約」．
(不明)「日本盲人社会福祉施設協議会名簿」．
(1959)「世界盲人福祉協議会定款」．
(1956)「日本盲人福祉委員会規約」．
(1959)「アジア盲教育大学規則の説明」．
松本征二 (1956)「世界盲人福祉協議会実行委員会概況報告」．
日本盲人福祉委員会事務局 (不明)「日本盲人福祉委員会について」．
「岩橋英行文書 (1)」．
(不明)「燈影女子英学院入学の栞」．

[点字資料]
岩橋英行 (1951)「巻頭言　木枯らしの間に」『黎明』(145)，1-4．
岩橋武夫 (1949)「巻頭言　昭和24年を送る」『黎明』(131)，1-4．
───── (1950a)「巻頭言　カリフォルニヤベアー号より」『黎明』(132)，1-4．

―――― (1950b)「巻頭言　盲人の目を通じて見た盲人」『黎明』(134),　1-4.
―――― (1950c)「巻頭言　北米愛盲行脚より帰りて」『黎明』(136),　1-3.
―――― (1950d)「巻頭言　今日この頃」『黎明』(138),　1-4.
―――― (1951a)「巻頭言　盲界と業界との関連についての再検討」『黎明』(146),　1-4.
―――― (1951b)「巻頭言　国際連合とユネスコ　それに連なる日本盲界」『黎明』(147),　1-4.
―――― (1951c)「巻頭言　按摩専業案の可否」『黎明』(154),　1-4.
―――― (1952a)「巻頭言　秋の論題3つ」『黎明』(165),　1-5.
―――― (1952b)「巻頭言　日本盲人社会福祉施設連絡協議会の誕生」『黎明』(166),　1-6.
―――― (1953a)「巻頭言　静岡大会を省みて」『黎明』(173),　1-4.
―――― (1953b)「巻頭言　注目すべき2つの集会」『黎明』(177),　1-4.
―――― (1954a)「巻頭言　ヘレンケラーとノーベル賞」『黎明』(181),　1-7.
―――― (1954b)「巻頭言　盲界新緑論」『黎明』(184),　1-5.
―――― (1954c)「巻頭言　昭和28年度決算を終えて」『黎明』(185),　1-5.
―――― (1954d)「巻頭言　パリー会議の終了と日本盲教育学会の新発足」『黎明』(188),　1-7.
日本盲人会連合 (1978)『日本盲人会連合30年史（点字版）』(1) 日本盲人会連合.
好本　督 (1952)「海外便り　1　英国より」『黎明』,　8-9.

文献

中島俊一 (1962)『社団法人大阪盲人福祉協会　三十年史』社団法人大阪盲人福祉協会.
岩橋英行 (1962)『日本ライトハウス40年史』日本ライトハウス.
岩橋武夫 (1932)『愛盲（盲人科学ABC）』日曜世界社.
―――― (1950)「米国に於ける盲人の社会的地位と其教育」『盲教育評論　新盲教育総合研究誌』(11),　4-5.
―――― (1954)「日本盲教育学会の誕生と極東盲人会議」『盲教育評論　新盲教育総合研究誌』(25),　3-4.
小西律子 (2009)「盲人集団の職業的自立の危機とその克服への試み　岩橋武夫と大阪ライトハウス設立を中心に」『社会福祉学』50 (1),　57-67.
―――― (2011)「職業リハビリテーションの黎明としての大阪ライトハウス早川分工場」『社会福祉学』51 (4),　5-17.
―――― (2012)「身体障害者福祉法成立に盲人集団が果たした役割」『社会福

祉学』52（4），3-16.
眞野哲夫（2002）『点字毎日創刊80周年記念出版　激動の80年』毎日新聞社（点字）.
升味準之輔（1988）『日本政治史3　政党の凋落，総力戦体制』東京大学出版会.
─────（1988）『日本政治史4　占領改革，自民党支配』東京大学出版会.
室田保夫（2013）『人物でよむ西洋社会福祉のあゆみ』ミネルヴァ書房.
世界盲人福祉協議会日本委員会（1956）『アジア盲人福祉会議議事録』世界盲人福祉協議会日本委員会.
世界盲人百科事典編集委員会編（1972）『世界盲人百科事典』日本ライトハウス.
社会福祉法人日本盲人社会福祉施設協議会・創立50周年記念誌編集委員会（2003）『社会福祉法人日本盲人社会福祉施設協議会　創立50周年記念誌』社会福祉法人日本盲人社会福祉施設協議会.
関宏之（1983）『岩橋武夫　義務ゆえの道行』日本盲人福祉研究会.
島田信雄（2000）『日本の視覚障害者の職業小史』島田信雄.
竹内恒之（2000）『東京ヘレン・ケラー協会　創立50周年記念誌　視覚障害者とともに50年　社会福祉法人　東京ヘレン・ケラー協会の歩み』東京ヘレン・ケラー協会（テキスト版）.
鳥居篤治郎（1960）『ヨーロッパにおける盲教育並に福祉事業視察報告書』鳥居篤治郎.

第7章

愛盲事業と愛盲精神の広がり

　岩橋は逝った．享年56歳であった．失明してから37年．岩橋は機関車のように走りに走り，盲人達を引っ張った．しかし目指したものからすれば岩橋の人生は短すぎた．それゆえ巨星が消えた後が心配である．

　本章では，本書のエピローグとして，岩橋が目指したものがその後どうなったかの検証を試みる．すなわち，岩橋が行ってきたものは何であり，それが岩橋の死後どうなったか，今日の盲人福祉にどう位置付いているのかについて考察する．

第1節　岩橋武夫が行ってきたもの

　前章までで，岩橋の足跡をたどる作業は終わった．その過程で「愛盲事業」と「愛盲」という用語をたびたび使ってきた．本節第1項では，これら二つのキーワードに再び注目し，これらを構造的にとらえることで，岩橋が行ってきたものを理解し評価するための枠組みを与える．

　また，本書の主題は近代日本における「盲人の職業的自立への歩み」であった．しかし，第1章第1節では盲人の職業的自立の危機を中心にしたものの，その後は岩橋の歩みの記述が中心となった．そのため，本書の主題である盲人の職業的自立と，岩橋の活動がどのように関係しているのかが，わかりにくくなったきらいがある．そこで，本節第2項では盲人の職業的自立と岩橋が行ってきた活動がどのような関係にあるかを整理しておく．

1　愛盲事業と愛盲精神

　まず「愛盲事業」であるが，第1章第4節の3で確認したように，同用語には「合理的保護概念を基礎に置く盲人社会事業」という側面と，「盲人社会事業をわが国に広めるための方法論」という側面がある．このうち前者は事業の価値を説明するためのものであり，後者は事業を発展させるためのものである．加えて同用語は，これらにより実現した盲人社会事業そのものをも表している．

　これに対し，第1章第3節の3で見てきた通り，「愛盲」とは，「盲人のしあわせを願おう，盲人のしあわせのため働こう，盲人のしあわせをよろこぼう」というマザー精神を言い換えたもので，いわばスローガンのようなものである．しかし，その精神がいかに立派であっても，具体的行動なしには問題は解決しない．そのため岩橋は第1章第4節の2に示す盲人問題解決のためのグランド・デザインを描いた．すなわち，同グランド・デザインは，「愛盲」精神を具現化するために岩橋が用意した，盲人問題解決のための枠組みである．同グランド・デザインを以下に再掲する．

　　イ．教育問題の解決のため，①盲人義務教育の確立，②中等普通部の実行と共に，各種高等教育の盲人に対する門戸開放，③成人教育の組織化
　　ロ．社会問題の解決のため，①盲人社会立法の制定運動，②点字図書出版事業の統一と完成，③日本盲人図書館の設立，④盲人に対する授職および，その他一般の組織的後援事業，⑤盲人問題研究所の設置，⑥失明防止運動の統一とその事業，⑦盲人に対する一般社会の理解と同情を革新するためのプロパガンダ

そして，これらの目的遂行のための手段として，

　　ハ．①各地方盲人協会および団体の統一，②中央機関として日本国民盲人協会を設立，③盲人法の制定により立法的保護の完成

　このうち岩橋は，大阪市立盲学校の教諭や燈影女学院の経営を通じてイを，大阪ライトハウスの設立，そこでの事業，ヘレン・ケラーの招聘等を通じてロを，日盲連や日盲社協の設立，身体障害者福祉法の制定を通じてハを実現させようとした．いや，現にその多くを実現させた．岩橋が生涯を通じて行ってきたもの，それはこのグランド・デザインに，ひいては「愛盲」という言葉に集約で

きる．逆に言えば，岩橋の生涯の活動は，「愛盲」精神の具現化であり，愛盲精神の発露であったといえるのである．

　岩橋がこのグランド・デザインを発表するより前，岩橋も関わって中央盲人福祉協会が設立された．岩橋はこの中央盲人福祉協会に上記グランド・デザイン中の中央機関としての日本国民盲人協会の役割を期待したが，これが期待はずれとなり岩橋自らが大阪ライトハウスを設立したことは第3章で触れた通りである．しかし，大阪ライトハウスだけで中央機関としての役割を担うことは難しい．そのため，「愛盲事業」という理念と方法論を提案し，わが国にふさわしい盲人社会事業が大阪ライトハウスに続いて次々と勃興し，これら各地に興った愛盲事業が全体でもってわが国の盲人社会事業の幅と厚みを増していくことを目論んだ．それとともに，中央機関としての役割は日盲連に，後には日盲社協に負わせた．

　すなわち，「愛盲」が精神でありスローガンであり盲人問題解決のための総合的な計画に付けられた名前であるのに対し，「愛盲事業」はその実現のための各論であり方法論である．「愛盲」の各論には他に盲教育の義務制，全国組織の設立，法律制定などもあるが，これらは岩橋の生前に一応の完成を見た．とすれば，「愛盲事業」がわが国に広がり根付いたことがいえれば，岩橋が目指したもののすべてが成就したことになるのである．次節では，この「愛盲事業」がどうなったかについて見ていく．

　他方，岩橋が唱えたものがいかにすばらしくとも，ときを経るにつれ時代にそぐわなくなり，輝きを失っているかもしれない．このため，岩橋が行ってきたものの位置づけを今日的な視点で考察しておくことも必要であろう．本章第3節では，「愛盲」精神が今日の盲人福祉にどのように位置付いているかを見ていくとともに，岩橋が唱えた愛盲の精神を誰がどのように引き継いでいったかを簡単に見ておく．

2　盲人の職業的自立と岩橋の活動との関係

　岩橋が盲人問題を教育問題と社会問題に分けて整理したことは前述した通りであるが，このうち社会問題とはどのようなものであろうか．近代におけ

る社会問題の中心は，第1章第1節でも触れた通り貧困であろう．貧困から不安・不健康・不衛生・栄養不良・疾病等の問題が生じ，最終的には生存の危機を生じる．貧困からくる不健康や無教養，無気力は，人々から仕事を奪い，これが更なる貧困を生む．一方で，貧困から虐待・育児放棄・家庭崩壊等が生じ，貧困が社会や次世代に連鎖的に広がる．こうしたことが永年続けば，民衆の不安はつのり，不満が鬱屈し，やがては騒乱へとつながっていく．近代における自由競争社会は，このような負の側面を合わせ持っていた．盲人の社会問題も貧困が中心であることに変わりはないが，盲人はそれに加え適職が限られている．それゆえ，小さな市場で顧客を奪い合わなければならない宿命を背負っている．ただでさえ貧困に陥りやすいのである．その上に，近代に入ると，自由主義経済を標榜する社会はその副作用として続々と失業者を生み出し，盲人はこれら失業者との間でも小さなパイを奪い合わなければならなくなったのである．

　それでは，この貧困問題をどのようにして解決するかである．これに対し，戦後になると生活保護法をはじめとする様々な制度・政策が実現したが，戦前にはそのようなものはほとんどなかった．貧民救済のための法律としては，1874（明治7）年に恤救規則が，1931（昭和6）年には救護法が制定されたが，これらの救済範囲は極めて限定的なものであった．このため，この時代に貧困を脱するには，職を得て働くしかなかったのである．しかし，そもそも貧困に陥った主な原因は不況や農村の困窮からくる失業であり，根本の問題を解決しない限り貧困者が職を得ることは容易ではない．晴眼者による，盲人の伝統的職業への進出は，こうした背景のもとで加速した．これに対し，盲人の側でも今ある適職を守り，新たな適職を開拓しなければならなくなった．その表れが，明治末期にはじまった按摩専業運動であり，岩橋が取り組んだ新職業の開拓である．

　職業とは全人格をかけた行為であり，個々の職業分野における知識や技術・技能が問われるのみならず，想像力，計画力，統率力，自己統制能力，コミュニケーション能力，教養，人格等多方面の能力が要求される．一般人はこれらの能力を家庭教育，学校教育，生涯教育，他人との交際，職業の現場等を通じて身に着けるものであるが，盲人の場合，情報の入手に困難や制

約がある，行動範囲に制約がある，コミュニケーションに困難が伴うなどのため，職業能力を身に着ける段階で既に大きなハンディキャップを背負っている．このため，点字が必要であり，盲教育が必要であり，盲人社会事業が必要なのである．

しかし，ある職業分野を盲人に優先させるにしても，点字を社会に認めさせようとするにしても，盲教育や盲人社会事業を普及・充実させるにしても，それが政策として実現しない限り小さな実験的取り組みで終わってしまう．そのために身体障害者福祉法が必要だったのであり，その運動団体として日盲連が必要であり，後には日盲社協が必要だったのである．さらに，盲人の問題の多くは世界共通のものであり，自国内の小さな集団の中で問題解決に取り組むよりも，世界の舞台で解決策を考えるほうが早道である．そのために岩橋は日本の盲人を世界につなげようとしたのである．

以上のように整理してみると，岩橋の生涯の活動が盲人の職業的自立に直接つながっていることが理解されよう．

第2節　愛盲事業の広がり

本節では愛盲事業の定義を再確認するとともに，それが我が国に広がったことを定量的・定性的に検証する．

1　愛盲事業の定義の再確認

愛盲事業が広がったかどうかを検証する前に，いまいちどその定義を振り返ってみる．第1章第4節の3で確認したように，愛盲事業とは「1900年代前半から欧米で見られはじめた，合理的保護概念を具体化した近代的な盲人社会事業を日本に輸入するため，岩橋武夫がこれを日本にふさわしい形に再設計した盲人社会事業」であった．このため，まずはその事業に合理的保護の概念が具現化されていなければならない．これを個々の事業者について調べるのは容易なことではないが，考えてみれば第4章で見てきたように，最初の身体障害者福祉法の理念には，合理的保護の概念が横たわっていた．

すなわち，同法に基づく更生援護の諸施策は，まさに合理的保護そのものである．しかも，その身体障害者福祉法自体，岩橋が委員の一人となって立法されたものであり，岩橋が大きく関与して設計されたものである．このため，盲児施設や盲老人施設など一部の事業を除けば，戦後の身体障害者福祉法に基づく事業それ自体は，愛盲事業の範疇にほぼ入ると言ってよい．

次に愛盲事業の特徴である．①日本の国情に鑑み小さく産んで大きく育てる方式，②盲人達の中に厚い人材の層を有する，③大阪ライトハウスのような先駆的・実験的取り組みと盲人の人材育成の拠点作り，④ノウハウを得た盲人自身が全国で同様の事業を立ち上げ，⑤社会の理解を得て事業を継続，という5項目について考える．このうち，①は次項で考察する．②は日本の歴史的背景を言ったものであるから考える必要はない．③，④は本節の3で考察する．⑤は事業が継続していることを見れば特に証明の必要はないが，身体障害者福祉法が実現して以降は，同法に基づく委託費や補助金等により事業が継続しているものもこれを満たしていると判断する．なぜなら，法の制定・拡充は国民の理解あってこそ実現できるものであるためである．

2　盲人社会福祉事業の拡大

序章でも触れた通り，筆者は2010（平成22）年11月より「視覚に障害のある人のための社会福祉事業基礎調査」を行った．調査結果は補論として本書に添付してあるので詳細についてはそちらを参照願いたいが，そこから盲人社会福祉事業が我が国にどのように拡大していったかを見ていく．

まず，盲人社会福祉事業者の年ごとの設立数および最初の事業開始数[2]，さらにはこれらの積算[3]のグラフを描いてみた．これを見ると，現組織設立数および前身加味の設立数のピークは1948年となっており，特にこの年の前身加味設立数は13と多い．これは第3章と第4章で見てきたヘレン・ケラーの2度目の来日および日盲連の設立に呼応して，各地に多くの当事者団体が結成され，これら当事者団体が後に事業を始めたためである．また，翌1949（昭和24）年の身体障害者福祉法および1951（昭和26）年の社会福祉事業法の制定を機に，その前後から設立数は急激な立ち上がりを見せてい

る．数字の伸びは 1980 年前後まで続き，その後は鈍化しており，事業者の数としては 1990 年前後に現状の 8 割を超すまでになっている．

次に，各事業者が営んでいる事業種別を 25 種類に分類し，これらの実施の有無とその開始時期を問うた質問をもとに，ある事業者が事業を開始して以来今日まで，どの年にいくつの事業種別を営んでいたかをプロットし，これを全事業者重ねたグラフを描いてみた．[4] これを見ると，各事業者が小さく産んで大きく育てる方式で事業を拡大していったことがわかる．このグラフで上向きの線は，その年に事業者が新たな事業種別に乗り出していることを示しているが，グラフを見ると 1950 年代から大きく動き始め，1970 年代に最も活発となる．その後少し穏やかになるものの 2000 年代に再び活発化している．ちなみに，このグラフで最も上を行く線が大阪ライトハウスである．

続いて，各都道府県にいくつの盲人社会福祉事業者が存在するかをブロックの数で，また各事業者の前身加味の設立年を色の濃淡で示すグラフを描いてみた．[5] これを見れば，各地方の拠点となる都市に盲人社会福祉事業の多くが集まっていることがわかる．また，時間的に見れば東京，大阪に古いものが多く，石川，新潟，長崎，滋賀，岡山，鹿児島にも古いものが見られるが，全体的に見れば，首都圏および近畿圏にまず盲人社会福祉事業の充実を見，その後全国各地に広がっていったことがわかる．

以上，筆者が行った全国の盲人社会福祉事業の基礎調査結果から，我が国における盲人社会福祉事業の拡大状況を事業者の数，事業種別の数，そして地域的・時間的な広がりとして見てきた．本調査には廃業した事業者は含まれていないことに注意する必要があるが，それにしても 1950 年前後から 1980 年頃にかけての量的拡大状況には目を見張るものがある．しかもそれは事業者の数のみならず，事業種別の数すなわちサービスの厚みと地域的な広がりを伴うものであった．これら盲人社会福祉事業者の何割かでも愛盲事業者であることがいえれば，愛盲事業はわが国に広がり定着したことが証明できる．これについては，次項で考察する．

3　愛盲事業の一例と愛盲事業の広がり

　愛盲事業が広がったことを厳密に検証するには，それぞれの事業者の設立の経緯を個別に見ていかなければならない．しかしそれでは詳細に過ぎ，本書の主題がぼやけてしまう．そのため，ここでは愛盲事業の典型的な事例として名古屋ライトハウスを取り上げ，その設立過程を簡単に追っていくとともに，その他の事業者については別の角度から検証する．

　名古屋ライトハウスの話に入る前に，1960（昭和35）年10月16日に設立された「全日本ライトハウス連盟」（以下「ライトハウス連盟」と略記）について触れておく．同連盟は大阪ライトハウスの呼びかけで結成されたものであり，最初8つの事業者から始まった．設立の古い順から，東京光の家，大阪ライトハウス，名古屋ライトハウス，福岡ライトハウス，熊本ライトハウス，山梨ライトハウス，島根ライトハウス，京都ライトハウスである．その後連盟には延岡ライトハウス，鳥取ライトハウス，札幌ライトハウスが加わる．ライトハウス連盟とは無関係ながら資料にはこのほかにも，東京ライトハウス，九州ライトハウス，沖縄ライトハウスの名も見られる．これらは「ライトハウス」を名称として共有していることからも推測できるが，その多くが設立時に岩橋や大阪ライトハウスと何らかの関わりを持っていた事業者である．しかもそのほとんどで盲人が設立に関与し，盲人が初代の代表を務めている．

　さて，名古屋ライトハウスである．同法人は，1946（昭和21）年10月17日に設立された愛知県盲人福祉協会が前身となっている．翌1947（昭和22）年8月，近藤正秋[6]の自宅に愛盲ホーム光和寮と共同治療所を開設．同年11月，片岡好亀[7]に請われ，岩橋武夫は名古屋を訪れ講演を行った．この講演に触発され，名古屋でも盲人の新職業開拓と盲人運動の資金源を得ようと，近藤，片岡らはGHQの空缶払い下げについて中部司令部と交渉を始めた．しかし交渉は進展せず，翌1948（昭和23）年2月，岩橋に再度の来県を依頼し，岩橋を交えた交渉を行ったところ，司令官のマックグレーンより同払い下げの許可が降りた．同年7月20日，愛知県盲人福祉協会は社団法人となり，理事長に近藤が副理事長に片岡が就任した．同じ頃，土地21.42坪と2階建て建物1棟22.90坪を購入，金属作業所を開設，共同治療所事業も同法人に併合．点

字図書出版事業も開始．近藤は，金属作業所の開設に当たり，大阪ライトハウスを度々訪れて金属加工の指導を受けている．1949（昭和24）年11月の愛知県盲人福祉連合会の結成にともない，社団法人愛知県盲人福祉協会は一事業体としての歩みを始める．1952（昭和27）年5月23日には社会福祉法人となり，1957（昭和32）年8月13日，「社会福祉法人名古屋ライトハウス」と改称．その後，点字図書館，歩行訓練，移動支援，福祉ホーム，盲老人ホーム等多岐にわたる事業を手がけている．

同法人の設立に中心となって関わった近藤正秋は1935（昭和10）年に満州での戦闘で負傷して失明．1938（昭和13）年に開設された失明傷痍軍人教育所の師範部第1号入所生となる．同所卒業後は名古屋盲学校に赴任，1945（昭和20）年まで勤めた．近藤は1938（昭和13）年12月5日に催された失明軍人と岩橋との座談会に出席しており，また1943（昭和18）年8月に開かれた愛知県主催の失明軍人夏期錬成会にも岩橋とともに参加している．こうした岩橋と近藤のつながりが，同法人の上記金属作業部門の開設につながっており，ライトハウス連盟の中では最も大阪ライトハウスと関係が深い．

名古屋ライトハウス設立の経緯は以上であるが，同法人同様に，ライトハウス連盟加盟団体の多くは岩橋や大阪ライトハウスと関係が深く，またそのほとんどが盲人自らが立ち上げた事業者であり，これらは愛盲事業者といってよいであろう．

次に，岩橋との関係が示唆される日盲連参加団体に目を向ける．日盲連の設立過程については第3章で見てきた通りであるが，この日盲連の設立に呼応して各地に盲人関係諸団体が設立された．1998（平成10）年に発行された『日本盲人会連合50年史』によれば，同年史発行時，日盲連の加盟団体は58を数えた．同書よりその設立時期を拾ってみると，日盲連が設立された1948（昭和23）年の設立数が他の年に比べ突出しており，13を数えた．これは全体の22％である．これをヘレン・ケラー来日の情報が『黎明』誌を通じて広がった1947（昭和22）年から身体障害者福祉法が施行される1950（昭和25）年までに拡大すると，設立数で27，全体の47％となる．1946（昭和21）年以前の設立数は17，全体の29％で，1951（昭和26）年以降の設立数は14，全体の24％となっており，日盲連の参加団体の約半数が1947（昭和22）

年からの4年間に集中して設立されているのである．これは日盲連結成とヘレン・ケラー来日が盲人達にいかに大きなエポックとなったかを表している．[8]

　さて，これら団体と愛盲事業の関係である．これら日盲連参加団体は，発足当初は単に当事者団体として活動していくのであるが，やがて組織の規模拡大，組織の安定化，事務所の確保，求心力の確保等様々な理由で盲人社会福祉事業に乗り出す．補論の結果によれば，現在何らかの盲人社会福祉事業を営んでいる当事者団体から始まった事業者は，団体設立後平均して16.5年後に最初の事業を始めている．岩橋が1933（昭和8）年に大阪盲人協会の会長に就任した後ほどなくして，大阪ライトハウスを建設して盲人社会事業に乗り出したと同様に，各当事者団体は組織を得た後，やがて盲人社会福祉事業も手がけ始めるのである．そしてそこでは，先駆者である岩橋や大阪ライトハウス，他の戦前からの事業者の経験が参考にされ，あるいは日盲連加盟団体相互の経営ノウハウの交換があったことは容易に想像できる．また団体を維持し，盲人社会福祉事業を立ち上げるには，力のある盲人の存在が必要である．逆に言えば，各地に力のある盲人がいたからこそ，日盲連結成前後の一時期に地方団体の半数が設立できたのである．

　以上をまとめると，（岩橋＝日盲連）→各地の有力盲人による当事者団体の設立→事業の立ち上げという図式となる．日盲社協設立以降は（岩橋＝日盲連＋日盲社協）→各地の有力盲人による当事者団体の設立→事業の立ち上げという図式である．こうした場合，日盲連が盲人の人材育成の拠点としての役割をも担っており，これらの図式に入る事業者は本節の1の③，④を満たすものと考えられる．すなわち，これら事業者は愛盲事業者であるといってよい．なお，これは岩橋が，大阪盲人協会と大阪ライトハウスが一体となって運用されてきたものを1952（昭和27）年になり分離し，また同年，日盲連から社会福祉事業者を分離して日盲社協を設立したのとは逆コースであり，興味深い現象である．

　一方，前項の分析からも推察できるように，戦後の盲人社会福祉事業者の拡大の主因は身体障害者福祉法と社会福祉事業法の成立とそれに伴う措置等の制度拡充にあるようにも見える．法律が整備され，官手動で盲人社会福祉事業が拡大していったとなれば，それは愛盲事業の定義から外れるようにも

思える．しかし法のもとで施行されている制度であっても，それが実現するには，大阪ライトハウスが行った実験的取り組みとそれが身体障害者福祉法につながっていく一連の流れに相当する過程を経る必要がある．すなわち，発案または他国の事例入手→実験的取り組み→効果の検証と事業として成り立つかどうかの検討→当事者団体の支持→陳情・請願等→国民の支持→法改正等→先進事業者による新規事業の開始→後続事業者の追随→制度の普及・定着といった流れである．法律ができるということは，その制度を定着させ安定化させるには有力な支援となるが，法律ができるまで，あるいは法律ができてからの制度の拡充過程においては，愛盲事業の考え方，すなわち合理的保護の概念を基盤とし，小さな実験的取り組みを行い，ノウハウを蓄積し，人材を育て，各地に普及させるといった手法が必要なのである．しかも，第4章で見てきたように，身体障害者福祉法の理念の根底には，岩橋が欧米の社会事業の隆盛の中に見た合理的保護概念が横たわっている．加えて各事業者は小さく産んで大きく育てる方式で事業を拡大しているのである．このように考えると，我が国の盲人社会福祉事業者の多くが愛盲事業の範疇に入ってくる．中には，身体障害者福祉法を背景として公的立場から設立されたものもあるであろうが，少なくとも1950（昭和25）年以前に設立されたもの，当事者自らが設立したもの，当事者団体が前身となって後に事業を始めたもの，ライトハウス連盟加盟団体等は愛盲事業の流れをくむ事業者といってもよいであろう．そうすると，前項の調査に回答を寄せた243の事業者のうち，少なくとも約4割は愛盲事業者であるといえる．すなわち，愛盲事業はわが国に広がり根付いたことがいえるのである．

第3節　愛盲精神の広がり

「愛盲」とは岩橋の造語であり[9]，筆者が知る限り，岩橋がこの言葉を使ったのは，1932（昭和7）年に出版された『愛盲（盲人科学 ABC）』[10]が最初である．そして本章第1節で見てきたように，岩橋の生涯の活動は，この「愛盲」精神の発露であったともいえるのである．以下本節では，岩橋が唱えた愛盲精神の広がりについて見ていく．

1　今日の盲人福祉施策の中に見る愛盲精神

　岩橋が唱えた愛盲精神がその後どのように広がったかを追っていくことは，前節の愛盲事業の広がりを検証すること以上に困難である．そこで今日の盲人福祉施策と岩橋が行った愛盲施策との間にどのような関係があるのかを見ていくことで，岩橋が行ったことの今日的位置づけを評価することにする．

　まず，今日の盲人福祉施策を『エンサイクロペディア　社会福祉学』(2007)を参考に筆者なりに次の15項目に分類する．

　①失明防止あるいは失明予防　②盲教育　③中途失明者教育および職業リハビリテーション，新職業開拓　④リハビリテーション工学　⑤障害者雇用　⑥所得保障　⑦社会福祉事業（点字図書館，移動支援，盲導犬，授産ほか）　⑧ソーシャルワーカーほか専門職養成　⑨事業者団体活動　⑩当事者活動　⑪国民の意識啓発および世論喚起　⑫バリアフリー，ユニバーサルデザイン，情報保障[11]　⑬ノーマライゼーション，インクルージョン，エンパワメント，差別禁止などの理念　⑭立法および政策　⑮国際活動

　これら今日的盲人福祉施策の各カテゴリに，岩橋が行った数々の愛盲施策を当てはめてみる．

　まず①の失明防止あるいは失明予防であるが，これは1929（昭和4）年6月に行われたマザー夫人の講演の主題の一つであった．岩橋は大阪ライトハウス設立直後の事業として「大阪府社会課主催にかかる検眼治療に対する便宜」（岩橋英　1962：25）を図ったとある．

　②の盲教育については，岩橋自身大阪市立盲学校の教諭を勤め，あるいは関西学院大学の講師として，さらには燈影女学院の経営を通じて多くの盲人の教育に力を注いだ．

　③の中途失明者教育および職業リハビリテーション，新職業開拓については，第2章で詳しく見てきたように，1943（昭和18）年10月から始まった失明軍人講習会や翌年に開設された早川分工場を通じ，職業リハビリテーションの黎明ともいえる取り組みを行った．また，中年失明者の職業補導機関として1947（昭和22）年に「ライトハウス学園」を開設している．

　④のリハビリテーション工学としては，今日的な概念からは外れるが，そのは

しりとして，米国よりトーキング・ブックを持ち帰り各界に紹介している．

⑤の障害者雇用については大阪ライトハウスそのものが盲人の有望な職場であるとともに，ライトハウス金属工場を大阪ライトハウスの収益部門として位置づけ，盲人の新たな職場としている．

⑥の所得保障については，該当する取り組みは見当たらない．

⑦の社会福祉事業（点字図書館，移動支援，盲導犬，授産ほか）については，本書全体を通じて見てきた通りであり，特に大阪ライトハウスを愛盲事業の実験場あるいはモデルケースとして位置づけ，同事業を日本に広げた意義は大きい．

⑧のソーシャルワーカーほか専門職養成については，これは岩橋の晩年以後の概念であり岩橋の取り組みの中に見るべきものはない．しかし，岩橋の教え子や日盲連の参加団体の多くが後に社会事業を営み始めており，大阪ライトハウスを初めとする愛盲事業の広がりを通じ，これら専門職に職場を提供し，その職場を通じてこれら専門職の育成を行い続けたともいえる．

⑨の事業者団体活動については，第5章で見てきたように，1953（昭和28）年に設立された日本盲人社会福祉施設連絡協議会がその端的な例である．

⑩の当事者活動については，第3章で見てきたように岩橋が1933（昭和8）年に大阪盲人協会の会長に就いて以来，一生を通じて取り組んだ大きな仕事の一つである．岩橋は盲人問題の解決には全国組織が必要だとして1939（昭和14）年の関西盲人事業連盟の設立を皮切りに盲人の全国組織化への取り組みを続けた．これが1948（昭和23）年に日本盲人会連合として実現し，その後も会長として同会を牽引した．

⑪の国民の意識啓発および世論喚起については，2度にわたるヘレン・ケラーの日本招聘が大きなトピックであるが，それ以外にも全国各地で講演会を開き，国民に盲人問題への理解を求めた．

⑫のバリアフリー，ユニバーサルデザイン，情報保障については，点字教育，点字出版，点字図書館，『黎明』等の定期刊行物の出版等を通じ，盲人への情報保証に資する取り組みを行った．また，ここまで触れてこなかったが，岩橋英行は三宅精一が発明した「点字ブロック」の開発に大きく貢献している．今日，点字ブロックはバリアフリーの象徴的存在となっている．

⑬のノーマライゼーション，インクルージョン，エンパワメント，差別禁止などの理念については，これらはいずれも社会に要請するところが大きい概念であるが，岩橋自身盲人でありながら晴眼者を遥かに上回る能力を持ち，しかも社会福祉の分野で大きな実績を残したことから，これら概念を社会に向けて訴えるための適役として歴史上忘れてはならない人物となった．

⑭の立法および政策については，1949（昭和24）年に制定された身体障害者福祉法の成立過程で，岩橋が盲人達を率いて活躍したことを第4章で取り上げた．さらに岩橋は身体障害者福祉法公布後も中央身体障害者福祉審議会の委員として，同法の運用に深く関わっている．

⑮の国際活動については，第6章で見てきたように世界盲人福祉協議会への加盟，アジア盲人福祉会議の準備を通じ，日本の盲人を国際舞台につなげていった．また，ヘレン・ケラーを初めとする世界の盲人との親交も厚い．

以上，今日の盲人福祉施策を15項目に分け，それぞれの分野ごとに岩橋が行ってきたことを当てはめてみた．そうすると，ほぼすべての分野で岩橋は何らかの貢献をしていることがわかった．この中には岩橋なくして今日の姿はなかったといえる分野もあり，今日の盲人福祉に与えた岩橋の功績の大きさをここからもうかがい知ることができよう．本章第1節で見てきた通り，岩橋の生涯の活動は愛盲精神の具現化であった．そしてその愛盲精神の発露としての岩橋の活動は，今日の盲人福祉施策の中に息づいている．すなわち，岩橋の愛盲精神は広がり，今日に至っている．いや，岩橋の愛盲精神が広がったというよりもむしろ，今日の現実が岩橋の後を追ったといったほうが正確であるかもしれない．

2　愛盲精神を引き継ぐ人々

岩橋が失明後関西学院に進んだこと，英国留学から帰国後1928（昭和3）年から同学院の講師になったことは第1章で見てきた通りであるが，岩橋が同学院を去る1944（昭和19）年までの間，多くの盲学生が岩橋の後を追って同学院で学んだ．大村善永[12]，明田治雄[13]，内山茂実[14]，瀬尾真澄[15]，本間一夫[16]，下澤仁[17]，高尾正徳[18]等である．

このうち，後に日本点字図書館を設立する本間一夫が同学院に通っていた

時期，同学院には彼の他に瀬尾真澄，下沢仁，高尾正徳がいた．本間は自著の『指と耳で読む』で岩橋や当時の盲学生のことを次のように振り返っている．岩橋のことを当時の盲学生がどのように見ていたのかがよくわかるので，長くなるが以下に引用する．

> この四人の精神的後楯になっておられたのが，岩橋武夫先生でした．教室で私は文学概論や聖書をならいましたが，特にお得意はミルトンの「失楽園」で，これは名講義でした．語り来たり語り去るといった，ちょっと鼻にかかった名調子は，一般学生のなかでもなかなか人気があり，われわれはたいへん誇らしい思いでした．その岩橋先生が，一学期に一度くらいだったでしょうか，われわれと普段世話してくれる友人たちをリフレッシュメント・ハウスという学院の食堂に招待してくれて，豪華なコースをご馳走してくれるのです．「日本の盲人の文化は，まだまだ遅れている．欧米はここまで進んでいるのだ．自分の後について，君たち頑張ってくれ．日本の盲人の将来は，君たちの双肩にかかっているのだ」といった調子でハッパをかけられるのですから，われわれも張り切らざるをえませんでした．（本間 1980：41-42）

このように，岩橋が教鞭を執っていた当時の関西学院は，さしずめ志ある盲人のメッカのような存在であったといえる．これらの面々は，ある者は岩橋を慕い，ある者は岩橋にライバル意識を燃やし，同学院の門をくぐったのであろう．理由はどうであれ岩橋の存在は多くの盲人を勇気づけ，その可能性を広げた．そしてその中から大村善永，明田治雄，瀬尾真澄，本間一夫，下澤仁，高尾正徳が後に盲人社会福祉事業に携わることになる．また岩橋自身，同学院に進んだことで，道を拓くことができた．仮に同学院が岩橋を拒んでいたら，その後の岩橋の活躍はなかったであろう．そしてまた多くの盲学生の輩出もなかったといえる．この意味で岩橋を受け入れた当時のベーツ学院長は，わが国盲人にとっての恩人といえるであろう．

次に燈影女学院のことにも触れておく．岩橋は1934（昭和9）年2月，古谷英学塾の教頭に就任した．翌1935（昭和10）年5月には同塾長であった古谷登代子が病気のため引退し，岩橋が校長となった．岩橋は1936（昭和11）年2月，同塾の名称を燈影女学院に改め，同校をクエーカー派のミッ

ションスクールとして運営していくことにした．

戦後になると，明仁親王（今上天皇）の家庭教師として来日したエリザベス・バイニング（以下「バイニング夫人」と称す）に同校の名誉院友を依頼し[19]，1948（昭和23）年2月26日の創立記念式典でその就任が発表された．岩橋が1934（昭和9）年に米国講演を行ったことは第1章でふれたが，ボストン市で「光は闇より」と題する講演を行った際，聴衆の一人にバイニング夫人がいた．当時夫を交通事故で亡くし，悲しみの中にいたバイニング夫人は，岩橋の講演がきっかけとなり，クエーカーに傾倒していった．そしてまた，これが機縁となり，バイニング夫人の燈影女学院名誉院友就任につながったのである．

同じ時期岩橋は，同女学院に盲唖者，肢体不自由者10名程度を受け入れることも発表した[20]．これは，盲教育および聾教育の義務制発足を記念するとともに，ヘレン・ケラーを迎える準備の一端として行われたものである．岩橋のこの取り組みは，鍼灸按摩を目指さない盲人に対し，高等教育への登竜門として位置づけられた．これにより燈影女学院からもやはり多くの盲人が育っている．

これは仮説であるが，岩橋は「名誉院友」という辞書にもなさそうな職位を用意までして明仁親王の家庭教師であるバイニング夫人を就任させ，夫人の名を借りて燈影女学院の権威付けをしようとしたのであろう．そして上流階級の子女を入学させ，英国流の教育を授けて再び上流社会に送り出すことにより，彼女らを通じて上流階級との接点を広げ，ひいては自らが経営する盲人社会事業の拡大と安定化を試みようとしたのではなかろうか．しかし，不幸にも愛娘が凶刃に倒れ，経営意欲を失った岩橋は，1950（昭和25）年11月，同女学院を整理し，大阪府に移管することを決めるのである[21]．

＊＊＊

本章では，岩橋が構想した「愛盲事業」がその後どうなったかを定量的，定性的に分析してきた．また，岩橋が提唱した「愛盲」の精神が広がったのかどうかを見てきた．

このうち愛盲事業については，多くの事業者が小さく産んで大きく育てる方式で事業を拡大していること，日盲連結成とヘレン・ケラー2度目の来日の1948（昭和23）年前後の数年間に多くの事業者が設立されており，これら事業者の多くが直接・間接に岩橋の影響を受けて設立されていること，しかもこれらの多くが当事者団体から始まり，後に盲人社会福祉事業を始めていることなどから，愛盲事業は日本に広がり根付いたことがわかった．

　また今日の盲人福祉施策を15種類に分類し分析したところ，ほぼすべての分野に岩橋の生涯の取り組みが何らかの形で貢献していることがわかった．岩橋の生涯の活動は愛盲精神を具現化するものであり，この意味で岩橋が唱えた「愛盲」の精神は，今日の盲人福祉の中に息づいている．さらに関西学院や燈影女学院からは多くの盲学生が巣立っていった．これらの人々は岩橋の愛盲精神を引き継ぎ，その後各界で活躍した．

注

1　満年齢．
2　補論のグラフ-3参照．
3　補論のグラフ-4参照．
4　補論のグラフ-7参照．
5　補論のグラフ-9参照．
6　1913（大正2）年12月14日-1997（平成9）年2月20日．
7　1903（明治36）年10月24日-1996（平成8）年1月28日．
8　この設立時期の集計では，戦前から団体はあったものの戦争中に有名無実化し戦後新発足したような場合には，戦後の発足をもって設立時期とした．
9　『日本ライトハウス40年史』（岩橋英　1962：249）．
10　（岩橋武　1932）．
11　「情報保障」という用語は『エンサイクロペディア　社会福祉学』（2007）で調べても明確な定義がない．情報保障を扱った論文としては，「福祉情報における三つの概念　情報保障，情報保証，情報補償」『静岡福祉大学紀要』（加藤・横溝　2007：42-3）があり，これが参考になる．
12　大村善永（1904（明治37）年1月7日-1989（昭和64）年2月22日）は，1929（昭和4）年文学部入学．後に奉天盲人福祉協会設立，シロアム伝道所を開設．
13　明田治雄（生没年不明）は，1929（昭和4）年文学部入学．後に大阪ライトハウス職員となる．

14 内山茂実（生没年不明）は，入学年不明，文学部．後に大阪市立盲学校の教諭となる．
15 瀬尾真澄（生没年不明）は，1935（昭和10）年神学部入学．後に真生会（九州ライトハウス）設立．
16 本間一夫（1915（大正4）年10月7日-2003（平成15）年8月1日）は，1936（昭和11）年文学部入学．後に日本点字図書館設立．
17 下澤仁（1917（大正6）年9月18日-1999（平成11）年7月31日）は，1936（昭和11）年神学部入学．後に日本点字図書館職員となる．
18 髙尾正徳（1915（大正4）年12月21日-1990（平成2）年5月4日）は，1937（昭和12）年文学部入学．後に島根ライトハウス設立．
19 1948（昭和23）年3月の『黎明』（110）の「バイニング夫人と燈影女学院」（大阪ライトハウス1948a：45）と題する記事中「メイヨインユウ」と表現されているものに筆者が漢字を当てた．
20 1948（昭和23）年4月の『黎明』（111）の「巻頭言　盲唖教育の義務制」（岩橋武1948：3）による．
21 大阪府立阿倍野高等学校のホームページ（http://www.abeno-hs.com/ 学校紹介/沿革/2012）によると，1950（昭和25）年12月，「燈影女学院を買収し，校地を拡張」とある．

資料

〈日本ライトハウス所蔵　一次資料〉

本間一夫（1940）『図書館ニュース』1（1）日本盲人図書館（昭和15年11月10日発行点字『図書ニュース』創刊号より2000年12月，墨字訳復刻，改訂版）．

石松量蔵（1959）『盲人とキリスト教の歩み　盲人伝道百年史』日本盲人基督教伝道協議会．

─────（1965）『盲目の恩寵　盲人牧師の記録』日本福音ルーテル羽村教会．

岩橋英行（1982）「明日から担わねばならないもの」『英行理事長関連文書』．「岩橋英行文書（1）」．

日本ライトハウス（1960）『社会福祉法人日本ライトハウス　昭和35年度年報』日本ライトハウス（奥付なし）．

全日本ライトハウス連盟（1960）『全日本ライトハウス総合年報　昭和35年度』全日本ライトハウス連盟（奥付なし）．

─────（1961）『全日本ライトハウス総合年報　昭和36年度』全日本ライトハウス連盟（奥付なし）．

─────（1962）『全日本ライトハウス総合年報　昭和37年度』全日本ライト

――――（1963）『全日本ライトハウス総合年報　昭和38年度』全日本ライトハウス連盟（奥付なし）．
――――（1964）『全日本ライトハウス総合年報　昭和39年度』全日本ライトハウス連盟（奥付なし）．
――――（1965）『全日本ライトハウス総合年報　昭和40年度』全日本ライトハウス連盟（奥付なし）．
――――（1966）『全日本ライトハウス総合年報　昭和41年度』全日本ライトハウス連盟（奥付なし）．
――――（1967）『全日本ライトハウス総合年報　昭和42年度』全日本ライトハウス連盟（奥付なし）．
――――（1968）『全日本ライトハウス総合年報　昭和43年度』全日本ライトハウス連盟（奥付なし）．
（不明）「燈影女子英学院入学の栞」．

[点字資料]
後藤寅市（1951）「身体障害者福祉法施行1周年を迎えて」『黎明』(174), 17-23.
岩橋武夫（1941）「満州国における盲人問題の解決」『黎明』(30), 8-23.
――――（1947）「巻頭言　ライトハウス愛盲事業」『黎明』(99), 1-5.
――――（1948）「巻頭言　盲唖教育の義務制」『黎明』(111), 1-3.
――――（1952）「巻頭言　アジヤ盲界の黎明」『黎明』(157), 1-3.
大阪ライトハウス（1938）「現代盲人立志伝（3）石松量蔵」『黎明』(3), 39-48.
――――（1948a）「バイニング夫人と燈影女学院」『黎明』(110), 43-7.
――――（1948b）「ライトハウス便り」『黎明』(112), 64-70.
――――（1948c）「ライトハウス便り」『黎明』(114), 108-113.
――――（1953）「海外便り（2）沖縄ライトハウスの誕生」『黎明』(171), 113-5.

文献

葉上太郎（2009）『日本最初の盲導犬』文藝春秋．
編集責任者中島俊一（1962）『社団法人大阪盲人福祉協会　三十年史』社団法人大阪盲人福祉協会．
(2006)『ひとりの幸せのために　名古屋ライトハウス60周年記念誌』社会福祉法人名古屋ライトハウス．
光とともに半世紀編集委員会（1996）『ひとりの幸せのために　名古屋ライトハ

ウス 50 周年記念誌』社会福祉法人名古屋ライトハウス．
本間一夫（1980）『指と耳で読む』岩波書店．
岩橋明子（1988）「視覚障害者に生きる勇気と情報を　ライトハウス物語」『大阪市社会福祉研究』（11），123-9．
岩橋英行（1962）『日本ライトハウス 40 年史』日本ライトハウス．
関西学院百年史編纂事業委員会（1997）『関西学院百年史　通史編Ⅰ』学校法人関西学院．
―――（1998）『関西学院百年史　通史編Ⅱ』学校法人関西学院．
監修仲村優一・一番ケ瀬康子・右田紀久恵，編集岡本民夫・田端光美・濱野一郎・古川孝順・宮田和明（2007）『エンサイクロペディア　社会福祉学』中央法規出版．
加藤あけみ・横溝一浩（2007）「福祉情報における三つの概念　情報保障，情報保証，情報補償」『静岡福祉大学紀要』（3），39-47．
小西律子（2009）「盲人集団の職業的自立の危機とその克服への試み　岩橋武夫と大阪ライトハウス設立を中心に」『社会福祉学』50（1），57-67．
―――（2011）「職業リハビリテーションの黎明としての大阪ライトハウス早川分工場」『社会福祉学』51（4），5-17．
―――（2012）「身体障害者福祉法成立に盲人集団が果たした役割」『社会福祉学』52（4），3-16．
京都ライトハウス 20 年史編集委員会（1984）『京都ライトハウス 20 年史』京都ライトハウス 20 年史編集委員会．
毎日新聞 130 年史刊行委員会（2002）『毎日の 3 世紀　新聞が見つめた激流 130 年（別巻）』毎日新聞社．
道ひとすじ昭和を生きた盲人たち編集委員会（1993）『道ひとすじ　昭和を生きた盲人たち』あずさ書店．
升味準之輔（1988）『日本政治史 3　政党の凋落，総力戦体制』東京大学出版会．
―――（1988）『日本政治史 4　占領改革，自民党支配』東京大学出版会．
眞野哲夫編集（2002）『点字毎日創刊 80 周年記念出版　激動の 80 年』毎日新聞社（点字）．
日本盲人会連合 50 年史編集委員会（1998）『日本盲人会連合 50 年史』日本盲人会連合．
日本点字図書館 50 年史編集委員会（1994）『日本点字図書館 50 年史』社会福祉法人日本点字図書館．
大河原欽吾（1937）『點字発達史』培風館．
齊藤恒子（1964）『わが国における点字図書館の歴史　日本点字図書館を中心として』日本点字図書館．
創立 100 周年記念事業委員会（1989）『関西学院の 100 年』学校法人関西学院．
鈴木力二（1969）『中村京太郎伝』中村京太郎伝記刊行会．

社会福祉研究所編（1990）『戦前・戦中期における障害者福祉対策』社会福祉研究所.
竹内恒之（2000）『東京ヘレン・ケラー協会　創立50周年記念誌　視覚障害者とともに50年　社会福祉法人　東京ヘレン・ケラー協会の歩み』東京ヘレン・ケラー協会（テキスト版）.
吉田久一（1990）『吉田久一著作集　改訂増補版　現代社会事業史研究』川島書店.
財団法人東京盲人協会　『東京都盲人事業概要』（奥付なし）.

〈光道園所蔵〉
光道園創立五十周年記念誌編集委員会（2007）『光道園　五十年のあゆみ』社会福祉法人　光道園.
中道益平（1967）『雑草に支えられて』社会福祉法人光道園.
────（1977）『生きる　中道益平のあゆみ』社会福祉法人光道園.
（2011）『平成23年度　事業概要（2011）』社会福祉法人光道園.
（2012）『平成23年度　生活支援事例報告書』31　社会福祉法人光道園.

〈名古屋ライトハウス所蔵〉
岩山光男編・著（1998）『八十四歳への挑戦　でも二人はがんばった命の限り』愛盲報恩会.
岩山光男・金沢明二・足立すみ子（1998）『郷土盲界半世紀の歩み』社会福祉法人名古屋ライトハウス名古屋盲人情報文化センター.
近藤正秋（1974）『試練を超えて』愛盲報恩会.
（1957）『昭和三十二年十月十七日　創立十周年記念　社会福祉法人名古屋ライトハウス事業概要』（奥付なし）.
（1967）『創立20周年記念誌』社会福祉法人名古屋ライトハウス（奥付なし）.
社会福祉法人名古屋ライトハウス（1977）『30年のあゆみ』社会福祉法人名古屋ライトハウス.
（1986）『創立40周年記念誌』社会福祉法人名古屋ライトハウス（奥付なし）.
50周年記念事業実行委員会（2010）『夢をつむいで　名古屋盲人情報文化センター50周年記念誌』社会福祉法人名古屋ライトハウス　名古屋盲人情報文化センター.
視覚障害人名事典編集委員会（2007）『視覚障害人名事典　名古屋ライトハウス60周年記念』社会福祉法人名古屋ライトハウス　愛盲報恩会.

〈日本盲人キリスト教伝道協議会所蔵〉
日本盲人キリスト教伝道協議会（2011）『されど育て給うは神なり』日本盲人キリスト教伝道協議会.

〈日本ライトハウス所蔵〉

本間伊三郎（1987）『源流を探る　―大阪の盲人福祉―』大阪府盲人福祉協会.
小山正野編（1936）『中央盲人福祉協会会誌』（5）中央盲人福祉協会.

〈桜雲会所蔵〉
社会福祉法人桜雲会代表高橋昌巳（2001）『桜雲会110年誌』小学館スクウェア.
高橋昌巳（1977）『盲人の父　イオアン高橋豊治とともに』社会福祉法人桜雲会.

〈岡山県視覚障害者協会所蔵〉
社会福祉法人岡山県視覚障害者協会（2007）『80周年記念誌』社会福祉法人岡山県視覚障害者協会.
――――（1997）『70周年記念誌』社会福祉法人岡山県視覚障害者協会.

〈聖明福祉協会所蔵〉
社会福祉法人日本盲人社会福祉施設協議会・創立50周年記念誌編集委員会（2003）『社会福祉法人日本盲人社会福祉施設協議会　創立50周年記念誌』社会福祉法人日本盲人社会福祉施設協議会.
社会福祉法人山梨ライトハウス（1993）『創立40周年記念　40年のあゆみ』社会福祉法人山梨ライトハウス.

〈東京光の家所蔵〉
田中亮二（1969）『東京光の家　50周年記念誌』秋元梅吉.
追悼記念誌編集委員会（1985）『光ありて』社会福祉法人東京光の家.
70周年記念誌編集委員会（1990）『創立70周年記念誌　新しき第一歩』社会福祉法人東京光の家.
90周年記念誌編集委員会（2011）『創立90周年記念誌　みことばに導びかれて』社会福祉法人東京光の家.

〈東京都盲人福祉協会所蔵〉
社団法人東京都盲人福祉協会会長村谷昌弘（1994）『東京都盲人福祉協会九十年のあゆみ　記念誌』社団法人東京都盲人福祉協会会長村谷昌弘.
社団法人東京都盲人福祉協会会長笹川吉彦（2003）『東京都盲人福祉協会100年のあゆみ　盲人運動の発祥と今後の展望』社団法人東京都盲人福祉協会会長笹川吉彦.

終 章

 ここまで，近代日本における盲人の職業的自立への歩みを，主に失明後の岩橋武夫の足跡をたどることで見てきた．本章ではここまでのまとめと結論，本研究の限界と今後の課題などを示しておきたい．

第1節　まとめと結論

 まず第1章では，近代に入り盲人に迫ってきた職業的自立の危機と，その危機を克服しようとする試みの一つとして，岩橋武夫と大阪ライトハウスを取り上げ，その設立過程を追った．

 近世において盲人は，当道座などの自助組織を作り，一定の職業的自立を得ていた．明治に入ると当道座は解体され，盲人は彼らの伝統的職業である鍼灸按摩への晴眼者の進出にさいなまれ始めた．これに対し，盲人達は按摩を盲人の専業にしようとする運動を起こした．この運動は一定の成果を見たものの，按摩を盲人が独占するまでには至らなかった．明治から昭和初期にかけてのわが国の国家目標は，西欧列強に伍していくための国力の増強であり，そのための自由競争社会の維持であった．このため，職業選択の自由に制限を加える政策は，たとえ相手が盲人であり，且つ按摩業という小さな範囲であったとしても認められなかったのであろう．昭和のはじめには盲人が伝統的職業にのみ執着することに危機感を抱く者が現れた．その一人が岩橋武夫である．

 若くして失明した岩橋は，英国留学で見聞した内容や盲人施策の調査を通じ，欧米で盲人問題の解決が進んだ背景に，合理的保護という概念の発見が

あることを見抜いた．この概念は，盲人を自活可能な者として肯定し，失ったものに目を向けるのではなく，今ある能力に目を向け，それを阻害している要因を可能なかぎり取り除きながら，今ある能力を伸ばして自活につなげようとするものである．この合理的保護の概念は，当時の日本には存在せず，盲人はその伝統的職業に執着するほかはなかったのである．

英国から帰国した岩橋は，日本にふさわしい近代的盲人社会事業を起こそうと，講演活動や著作活動を始めた．その結果，多くの理解や協力者を得て，1935（昭和10）年，大阪ライトハウスは設立された．岩橋はそこでの事業を「愛盲事業」と呼んだ．

岩橋は，大阪ライトハウスを，愛盲事業の実験場にしようとした．欧米で同種の社会事業が存在し，その基礎的理念である合理的保護という考え方がいかにすばらしかろうとも，実情の異なる日本で欧米同様の盲人社会事業がそのまま成功するわけではない．その事業を日本に根付かせるためには，これを日本にふさわしい形に設計し直す必要がある．その設計図は一朝一夕にできあがるわけではない．また一人でできるわけでもない．そこには，試行錯誤や地道な普及啓発活動が必要である．活動の資金や協力者も必要である．またそのための「場」も必要である．大阪ライトハウスの建設の目的はこれら一切を解決することであり，同館建設をもって愛盲事業の実現に大きな一歩を踏み出したのである．

岩橋が日本にもたらそうとした愛盲事業の特徴を整理すると，次のようになる．

まず一つめは，それまでの盲人が，伝統的職業を守ることで職業的自立を目指していたのに対し，愛盲事業では盲人の可能性を幅広くとらえ，新分野に進出しようとする盲人の後押しをしようとしたことである．これは，自由競争社会にあって，盲人だけに伝統的職業の独占を認めることは好ましくないという政府の立場から，按摩専業運動などが目立った成果を収められなかった当時の現実を反映させたものである．また，学問を修めれば盲人でもその学問分野への進出が可能であるという岩橋自身の体験や，英国留学などを通じて見聞きした世界の盲人の新職業分野における活躍の実例を根拠としている．さらにこれは，盲人に対し無条件にその伝統的職業を保護するので

はなく，盲人のハンディキャップを補う程度の保護のみを与えたあとは自由競争社会でその秘めたる能力を発揮させようとする合理的保護の概念を具現化させるものでもある．

　特徴の二つめは，それが盲人達の中から自主的に生れたということである．これは日本の盲人が，たまたま岩橋武夫という際だった能力を有する人材に恵まれたとも考えられるが，筆者は近世からの長い職業的自立の歴史の中で，日本の盲人が厚い人材の層を有していた結果であると考える．それは，才能というものは伝統という豊かな土壌があってこそ花開くものであると考えるからである．

　特徴の三つめは，事業の規模は小さくとも，その内容のきめが細かいということである．愛盲事業は，内容的には，英国々民盲人協会の事業と世界のライトハウスの事業を混合し，日本独自なものを追加したものとなっている．しかし，英国々民盲人協会のように世界に君臨する大国の財政基盤やノブレスオブリージュの精神を背景にしたものでもなければ，世界のライトハウスのように独立自活を全面に押し出したようなものでもない．愛盲事業も，最終的には盲人の職業的自立を目指すものの，初期の事業に関しては，盲人や社会に盲人社会事業というものを認知させ，理解を得るための取り組みが目立つのである．

　続く四つめの特徴は，中央集権的な組織ではなく分散型の組織であることである．大阪に愛盲事業の実験場としての大阪ライトハウスを設立し，そこで得られた事業ノウハウや人材が，全国で新たな事業を展開するという方式をとるものの，各地のライトハウスやその他の盲人福祉事業者は大阪ライトハウスの下部組織というわけではない．ノウハウや情報は各事業者間で共有するが，事業主体そのものは独立しているのである．

　さてこうして大阪ライトハウスを設立し，また大阪盲人協会会長という足場を得た岩橋は，第1章第4節第2項で見てきた盲人問題解決のためのグランドデザインを着実に実行に移していくのである．

　続く第2章では，設立間もない大阪ライトハウスが愛盲事業の一環として取り組んだ，職業リハビリテーションの黎明ともいえる早川分工場の設立の過程とその後を追った．

盲人社会事業が盲人の新職業の開拓や実践を目指すにしても，そこには財源，人材，情報，技術，経験，協力者の存在等，多数の要素の集積が必要である．これらの条件を固めていくため，岩橋はまず，大阪ライトハウス設立後間もなくヘレン・ケラーを招聘した．これによって，盲人に光を当てるとともに，大阪ライトハウスと自らの知名度を上げることに成功した．また，女史の来日は，後援会発足につながるなど，大阪ライトハウスの財政基盤を固める結果となった．続いて日中戦争勃発後には，国との関わりを深めつつ，やがて問題になってくるであろう失明軍人の対策にノウハウを提供することで岩橋と大阪ライトハウスは存在感を高めていった．

　失明軍人の職業リハビリテーションの実践には，盲人としての立場，中途失明者としての立場，社会事業家としての立場等，多方面からの卓識が要求される．自ら中途失明者であり，英国留学や関西学院および大阪の盲学校における長年にわたる教職の経験，大阪ライトハウスでの事業の経験から，そのどれもが備わっている岩橋には，国も一目置くことになったであろう．さらに，『黎明』を通じた言論活動などの結果，オピニオンリーダーとしての岩橋の地位は，盲人達の間に一定程度確立されていた．このため，岩橋および大阪ライトハウスの取り組みは，為政者も注目せざるを得なくなった．

　こうして基礎を固め，建物を増改築し，恩賜財団の傘下に入ることで体制が整った中，1943（昭和18）年10月，失明軍人講習会が行われた．同講習会は職業リハビリテーションの黎明とも言えるものであった．さらに，訓練を終えた失明軍人が，その成果を実践の場で生かすための工場として，盲人の理解者である早川徳次の協力を得て翌1944（昭和19）年1月，「早川分工場」が誕生した．工場を実稼動させるためには資材を調達したり図面を読んだり金型を調節したりといった，作業以前の段階が必要であろう．こういった工場の実際的な部分においては，社会事業家である岩橋には手が出せない．どうしても各分野の理解ある実業家の助けが必要である．その意味で，早川分工場の成功は早川徳次の存在なくしてはなかったであろうし，またそれが同工場が失明軍人会館の1部門でありながら「早川」の名を冠している所以であろう．職業リハビリテーションには，職業訓練の場，訓練の有効性を実証するための実践の場，実践の場から訓練の場へのフィードバックなどが必要

であるが，そのどれもが備わっていた早川分工場は，当時としては画期的なものである．

さて，岩橋の周到な戦略により早川分工場は誕生し，早川徳次の協力を得て一定の成果を見た．しかし，戦争を背景に生まれた同工場は，終戦とともに姿を消した．岩橋が同工場のそのような終焉を予想していたかどうかはわからない．だが，それが岩橋の誤算であったかといえば，筆者はそうとは考えない．現実として工場は1年余の短い寿命であったが，そこに関係した失明軍人や職員，早川電機工業や恩賜財団，さらには政策当事者，そして岩橋武夫と早川徳次の中には，多くの経験，あるいは早川分工場の魂と呼んでもよいかもしれない，そうしたものが残ったはずである．そして，それが後年，岩橋をしてライトハウス金属工場を設立させ，早川をして早川特選工場を設立させるきっかけとなったからである．

岩橋にとって，同工場での取り組みは，単なる失明軍人の職業訓練に留まるわけではなかった．これは後に続く同様な取り組みのモデルケースであり，戦後の戦争傷痍者の生活の拠りどころとなるはずのものである．さらには，戦争によらない盲人の可能性をも広げる，岩橋にとって失敗のできない実験であった．これらのことは，1940（昭和15）年の『黎明』(28)「巻頭言」にある，岩橋の次の記述からも読み取れる．

「失明軍人が新しい職場を選ぶ場合にも，なるべく一般盲人によって守られている鍼灸按マッサージ或いは箏三絃の世界はなるべく侵さないで，それ以外の職場を見つけることは，盲界職業戦線の発展上から見ても望ましいことであるばかりでなく，恐らくは彼等失明軍人に拠らなければ開拓不可能と思われる新しい分野が開けて，そこに盲人の明るい行く手が見出されるという一石二鳥の結果が出てくるからである．」（岩橋武　1940：2-3）

今日では，不十分とはいえ，我が国の職業リハビリテーションは一定の水準にある．そしてその歴史をたどっていったとき，本書で取り上げた「早川分工場」は，その源流に近いところにある．収穫のためには種蒔きが必要である．戦時体制下とはいえ，職業リハビリテーションの種を蒔いた岩橋武夫と早川徳次の功績は大きい．

続く第3章では，日盲連の結成過程を追った．

大阪ライトハウスを設立し，ヘレン・ケラーを日本に招聘することにより，活動の基盤と知名度を得た岩橋は，紀元二千六百年を契機に全日本盲人大会（橿原大会）を開催することを企図し，関西盲人事業連盟を発足させた．同連盟はやがて全日本盲人事業連盟となり，全国盲人協会連盟，全国盲学校同窓会連盟とともに橿原大会を成功させた．岩橋は同大会後，全日本愛盲連盟準備会を組織し，大会決議を実行に移そうとした．そして，「愛盲報国号」献納運動を成功させ，2年後に再び全国大会を開いた．この会議が準備会となり，1942（昭和17）年11月，今関秀雄を会長とする大日本盲人会が結成された．しかし，終戦前後の混乱のため，同会は十分な機能を果たすことができなかった．

　戦後になると，鍼灸存廃問題が起きた．これは，盲人の多くが従事する鍼灸按摩マッサージ業を，盲人から完全に奪い去りかねないものであった．幸い，岩橋を始めとする業界，盲学校，盲人達による全国的な運動により，この問題は解決した．このとき盲人達は，新たな全国組織の必要性を痛感した．また，戦後間もなく岩橋とヘレン・ケラーの通信が再会し，ケラーの再来日が決まった．岩橋はケラー来日を契機に，その受け入れ母胎として日盲連の設立を図った．GHQの強力な後ろ盾と，ライトハウス金属工場による経済的基盤を得，周到な準備がなされた．そして，1948（昭和23）年8月，現在まで続く日本盲人会連合が設立され，岩橋が初代会長に就任した．

　健康で力のある人にとって，社会の変化に応じて職業や生活を変化させていくことは，簡単ではないにしても不可能な話ではない．しかし，ただでさえ社会への適応の難しい弱者にとって，社会の大きな変動は，一般の人が感じるものよりも何倍も大きな振幅となって，その生活を直撃する．このため，弱者にとっての政治の重みは一般の人のそれよりもはるかに重く，弱者の声が政治に届くかどうかは彼らの生活を左右する極めて大きな問題である．民主主義国家において，政治は数である．それゆえ，弱者で少数派の集団が政治力を増して行くには，集団としての統一的な行動が不可欠である．近代という時代の波に翻弄され貧困にあえぐ盲人を冷静なまなざしで観察してきた岩橋は，早い段階から全国組織の必要性を訴えてきた．そして，大阪ライトハウスを拠点に，自らの手でその宿願を成就させたのである．

さて，企業を経営するには，「人・物・金・情報」という4つの経営資源をいかにうまく生かしていくかが肝要だとされているが，これは組織を設立していく過程にも当てはまることであろう．それではこれら4つの要素は，日盲連の結成過程ではどのようなものだったのであろうか．

順番を逆にし，最初に「情報」の面である．この点では，まず大阪点字毎日の存在に注目しなければならない．同紙を通じて伝えられた全国各地の盲人諸団体の動きは，盲人自身を相互に触発し，全国組織結成の機運を高めていったことであろう．なお，同紙の編集長であった大野加久二は，日盲連結成時の副会長に就任している．岩橋も大阪点字毎日発刊と時を同じくして点字出版に乗り出し，やがて点字の月刊誌である『黎明』を創刊する．そして，同誌の巻頭言を通じ，盲人の指導層に岩橋の考えを伝えていった．さらに岩橋は，盲人問題に関する書籍，ヘレン・ケラー自伝等の邦訳，キリスト教に関する書籍の邦訳，哲学書，小説等，多くの墨字および点字本の出版を自ら手がけた．そしてこれらを通じて，盲人問題の存在を社会に問うとともに，盲人達の間にオピニオンリーダーとしての岩橋の地位を固めていった．

次に「金」の面である．この点では社会事業家としての岩橋の才能が光っている．岩橋は国内および米国で講演を行い，盲人として，社会事業家として，キリスト者として，教育者としてのそれぞれの立場を生かして資金を集めた．先の出版も資金作りに役立った．ヘレン・ケラーの2度の来日は，岩橋と大阪ライトハウスに直接の金銭的メリットはなかったものの，その知名度を上げたことで，寄付金を集める際などに有利に働いた．岩橋の実弟文夫が立ち上げたライトハウス金属工場は，戦後の大阪ライトハウスの経営を支える強力な存在となった．岩橋が大阪ライトハウスの事業を通じて集めた資金の一部は，橿原大会その他，日盲連設立の過程で必要となる経費に充てられた．

続く「物」の面であるが，これには大阪ライトハウスの建物が役立った．講堂や宿泊施設を備える大阪ライトハウスには，各地の関係者が集まり，組織作りのための準備会合が頻繁に持たれた．また，盲人のための新職業を模索していた大阪ライトハウスである．各地から訪れた盲人は，そこで何らかの刺激を受けて帰郷したことであろう．

最後に「人」の面である．これについても，岩橋武夫の卓越した手腕に注

目しなければならない．岩橋は，失明の苦難を克服し，早くから盲人問題解決のグランドデザインを描き，必要とあらばイギリスにでもアメリカにでも渡り，面識のなかったヘレン・ケラーであれかつての敵であるGHQであれ味方に付け，財界などから寄付を集め，様々なメディアを活用し，三重苦の聖女の物語を演出し，いくつもの組織を作り，ついに日盲連結成という一つの大きな目標を達成した．ヘレン・ケラーは，盲人達を勇気づけ，GHQや日本政府を動かし，日盲連結成の触媒となった．GHQは，国家総動員体制下に設立された大日本盲人会を廃し，民主的で若々しい盲人の全国組織を結成するのに寄与した．

　以上のように，日盲連結成過程を「人・物・金・情報」の4つの要素に分けて分析すると，いずれの面においても岩橋の活躍が光っている．歴史に仮定は禁物とされるが，もし岩橋が大日本盲人会の会長に就いていたらどうなっていたか．その場合，岩橋とGHQとの関係は異なったものとなっていたであろう．岩橋の戦後の活動は抑制され，ヘレン・ケラーの2度目の来日はなかったかもしれない．日盲連の結成も遠のいていたであろう．しかし，歴史はそのようにはしなかった．大日本盲人会の会長を今関にすることで，岩橋がその能力を遺憾なく発揮できる活躍の場を戦後に残した．歴史というものは，しかるべき時期にしかるべき人物を登場させるものなのであろう．

　続く第4章では身体障害者福祉法の成立過程を追った．

　身体障害者福祉法は，GHQによる占領政策によって特権を剥奪され，生活困窮に陥った傷痍軍人の問題を解決するために生まれたとされてきた．しかし，同法成立に至る過程は単純ではなかった．法律を作るには「誰のために」という対象者が必要であり，できれば全国組織があってその声が統一されているのが望ましい．しかし，GHQを前に，もともとの当事者である傷痍軍人の団体を表に出すことはできない．肢体不自由者の団体を急ごしらえで作ったとしても，その団体はどうしても傷痍軍人を連想させてしまう．こうした中で注目されたのが盲人である．盲人は比較的戦争を連想させにくく，しかも戦前からの全国組織化への取り組みがあり，さらに都合のよいことに永年にわたって自分達のための立法措置を訴えてきた．そこにケラー女史の来日があり，身体障害者福祉法成立の条件が整った．同法は，この強力

な当事者集団を核に得て，1949（昭和24）年12月成立した．
　弱者の声はとかく政治に届きにくい．しかし今回は違った．強者が起こした戦争によって，強者の中から傷痍軍人という障害者の一集団が生まれた．この集団は，弱者に転落することなく，かつ守られねばならない集団であった．しかし，日本は敗戦し，GHQによる隠然たる支配を受けるようになった．このとき，傷痍軍人の集団は，大きな力の下で弱者の集団となった．しかもその立場は，それまでの障害者よりも，さらに低いものとなった．ここで初めて，強者の中から生まれた障害者と，もともと弱者であった障害者が一つになった．そして，戦争を連想させにくい盲人が障害者の象徴的存在として選ばれた．
　政府は当初傷痍者対策に法律は必要ないとしていた．またこの傷痍者には先天あるいは幼少期に障害となった人は含まれていなかった．盲人が前面に出たことで，これらは変化せざるを得なくなった．盲人には先天あるいは幼少期に障害となった人も多く，また彼らは自分たちのための法律を永年求め続けていたからである．盲人達の中に，政策の参考となる愛盲事業の実践事例が存在していたことも大きかった．なぜなら，成功事例がないものの法案化は困難であるからである．その事業者には「ライトハウス」という横文字の名前が付けられていた．しかも，その発祥の地はニューヨーク78番街であるという．これはGHQの興味をそそったであろう．さらに，身体障害者福祉法の法案化に障害当事者が直接関わっていたことも大きかった．障害者のことは障害者抜きには決められないのである．GHQにニューディーラが含まれていたことで，弱者の地位は従来よりも上昇した．また，障害者に傷痍軍人が含まれたことで，同法は右よりの人々も，左よりの人々も共に必要な法律となった．こうしたことから，予算の裏づけが限られた中にあっても，同法は歓待され成立した．
　こうしてみると，戦争，そしてその結果としての傷痍軍人，占領，かつての敵であるGHQ，かねてから職業的危機に苛まれ，その打開を模索してきた盲人達，このどれが欠けても身体障害者福祉法は存在しなかったといえる．特に，集団としての声を上げ続け，同法成立の要として大きな役割を果たした盲人達の存在を忘れることはできない．

同法の国会審議録や条文の内容を見ると，岩橋が欧米で発見した「合理的保護」概念が色濃く反映されていることがわかる．しかも同法の目的は「一般人と同等の社会的活動能力を発揮させること」であり，さらにいえば職業能力の回復であった．また，その条文には盲人達がかねてから唱えてきた，盲人のための立法措置の内容が数多く反映されていた．すなわち，近代に入りさいなまれ続けてきた盲人の職業的自立の危機は，身体障害者福祉法の制定により，不十分ながらも法的な解決の端緒を得たのである．

身体障害者福祉法は，それまで光の当たらなかった，障害のある多くの人々に希望をもたらした．そして，その成立に，障害者自身が主体的に関わってきた意義は大きい．鬱蒼とした森が大地を覆いつくすアマゾン．そこでは，嵐などで巨木が倒れ，光が地上に差し始めると，それまで土の中で沈黙していた小さな植物が一斉に芽生え，色とりどりの花を咲かせる．この最初に芽を出す植物のことを「パイオニア」と呼ぶそうである．身体障害者福祉法も，社会を覆う巨木が戦争によって倒れ，それまで日陰に追いやられてきた人々に光を当てた，その歴史上の一瞬をとらえて生まれた．じっと耐えているだけのように見えた人々が，見えざる場所でしっかりと花を咲かせる準備をし，新しい時代のパイオニアとなったのである．

続く第5章では，身体障害者福祉法を手にした盲人達が日本盲人社会福祉施設連絡協議会を日盲連から分離して設立するまでの過程を追った．

岩橋は，ヘレン・ケラーの後押しを得て成立間近となった身体障害者福祉法を自らの手で成長発展させなければならないとの思いで1949（昭和24）年11月，米国調査に旅立った．調査の結果，米国の盲人施策は既に離陸を終え，安定軌道に達していることがわかった．米国ではバーデン・ラフォーレット・アクト，ランドロフ・セパード・アクト，ワグナー・オーディー・アクトなど盲人の更生事業のためのいくつかの法律が制定され，州政府には民間社会福祉事業者をも統括する支援組織ができ，さらにはアメリカ盲人連盟，アメリカ盲人事業家協会，アメリカ盲人授産協会といった全米規模の盲人組織ができていた．これらの体制下，米国流の合理性とキリスト教精神，ノブレス・オブリージュの精神を背景として，それぞれの盲人の個性を生かし，晴眼者との共同作業を交えた，盲人の新職業への進出が進んでいた．そ

こにはわが国にも参考になる現実解があった．岩橋はこれを「愛盲リアリズム」と呼んだ．

　岩橋はこの「愛盲リアリズム」を引っさげ，翌年4月帰国した．帰国後岩橋は，中央身体障害者福祉審議会の委員に就任した．恐らくは先の米国調査の結果を大阪ライトハウスで実践し，日盲連加盟団体に広め，国にも働きかけて身体障害者福祉法に関わる制度・政策の充実を図りたいと考えていたことであろう．しかし，米国からの帰国後間もなく，愛娘恵品が凶刃に倒れてしまう．しかもヘレン・ケラー・キャンペーン以来の激務で，岩橋自身持病の喘息が悪化し，入退院を繰り返すようになる．こうした時期，盲人に再び問題がのしかかってきた．それは按摩単独法と療術の問題である．

　1949（昭和24）年9月2日，PHWは盲学校に於けるはり，きゅう教育の可否，その教師の資格等についての照会を厚生省に行った．このことがきっかけとなり，全鍼連の一部の勢力が議員を動かし，按摩単独の法律化を目指して動き出した．また厚生省でも盲人の優先権を認めるあん単法の検討が進められていた．このあん単法に対し，盲人達の中から反対運動が起こった．盲人に配慮するあまりにそれが按摩業者の粗製濫造，技術の低下，業界への信頼や評価の低下につながり，さらに按摩を盲人に優先させる代償としてゆくゆくは鍼灸から盲人が排斥されることになるというのが反対の理由であった．さらにこの時期，あん営法で禁止となった医療類似行為に携わる業者が，自分たちの職業を「療術」と称しその禁止を解くよう求めて盛んに政治運動を繰り広げた．盲人達は自分たちの職業が圧迫を受けるとして，これに反対したのは当然であるが，この療術の問題もあり，按摩に対し盲人に優先権が与えられたとしても，やがてこうした晴眼業者が盲人の按摩を蚕食し始めると考えたのであろう．それよりは身体障害者福祉法に基づく，特定の職業分野に限定しない普遍的な職業政策により，盲人の職業分野を拡大したほうが得策だと判断したと考えられる．なおこうした反対運動があってか，あん単法が日の目を見ることはなかった．

　1951（昭和26）年3月29日，民間の社会事業者に各種社会福祉事業を自治体等から受託する道を広げる社会福祉事業法が公布された．大阪ライトハウスでも社会福祉法人化を目指し，大阪盲人協会からライトハウス事業を分

離した．それとともに岩橋は日盲連から事業者を分離し，日本盲人社会福祉施設連絡協議会を設立することとなった．1953（昭和28）年9月29日，同協議会は発会式を迎え，岩橋は委員長に就いた．弱者で少数派の集団がその小さな声を政治に届けるには全国組織が必要であり，そのために盲人達が永年の努力を経て日盲連を設立したことは第3章で触れた．しかし，身体障害者福祉法や社会福祉事業法が制定された後にあっては，日盲連を盲人全体の意思を代表する地位に置きつつも，盲人福祉サービスの受益者を束ねる日盲連からサービスの提供者を束ねる日盲社協が分離されるのは自然な流れであった．なぜなら，福祉メニューの充実など両者が目標を共通とするものがある一方で，サービスの質など両者には対立する場面もあるからである．

　この章では，ここまでの流れを「合理性の発露」として見てきた．すなわち岩橋は，米国調査を通じ，米国流の合理性を背景とする，盲人施策の現実解としての「愛盲リアリズム」を見た．また同じ時期に発生したあん単法等の問題に対しても，盲人達は以前とは変わってあん単法反対という合理的判断を示した．さらに，社会福祉事業法公布に呼応し，米国の例も参考にして，盲人の運動体である日盲連から，事業者を分離し，事業体としての日盲社協を設立した．こうして，盲人達は組織として合理的判断ができるまでに成長し，組織体制も合理的に整備されたのである．このことの正当性は，両組織が今日まで発展しつつ続いていることを見ても明らかであろう．

　続く第6章では，世界盲人福祉協議会への加盟と第1回世界盲人福祉会議への参加，アジア盲人福祉会議の開催に至る過程を追った．

　前章で見てきた身体障害者福祉法制定後の国内の体制整備と並行して岩橋が取組んだのが，わが国の盲人達を世界につなげることであった．英国で目の当たりにした欧米の進んだ社会事業に触発され，大阪ライトハウスを設立した岩橋にとって，それは最後の仕上げともいえる仕事であった．

　岩橋はエスペラントを通じ，あるいはクエーカーを通じ，さらにはヘレン・ケラーを通じて戦前より世界とのつながりを持っていた．戦後には2度目の訪米を通じてそのつながりをさらに増すとともに，1950（昭和25）年3月にパリで開かれることになっていた第1回世界点字統一会議に招待された．しかし岩橋の喘息が悪化したため，同会議には中村京太郎が出席した．

同会議はやがて世界盲人福祉協議会へとつながり，1954（昭和29）年8月，第1回目の世界盲人福祉会議がやはりパリで開かれることになった．岩橋は同会議にわが国の盲人代表を派遣しわが国の盲人達を世界につなげるべく，1954（昭和29）年3月，日盲連，日盲社協，盲学校校長会，日教組特殊教育部の幹部を集め会議を開いた．この会議で「世界盲人福祉協議会日本委員会（後の日本盲人福祉委員会）」の結成，世盲協への加入，第1回世盲協会議への代表派遣などが決まり，同会議へは日本代表として岩橋の長男英行と鳥居篤治郎が出席した．

　この第1回世盲協会議への代表派遣は，岩橋がかねてから計画していたアジア盲人福祉会議の準備も兼ねていた．第1回目のヘレン・ケラー来日では日中戦争の勃発により，第2回目では秘書ポリーの体調不良により，ケラー女史のアジア歴訪は中断せざるを得なかった．岩橋は未完に終わったケラー女史の意思を引き継ぐとともに，太平洋戦争で失ったアジア諸国との友好を回復するため，1951（昭和26）年頃よりアジア盲人福祉会議の構想を暖めていた．その後わが国は独立を回復し，世盲協よりの資金援助，厚生省の人的・財政的支援が得られることが決まり，アジア盲人福祉会議の開催は本決まりとなった．1954（昭和29）年10月26日，岩橋宅を訪れた厚生省社会局更生課長松本征二からその報告を受けた岩橋は，2日後急逝した．

　こうして岩橋は波乱の生涯を閉じた．56歳といえば，今日の感覚からすれば人生の絶頂期である．それだけに，何かしりきれとんぼのような，続きのドラマを見たいような，そんな物足りなさを感じる．しかし考えてみれば，日盲連の設立と身体障害者福祉法の制定が彼の人生のクライマックスであり，あとはこれらを有効に機能させ後戻りしないように見守っていくだけである．岩橋があと10年長生きしていれば，身体に障害のある人の福祉はさらによくなっていたかもしれない．また大阪ライトハウスや盲人社会福祉事業者の形も今とは異なったものになっていたであろう．しかし，後の人がすることのないほどに完成し得たとしても，そういうシステムは長続きしない．後継者にも活躍の場が必要である．とすれば，岩橋の早すぎる死も，神の御心の表れと解釈できよう．

　最後の第7章では，岩橋が構想した愛盲事業がその後どうなったかを定量

的，定性的に分析した．また，岩橋が提唱した「愛盲」の精神が今日的な盲人福祉施策にどのように位置付いているかを見てきた．

　ここではまず愛盲事業と愛盲との関係，これらのキーワードと岩橋の生涯の活動とを構造的に分析し，岩橋の生涯の活動が愛盲精神の発露であることを示した．また愛盲事業の広がりを評価しやすいように，その定義を再確認した．そして，定義中の「合理的保護概念」「岩橋武夫がこれを日本にふさわしい形に再設計した」については，身体障害者福祉法そのものがこれらを満たしており，そこからくる社会福祉事業については愛盲事業の範疇にほぼ入ることを示した．

　次に愛盲事業の特徴の一つである「小さく生んで大きく育てる方式」は，2010（平成 22）年 11 月より行った全国の盲人社会福祉事業者へのアンケート調査結果から明らかになった．すなわち，全国の盲人社会福祉事業者に対し，25 種類に分類した事業種別ごとにその実施の有無と開始年を問い，その結果をグラフ化したところ，それぞれの事業者が単独または小数の事業種別から事業を開始し，徐々に事業種別を拡大していったことが明確に見えてきた．また同調査では事業者の設立が日盲連設立およびヘレン・ケラー 2 度目の来日，そして身体障害者福祉法および社会福祉事業法が公布される 1948（昭和 23）年から 1951（昭和 26）年前後から急拡大していること，地域的に見れば首都圏および近畿圏にまず盲人社会福祉事業の充実を見，その後全国各地に広がっていったことがわかった．

　またライトハウス連盟加盟施設，日盲連参加団体の多くが岩橋と直接ないし間接的に関係して設立され，その多くが盲人自身の手によるものであった．これら団体は，設立後すぐに事業を営むものもあれば，後になって事業を営み始めるものもあった．後に事業を始めた事業者にあっては，日盲連や日盲社協当を通じて交換される先行事業者の事業ノウハウが参考にされたと創造できる．以上から，愛盲事業はわが国に広がり，定着したことがいえる．事業は広がり普及しなければ意味はない．日本の特徴を踏まえて導き出された「愛盲事業」は我が国に広がり成功した．この点でも岩橋の構想力は光っている．

　次に岩橋が唱えた「愛盲」の精神がどうなったかである．これについては

今日の盲人福祉施策を 15 種類のカテゴリに分類して分析したところ，そのほとんどの分野に岩橋の生涯の取り組みが何らかの形で貢献していることがわかった．岩橋の生涯の活動は愛盲精神を具現化するものであり，この意味で岩橋が唱えた「愛盲」の精神は，今日の盲人福祉の中に息づいているといえる．

　また，岩橋は関西学院を通じ，あるいは燈影女学院を通じて多くの有能な盲人を輩出した．これらの盲人は「愛盲」精神を引き継ぐ人々として，盲人社会福祉事業や盲教育などの分野で活躍した．

　さて，アジア盲人福祉会議の開催をもって，岩橋が思い描いていた「愛盲」精神の発露としての盲人福祉施策はすべて完成した．最初の道を拓くのは容易なことではない．一つの道を拓くのも大変であるのに，岩橋は盲人社会福祉事業の基盤を作り，日盲連を設立し，身体障害者福祉法を成立させ，日盲社協を設立し，世界盲人福祉協議会日本委員会を設立し，世盲協への加盟，アジア盲人福祉会議の開催に道をつけたのである．もちろん岩橋は細い道をつけたに過ぎない．しかし最初の道は細くとも，後から続くものがあれば，道は踏み固められ広がる．実際，多くの後継者が岩橋がつけた道をたどり，岩橋の屍を踏み越えて歩んでいった．その先に彼らが築いたものは，盲人福祉の充実だった．岩橋は今，どこかで彼らのことをを満足して眺めているであろう．

第 2 節　岩橋武夫の評価

　昭和 30 年代に入ってすぐ，フランス政府から日本政府に問い合わせがあった．フランスの教科書の副読本に，世界の主要な国々で過去 100 年間に社会福祉に最も貢献した人の伝記をのせたいというのである．政府は石井十次，留岡幸助，山室軍平，そして岩橋武夫を推薦したそうである[1]．このとき，どのような判断で 4 人の中に岩橋が入ったかは不明であるが，今回岩橋を研究してみて，今日の障害者福祉に与えた影響の大きさからして，筆者はこの判断を支持するものである．

　しかし，本研究の過程で各地の盲人社会福祉事業者 9 施設を選んで聞き取

り調査をしたところ，岩橋の評価はまちまちであった．岩橋のことを「恩人」と仰ぎ「やり手」と評価し日本ライトハウスを「名門」と評する事業者がある一方で，岩橋のことを「手段を選ばない人」「あまりいい噂を聞かない」と評する事業者もあった．この理由を考えてみるに，岩橋が新職業の開拓に精力を尽くしたことが，伝統的職業に身を置くものの反感や不満となって現れたのであろう．盲人の伝統的職業は今日でもなお晴眼者などの圧迫を受け続けており，盲人の不満は解消していない．しかし，盲人の中には技術，体力，性別などの点で鍼灸や按摩が不向きな者がいることも事実である．また，自分の可能性を他の分野に求めたいと願う者も多い．こうした盲人にとって，大阪ライトハウスは大きな可能性や夢を与えてくれる存在であった．また同業者の中にも，岩橋から教えを受けて事業を発展させた事業者がある一方で，大阪ライトハウスが競争相手となった事業者がある．これらのことが岩橋の評価を分ける要因となっていると考える．

　また，岩橋の生涯の行動を追い，数多くの著作を読んで感じることは，岩橋の主張が合理性と一貫性で貫かれていることである．岩橋の主張は論理的で説得力があり，著作のどれをとってみても，相互に矛盾がない．多くの人は年を重ねるにつれて考え方や発言が変化するものであるが，岩橋にはそうしたブレが少ない．もちろん，時代々々で言っていることや表現は変化しているものの，それは時代の風潮を反映した表層的なものであり，またその時々で重点を置く場所が変わっているだけである．戦時中の著作の中にはよく読まなければ真意がつかめないものもある．これは，直接的な表現を避けなければならなかった当時の世相のためであろう．しかしよく読めば，岩橋の主張は読み取れるし，それはその前後の主張と矛盾するものではないのである．岩橋の主張の合理性や一貫性は，英国で調査した内容をいかに深く消化しているかの証拠であり，それを『愛盲（盲人科学 ABC）』（岩橋武 1932）として文書化・出版した成果であろう．また，岩橋が最初に進もうとしたのが理科系であることからもわかるが，彼には論理思考の才があったのであろう．さらに欧米の思想を学び，欧米人との親交を深めることで，合理性に磨きをかけたともいえる．いずれにしても，岩橋の主張はわかりやすく，これは研究する上では好都合であった．しかしながら，岩橋の論理性や

一貫性は，時として妥協を排除し，相手に付け入る隙を与えず，それがもとで敵を作りやすい側面もある．こうしたことが岩橋の評価を二分する要因ともなっているのであろう．

第3節　限界と今後の課題および資料収集の問題

　本研究には先行研究があまりなく，しかも岩橋の活動は多岐に渡っているため，事実関係を追うことが精一杯で，深みのある分析，時代背景や周辺領域との相関関係や量的な分析などに不十分な面がある．また，本研究は盲人の職業問題を中心軸に据えたため，岩橋の思想面の研究，盲教育との関係，盲女子や盲老人，盲重複の問題，大阪ライトハウスの事業の詳細，戦争との関係，国内および国際的な岩橋の評価，岩橋に関わった人々の研究などには踏み込めなかった．さらに，墨字化が終わっていない資料も多く，また岩橋の日記の存在も示唆されており，こうした資料の墨字化・発掘も待たれる．加えて次に示すように筆者一人の力では資料発掘にも限界がある．本研究で実証したように，岩橋は盲人の歴史を研究する上で極めて重要な人物の一人であり，今後多くの研究者の参加が待たれる．

　また，本研究に着手する際，研究資料をいかにしてそろえるかが悩みだった．岩橋の著作物や日本ライトハウス関係者による著作物は多く，これらはおおいに参考になるものの，研究である以上一次資料を入手しなければ始まらない．しかしそれには日本ライトハウスに長期間入って資料収集を行わなければならない．そのようなことが無名の研究者に許されるものかどうかは未知数だった．しかも相手は現に事業を行っている事業者である．忙しさのあまり，通り一遍の対応で追い返されるのではないかとも思えた．そのため，相手先の資料の整理と歴史資料の電子化という，資料収集先にもメリットがあると思える提案を持って交渉に入った．幸い，筆者の提案は受け入れられ，日本ライトハウスからは絶大なる協力が得られた．これについては，小西（2010）で詳しく報告しているが，結果として多くの一次資料が入手できた．しかし，完全な資料が得られたかといえばそうではない．あるはずと思われる資料で見つからなかったものも多い．これらについては，これ以上

日本ライトハウスに時間を掛けて入っても，探し出せるかどうかは疑問である．事業者との関係が崩れるほどに躍起になることもできない．このあたりは微妙なさじ加減が必要なのである．

さらに本研究では点字資料の問題があった．点字の読めない筆者にとって，これは深刻であった．しかも現在の点字と岩橋当時の点字とでは，表記方法等に微妙な差異があり，また点もつぶれかけて読みにくくなっていた．幸いこの点でも，元『点字ジャーナル』編集長という強力なボランティアを得ることができた．しかし，時間の制約もあり，十分に点字資料を使いきったかと言えばやはりそうではない．このあたりが盲人の歴史研究の難しさであり，また，こうした点が，岩橋がこれまで研究されてこなかった理由であろうと推測する．

第4節　岩橋武夫の福祉の心

さて，本書の最後に，岩橋が考える「福祉の心」ともいうべきものを紹介しておく．これは『光は闇より』に収録された「満州国における盲人問題の解決」と題する小論中に示されたものである．また，同じ内容のものが，1941（昭和16）年1月の『黎明』（30号）にも掲載されている．

　　家族連れで山登りをしたとして，父や長兄，弟達が元気よく頂上をめざし急ぎ足に登って行く．あとに母や祖母や，幼い妹達が取残され道に迷っているとすればどうであろう．先に進んだ屈強な男達はそれで安心して頂上の風光を楽しみ，携え来った弁当に舌鼓を打つことが出来るであろうか．彼等は登っただけを走り降り，遅れた女や子供達を顧みなければならないではないか．そして彼等の手をとりその荷物を持ってやり，相扶け相励ますことに依って今度は前の様な速力ではなしに遅々たるものであるかは知れないが，併し再び後退する必要のない確実な一歩々々を頂上に向って運び得ることが出来るのである．私は国家社会の真に進歩した有機的連帯性は斯うした家族連れ登山者の姿の中にはっきりと見出すことが出来ると思う．盲人は決して生活落伍者ではない．成程大きな運命的なハンディキャップを持たされては居るが，やはり人

生航路の一登山者に違いがない．やはり一般健全者と共に登ろうとしているのである．否，登りつつあるのである．これを落伍者と見てはならないばかりか，そう見る見方が大きな誤りであることを知らねばならない．故に彼等をして落伍せぬよう，手に手をとって助け登ってやらねば社会は真の有機的な高度に文化を進歩させ得るとは云うことが出来ない．この点に於て私は盲唖者に対する一般者の眼，若しくは耳がその誤った伝統的な謬見，誤伝から開放される必要があると思う．ヘレン・ケラーは「盲人とは闇の中に住む正眼者である」と云っているが，実に意味深長なものがあるではないか．そうだ．盲人は正眼者なのだ．唯永久に電気のつかない部屋に入れられているに過ぎない．これは聾唖者に対しても同様である．要するにそれはハンディキャップであって，決して不可能な宿命ではあり得ないのである．（岩橋武　2000：118-9）

　これは，岩橋流の「素朴」な「社会連帯」の思想である．しかし社会連帯の思想は，この当時，全体主義の助長に利用されがちであった．岩橋は当時のこうした風潮を逆手にとり，障害を持つ人々の地位を，社会から排除される存在から社会の一員としての地位に戻そうとしたのであろう．またこの意味で岩橋の上記引用中の考え方は，1984（昭和59）年の身体障害者福祉法改正時に同法第3条第2項に挿入された「社会連帯の理念」に相通じるものがある．筆者には思想研究の素養はないが，岩橋の先の引用に込められたこの「素朴」な「社会連帯」の思想こそは，社会の安定や生活の安心，ひいては社会の健全な発展につながるものと考えており，岩橋のこの考えに賛意を表すものである．

第5節　最後に

　「光は闇より」「無一物無尽蔵」，そしてヨハネ伝九章の「人の罪にも親の罪にもあらず，ただ彼の上に神の業の顕れん為なり．」（岩橋武　2000：13），これらはみな同じことを言ったものであろう．すなわち，価値基準の原点をどこに置くかの問題である．その原点を失明前の状態に，あるいは他の人が持っているものに求めると，ないもののみが気になるものである．し

かし，原点を絶対零に置くならば，すべてが恩寵に変わってくる．1を0で割ると無限大になるのである．「何でもいいから生きていておくれ」との岩橋の母の言葉は，岩橋にこのことを気づかせた．そして母の愛に救われた岩橋は，今度は大きな愛をもってわが国盲人の救済へと歩み始めた．その後の彼の働きは，本書で見てきた通りである．その活躍に目を奪われ忘れがちになるが，岩橋武夫は盲人である．光は闇があってこそ輝く．常人には及びもつかない岩橋の才は，闇を経てより一層その輝きを増していったのであろう．

さて，本書を閉じなければならない．岩橋は生前，「私の墓に苔むすころ，我々の敷いたレールの上を，我々が望んだ車が走ってくれるであろうことを確信している」（岩橋英 1980：171）と語っていたという．本書は近代日本における盲人の職業的自立の歩みを，岩橋武夫の足跡をたどる形で明らかにしようとした．すなわち，岩橋が敷いたレールがどのようなものであったか，そしてそこでどのような車が走りだしたかを見てきたのである．岩橋が亡くなって半世紀あまり，岩橋が敷いたレールは途切れることなく今日までつながっている．いまそのレール上を走っているものが，岩橋が「望んだ車」であるかどうかはわからない．しかし，そこによりよき車を走らせるのは，今日に生きる我々の責務である．

注

1　（社会福祉法人日本盲人社会福祉施設協議会・創立50周年記念誌編集委員会　2003：9），および（竹中　1962：27-8）．

文献

岩橋英行（1980）『青い鳥のうた　ヘレン・ケラーと日本』日本放送出版協会．
岩橋武夫（1940）「11月の論題三つ」『黎明』（28），1-14．
―――（1932）『愛盲（盲人科学 ABC）』日曜世界社．
―――（2000）『光は闇より』日本図書センター．
小西律子（2010）「民間組織が保有する歴史資料の調査と保全　日本ライトハウスにおける電子化事例報告」『社会福祉学』51（1），66-76．

社会福祉法人日本盲人社会福祉施設協議会・創立50周年記念誌編集委員会(2003)
　　『社会福祉法人日本盲人社会福祉施設協議会　創立50周年記念誌』社会福祉法人日本盲人社会福祉施設協議会.
竹中正夫（1962）『真人の共同体 ──現代における教会の課題』新教出版社.

補論

視覚に障害のある人のための
社会福祉事業基礎調査

設立時期および各事業の開始時期を中心とするアンケート調査を通じて

I 序

　社会福祉事業が今日の社会福祉の一翼を担っていることは今更言うまでもないことであるが，その社会福祉事業はいつ頃始まりどのように展開して今日に至ったのであろう．この問いに答えておくことは，それぞれの時代における社会福祉事業の諸問題を研究する際，あるいは個々の事業者の歴史について研究する際，さらには社会福祉事業に随伴する諸問題や歴史過程を研究する際等々，様々な面で有益である．そこで，筆者の研究分野である視覚に障害のある人（以下「視障者」と略記）のための社会福祉事業（以下「視障者事業」と略記）について，現在活動している全国の視障者事業者を対象にその成立と展開過程について基礎的な調査を行った．本調査の目的は，視障者事業が全国にどの程度の規模で何カ所存在するのか，各事業者がどのような事業を行っているのか，各事業がいつ頃，誰によって始められたのか，各事業を始める要因は何だったのか等を調査することにより，視障者事業の成立と展開の過程を概括的・網羅的・数量的に把握しようとするものである．

　本調査は，視障者事業者の歴史全体を適度な距離から俯瞰して見ることを主眼としている．地図に例えるならば，日本全土の地図を作ることに相当する．山登りをする際，登山道や周辺の地形の細部がよくわかる2万5千分の一の地図はもちろん必要であるが，日本で一番高い山を調べる場合や，乗鞍岳と御嶽山の位置関係を知りたい場合などには日本全土の地図や縮尺の小さな地図が必要になる．同様に，ある研究対象を他者や全体との関係で評価しようとする

際など，細部を捨象し歴史を大きく捉えたものが必要になる場合があり，本調査はこれに答えるものである．この場合，限られた時間を考えれば，歴史資料に立脚した手法とは異なるアプローチが必要となる．それに，歴史資料のみに頼る研究では，そこに頂上があると考えてやっとの思いでたどり着いたところが，目の前にはさらに高い頂がそびえていた，ということもあり得る．本調査は，筆者が現在行っている研究に関し，歴史資料の隙間に大きな見落としがないかどうかを点検するという側面もある．さらに，今後の研究対象を見いだす基礎資料を得ることをも目的としている．

先行研究であるが，視障者事業全体の成立と展開過程を概括的・網羅的・数量的に明らかにした研究は，調査した限りではまだ着手されていないようである．[1]

用語の定義であるが，視覚に障害のある人のための社会福祉事業を「視障者事業」といい，本調査時点でその事業を行っている者を「視障者事業者」という．本調査は現在活動している視障者事業者を対象として，その設立時期等を問うものであるため，社会福祉という概念がなかった戦前の記述をする場合においても，現在の事業者の全史というような意味合いで「視障者事業」ないし「視障者事業者」という用語を用いている．またこれらの用語には，後述する調査対象事業者の範囲内で，事業を行っていない法人・団体等も含んでいる．さらに「視障者事業全体」とは，本調査に回答した全事業者を総称するとともに，文脈によっては統計的誤差を認識した上で母集団としての視障者事業の全体をさす場合もある．

繰り返すようであるが，本調査は現在活動している視障者事業者を対象としており，扱っている時代は調査対象事業者のうちその設立ないし前身の設立が最も古いものの全時代ということになる．具体的には明治中期から調査時点である2010（平成22）年までである．時期区分であるが，本調査では時期区分に対応する形の記述は行っていないものの，あえて時期区分するならば，明治中期から1947（昭和22）年までを「黎明期」，1948（昭和23）年から1950年代末までを「始動期」，1960年代初めより1970年代末までを「最盛期」，1980年代初めより1990年代末までを「充足期」，2000年代初めよりそれ以降を「再編期」とできるであろう．これは，調査結果のグラフ2における各折れ線の傾きなどから判断した．なお，この時期区分中の「黎明期」「始動期」「最盛期」

「充足期」という用語は，これより後に出てくる同用語とは定義が異なっていることに注意されたい．

調査の方法はアンケート方式とし，後述する基準により選定した全国の視障者事業者にアンケート用紙を郵送することで行った．調査精度を上げるため，サンプル調査ではなく全数調査とした．アンケート方式を選んだのは，今日現実に活動している視障者事業者の歴史を大きく捉えようとする場合，アンケートが最も簡便かつ正確な手法であると考えたためである．問題点としては，廃業した事業者が調査の対象にならないことが挙げられる．この点は，消え去ったものから得られる教訓よりも続いてきたものから得られる教訓のほうが大きいと考えた．また，アンケートという手法には，固有の誤差がつきまとうことは否めない．この点は後でも触れるが，質問を少なくし答えやすいものとしたこと，既存資料などから回答に矛盾を感じた場合には電話で確認したこと，歴史上どうしても外せない事業者には関係者を通じ回答を促したことなど，誤差を極力縮める努力をした．さらに，本調査後の計画として，主要な事業者に年史などの資料を求めていくこと，現地聞き取り調査で内容を補っていくことなどを予定している．なお，回答の根拠を一次資料に求める等，回答方法に細かな注文をつけることは得策でないと考えた．一学生に過ぎない筆者がそのようなことをすれば，十分な回答率が得られなくなり，かえって全体の誤差が拡大すると考えたためである．

アンケートの質問内容は，「1. 基本事項」「2. 行っている事業種別」「3. 事業開始時に参考にした事業者」「4. 事業開始時に指導を受けた人物」に大別し，「1. 基本事項」については，組織の正式名称，記入担当者の氏名・所属・電話番号，設立年，設立当時の代表者の氏名，設立当時の名称（現在と異なっている場合），前身となった組織がある場合には，その設立年，設立当時の代表者の氏名，設立当時の名称（前身となった組織が複数存在する場合には，それぞれについて記入），「2. 行っている事業種別」については，A 点字出版，B 点字図書館および情報提供，C 点訳者養成，D 歩行訓練，E 移動支援，F ホームヘルプ，G 生活支援，H 相談事業，I 盲導犬，J 三療養成，K 職業訓練，L 就労移行支援および就労継続支援，M 新職業開拓，N 盲人ホーム，O 盲児施設，P 視覚障害者福祉ホーム，Q 盲婦人救護施設，R

視覚障害者授産施設，S視覚障害者更生施設，T視覚障害者療護施設，U盲老人ホーム，V補装具および盲人用具製造，W調査・研究，X収益事業，Yその他のそれぞれについて実施の有無と開始年を問うものとした．なお，これらの事業が前身組織から受け継がれている場合には，前身組織における開始年で記入してもらうとともに，上記K，M，W，X，Yについては，その具体的内容を記入してもらった．

これらの質問を作成するのに当たっては，回収率を上げるため，なるべく質問項目を減らし，また答えやすいものとなるよう配慮した．具体的には，調査の目的にある事業者の規模について，予算の規模や職員数のような経営に立ち入った質問は避け，事業種別の数でおおまかに評価することにした．また，事業を始める要因については回答が得られにくいことが予想されたため，事業を始める際に参考にした法人・団体等および指導を受けた人物を質問に入れるのにとどめた．さらに，事業を始める要因を探る上で，前身となった組織や代表者名は重要な情報となるので，これを質問に含めた．なお，質問2の事業の分類分けについては，（福）日本盲人社会福祉施設協議会の会員名簿の分類分けを参考にした．

調査対象の事業者は，次により選定した．すなわち，①（福）日本盲人社会福祉施設協議会の会員となっている法人・団体等，②（福）日本盲人会連合に加盟している法人・団体等，③全国盲老人福祉施設連絡協議会に加盟している法人・団体等，④（特）全国盲導犬施設連合会に加盟している法人・団体等，⑤（福）全国盲ろう者協会のホームページに掲載されている，全国の「盲ろう者友の会のリスト」にある法人・団体等，⑥全国盲ろう者団体連絡協議会に加盟している法人・団体等，⑦「無料電話案内104.com」（http://104.com/）のホームページで，検索キーワードに"盲"，"盲人福祉"，"盲導犬"，"視覚"，"視覚障害"，"点字"，"点字図書館"，"ライトハウス"を入力して見つかったもののうち，各法人・団体等のホームページを参照して視障者事業者でないと判断されるものを除いたもの．

なお，盲学校については，今日では社会福祉事業の範疇から外れると考えられるため，今回の調査の対象から外した．一方，株式会社等の営利法人であっても，上記①に含まれるものは調査の対象とした．視障者事業が事業で

ある以上，いずれかの団体に所属し，何らかの方法で視障者に自らの存在を示そうとするはずであり，上に挙げた方法の組合せで，全国の視障者事業者のほぼすべてを網羅できていると考えた．なお，アンケートに同封していた調査対象事業者の一覧を見て，複数の事業者が，調査対象の漏れを指摘してくださった．上記⑤，⑥は，その指摘に従い追加したものである．

　本調査は2010（平成22）年9月に計画を開始し，10月に調査対象の選定を終え，11月15日付で全国357事業者にアンケート用紙を郵送した．その後，回答者から別の事業者の紹介などがあり，アンケート送付先数は最終的に410となった．アンケートの一応の締め切りは11月末としていたが，12月末においても回収数は225にとどまっていた．この数字には，調査対象外と判明したものや組織が重複していたものも含まれているので，回答率としては60％程度であった．後にわかったことであるが，歴史が古く職員が世代交代している事業者では，質問を埋めるのに時間がかかるようであった．このため，翌年1月半ばより，未回収の事業者に対し，時間がかかってもよいので回答を願いたい旨，電話で依頼する活動を始めた．また，歴史的に見て外すことのできない事業者に対しては，関係者を通じて回答を依頼した．その結果，有効回答数は243となり，調査対象外と判明したものおよび同一組織と判明し除外したものを除いた回答率は69.8％となった．この調査が全数調査であることを考えれば，全国の視障者事業者の約7割のデータが得られたわけであり，本調査の目的を達成する上では十分な回答率であるといえる．なお，盲ろう者の団体は回答率が他より低かったが，これは同団体の多くがまだ若く，同団体のいくつかが現在まだ事業の確立途上にあるため，回答が難しかったのであろう．

II　調査結果

1　視覚に障害のある人のための社会福祉事業の始まり

　視障者事業がいつ頃から始まりいつ頃から拡大していったかの全体像をつかむため，グラフ-1に年ごとの事業者の設立数（現組織設立数），前身とな

る組織がある場合にはこれを優先させた「前身加味設立数」，および最初の事業の開始数を示した．またグラフ-2には，これらの積算を示した．これらのグラフに見られるように，我が国の視障者事業は1900年代に芽生えたものの，明治および大正期にはほとんど伸びず，昭和に入り微増し，戦後になり急速に伸びていったことがわかる．詳細については次項で分析するとして，ここでは視障者事業の開始時期に目を向ける．表-1-1から表-1-3に，現組織の設立年，前身加味の設立年，最初の事業の開始年が，それぞれ最も早い10事業者を列挙した．

　これらの表から，まず，現在に続く視障者事業の最初の事業者は，当事者の集団あるいは当事者個人が中心となって設立されたものであることがわかる．すなわち，(社)東京都盲人福祉協会，(福)桜雲会，(財)大阪府視覚障害者福祉協会は，いずれも当事者の集団から始まっており，(福)東京光の家の秋元梅吉，(株)毎日新聞社点字毎日部の中村京太郎，(福)東京点字出版所の肥後基一，(福)日本ライトハウスの岩橋武夫はいずれも視覚に障害のある当事者であった．また，(株)仲村点字器製作所も，文京盲学校（当時は，盲人技術学校）の先生から点字器の製作を依頼されたのが事業開始のきっかけである．これは，視障者事業が他からもたらされたものではなく，当事者の強い願いや熱意から起こったものであることを示しているといえるであろう．

　次に，事業の始まりはまず点字出版および点字器の製造販売からであることがわかる．これは視覚に障害のある人々が最初に求めたものが自分たちの文字であり，教育であり，教養・文化の向上であり，人格の陶冶であることを示していると考えられる．

　さらに，事業開始の経緯としては，当事者がまず当事者団体を作り，団体が力を蓄え，やがて自分たちの求める事業を自ら起こしていった．またこれと平行して実力のある当事者個人が自ら事業主となり，初期の視障者事業を起こしていったことがわかる．また，地域的にはまず東京から始まり，次いで大阪が続き，やがて全国に広がっている．これらについては，後ほど詳細に触れたい．

補 論　視覚に障害のある人のための社会福祉事業基礎調査　217

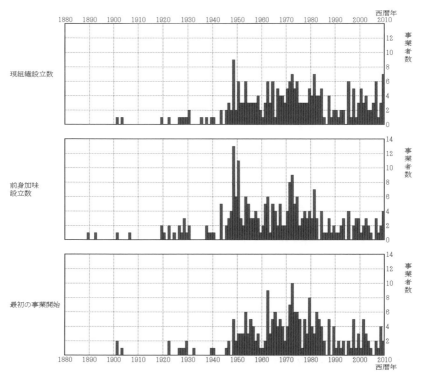

グラフ-1　事業者の年ごとの設立数および最初の事業開始数（1880年～2009年）

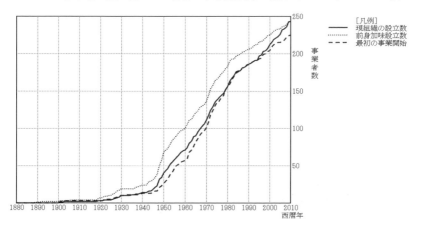

グラフ-2　事業者の設立数および最初の事業開始数の積算（1880年～2009年）

表-1-1 現組織の設立が最も早い10事業者

順	事業者名	設立時の名称	設立年
1	（株）仲村点字器製作所	仲村点字器製作所	1901
2	（社）東京都盲人福祉協会	東京鍼按協会	1903
3	（福）東京光の家		1919
4	（株）毎日新聞社点字毎日部	点字大阪毎日	1922
5	（福）東京点字出版所	日本鍼按協会	1926
6	（福）岡山県視覚障害者協会	岡山県盲人協会	1927
7	（社）鹿児島県視覚障害者団体連合会	鹿児島県盲人協会	1928
8	名古屋市鶴舞中央図書館点字文庫		1929
9	（福）桜雲会	（社）櫻雲会	1930
10	（福）福井県視覚障害者福祉協会	（福）福井県視力障害者福祉協会	1930

表-1-2 前身加味の設立が最も早い10事業者

順	事業者名	前身名称	設立年
1	（社）東京都盲人福祉協会		1889
2	（福）桜雲会	東京盲唖学校盲部同窓会	1892
3	（株）仲村点字器製作所		1901
4	（財）大阪府視覚障害者福祉協会	大阪盲人会	1906
5	（福）東京光の家	盲人基督信仰会	1919
6	（福）石川県視覚障害者協会	石川県盲人青年会	1919
7	（福）新潟県視覚障害者福祉協会	新潟県盲人協会	1920
8	（株）毎日新聞社点字毎日部		1922
9	（福）日本ライトハウス	点字文明協会	1922
10	（社）長崎県視覚障害者協会	長崎盲人会	1924

表-1-3 最初の事業開始が最も早い10事業者

順	事業者名	最初の事業	開始年
1	（福）桜雲会	点字出版	1901
2	（株）仲村点字器製作所	点字器の製造販売	1901
3	（社）東京都盲人福祉協会	生活支援	1903
4	（株）毎日新聞社点字毎日部	点字出版	1922
5	（福）日本ライトハウス	点字出版，点訳者養成	1922
6	（福）東京点字出版所	点字出版	1926
7	（福）岡山県視覚障害者協会	その他（在宅福祉事業）	1927
8	（社）鹿児島県視覚障害者団体連合会	相談事業	1928
9	（福）東京光の家	生活支援，相談事業	1929
10	名古屋市鶴舞中央図書館点字文庫	点字図書館	1929

2 視覚に障害のある人のための社会福祉事業設立の時間的推移

視障者事業設立の時間的推移の把握を容易にするため，グラフ-1とグラフ-2の横軸の開始年を1910年とし，グラフを横軸方向に拡大したものを，グラフ-3およびグラフ-4に示す．

グラフ-3 事業者の年ごとの設立数および最初の事業開始数（1910年～2009年）

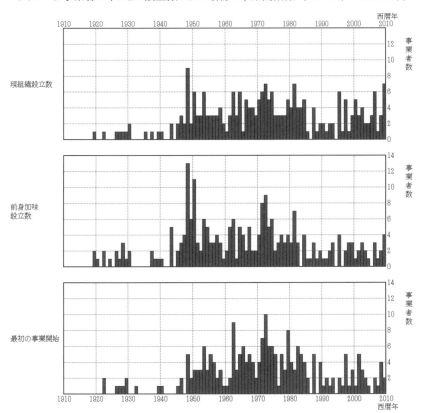

グラフ-4 事業者の設立数および最初の事業開始数の積算（1910年～2009年）

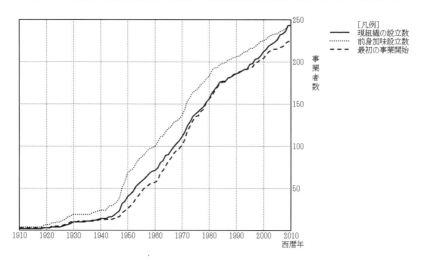

　グラフ-3の現組織設立数および前身加味の設立数のピークは1948年となっており，特にこの年の前身加味設立数は13と多い．これは，この年にヘレン・ケラーが二度目の来日を果たし，ケラー女史の受け皿として（福）日本盲人会連合（以下「日盲連」と略記）が設立されており，その機会をとらえて各地に当事者団体が結成されたためである．

　グラフ-4を見ると，いずれの線も1950年前後から1980年前後にかけてほぼ直線的に増加している．この間，現組織と前身加味との間には5から8年程度の開きがある．現組織設立数は，1980年代半ばから1990年代半ばにかけ伸びが緩やかになるが，ここ10数年は傾きがやや大きくなっている．一般に，成熟したある事業分野の過去の成長過程をたどって見ると，最初は緩やかに始まり，続いて指数関数的に成長し，そのうち成長が緩やかになり，やがて成長がストップするという，二つの逆向きの指数関数をつないだような曲線を示すものである．グラフ-4を見ると，ある程度そのような傾向が見えるものの，1948年前後からの急激な立ち上がりは，それとは明らかに異なった傾向を示している．これは，先の日盲連の設立と，1949年に成立した身体障害者福祉法（以下「身障法」と略記）と無関係ではないであろう．

なお，グラフ-4に見られるように，現組織設立数の折れ線と最初の事業開始の折れ線は1970年頃から2000年頃の間，ほぼ一致している．これは，前身となる組織から現組織へ移行した事業者の多くが，それと相前後して最初の事業を開始しているためである．しかし，1948年前後から1970年前後までと2000年以降，両者は多少開いている．これは，前者が日盲連設立に呼応して多くの当事者団体が設立され，はじめ事業を行っていなかったそれら当事者団体が後になり事業を始めたためである．後者については，ここ10数年の間，特に盲ろう者の当事者団体の設立が相次いでおり，これらの事業者がまだ事業を始めていないことに起因している．

　各事業者が設立されて最初の事業を始めるまでに，平均何年かかったかを計算すると，表-2のようになる．表中の「当事者」とは当事者団体から始まった組織を，「その他」とはそれ以外の組織を示す．この表で注目すべきは，当事者の場合，事業開始までに前身加味の設立から16.5年，現組織設立から3.5年かかっていることである．しかし，当事者団体はそもそも視障者事業を始めるのが目的で結成されるわけではないので，これは当然であろう．なお，グラフ-4の最初の事業開始の積算値，および表-2の平均値には，事業を行っていないものは含まれていないことに注意が必要である．また，本論文の積算グラフには，廃業した事業者のデータは当然ながら入っていない．このため，積算グラフがその時々の事業者数の絶対値を，正確に表現してはいない．とはいえ，回答を寄せた事業者の全事業種別合計803のうち，事業を取りやめた数はわずか20であった．このことから推測して，事業そのものを廃業した例は，そう多くないものと考えられ，本論文の積算値はその時々の事業の実数を把握する上で十分に役に立つものと考える．

表-2 設立から最初の事業開始までの平均年数

項目		平均年数
現組織設立から最初の事業を始めるまで	総合	-0.2
	当事者	3.5
	その他	-2.1
前身加味設立から最初の事業を始めるまで	総合	7.2
	当事者	16.5
	その他	2.4

3 事業種別ごとの事業者数

各事業者がどの事業種別を営んでいるかを，事業種別ごとに集計したのが，グラフ-5である．これによると，点字図書館および情報提供を営む事業者が97と最も多く，次に相談事業が89，点訳者養成が83と続き，やや下がって歩行訓練，点字出版，移動支援，盲老人ホームがきている．これに対し，盲児施設，視覚障害者福祉ホーム，盲婦人救護施設，視覚障害者療護施設などの施設系は総じて少ない．また，視覚障害者更生施設，三療養成，就労移行支援および就労継続支援，職業訓練，視覚障害者授産施設，新職業開拓などの職業系も意外と少ない．

このうち，点字図書館や点訳者養成およびその前提の点字出版が多いのは，視覚に障害のある人々が最初に望んだことという歴史的な背景を考えると理解できる．また，相談事業が多いのも，情報が不足しがちであるという視覚に障害のある人々の置かれた状況を反映してのことであろう．施設関係が少ないのは，職業さえあれば彼らが地域の中で自活できることを示して

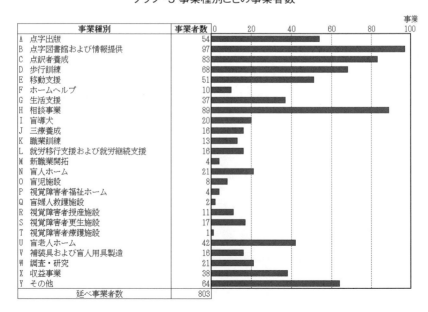

グラフ-5 事業種別ごとの事業者数

いる．意外なのは，彼らが強い要望を示している職業関係が少ないことである．これは，盲学校の存在がそのニーズを吸収しているとも言えるが，一般の職業分野は多様であり，その多様な分野を横断して，視障者に適したサービスメニューを整えるのは容易でないことを表していると言えよう．別の言い方をすれば，職業分野の多様性のため，三療業等の特定の職業分野を除けば，事業として成り立ちにくいといえるであろう．

4　各事業種別の先駆者

表-3に，各事業分野ごとに，事業開始の早い順に3事業者を列挙した．この表を見ると，各事業分野の先駆者が見えてくる．個別の論評は避け，試みに各事業分野で第1番目の事業者に，先駆性ポイントとして3ポイント，2番目の事業者に2ポイント，3番目の事業者に1ポイントを与え，同年の場合には同じポイントを与える形で，表-3に列挙された事業者の先駆性ポイントを合計し，これを高い順に並べたのがグラフ-6である．その結果，最もポイントが高かったのは（福）日本ライトハウスであり，次が（福）東京光の家，以後（福）桜雲会，（財）アイメイト協会，（福）名古屋ライトハウスと続く．こうした方法で事業者の先駆性を評価するのには批判もあろうが，後続する事業者が先行する事業者の成功事例を参考にしようとするのは当然のことであり，だとすれば先行する事業者の先駆的取り組みは，後続の事業者に何らかの影響を与えたと考えるべきであろう．であれば，グラフ-6は，各事業者の先駆性と業界に与えた影響を評価する上でそれなりの意味を持っていると考える．

表-3 各事業種別ごとの事業開始の早い3事業者

事業種別		第1番目		第2番目		第3番目	
		事業者名	開始年	事業者名	開始年	事業者名	開始年
A	点字出版	(福)桜雲会	1901	(福)日本ライトハウス	1922	(株)毎日新聞社点字毎日部	1922
B	点字図書館他	(福)桜雲会	1911	名古屋市鶴舞中央図書館点字文庫	1929	(福)日本ライトハウス	1935
C	点訳者養成	(福)日本ライトハウス	1922	(福)福井県視覚障害者福祉協会	1932	(福)日本点字図書館	1940
D	歩行訓練	松山市視覚障害者協会	1949	(福)日本ヘレンケラー協会	1952	(福)東京光の家	1955
E	移動支援	(財)アイメイト協会	1957	(財)安全交通試験研究センター	1965	金光図書館	1965
F	ホームヘルプ	(特)さいたま市視覚障害者福祉協会	2001	(福)山口県盲人福祉協会	2003	(福)山梨ライトハウス	2004
G	生活支援	(社)東京都盲人福祉協会	1903	(福)桜雲会	大正時代	(福)東京光の家	1929
H	相談事業	(社)鹿児島県視覚障害者団体連合会	1928	(福)東京光の家	1929	(福)日本ライトハウス	1935
I	盲導犬	(財)アイメイト協会	1948	(福)日本ライトハウス	1965	(財)日本盲導犬協会	1967
J	三療養成	(福)東京光の家	1930	(福)東京ヘレン・ケラー協会	1950	国立障害者リハビリテーションセンター 自立支援局 神戸視力障害センター	1952
K	職業訓練	(福)東京光の家	1930	(福)山梨ライトハウス	1957	(福)日本ライトハウス	1985
L	就労移行支援他	(福)日本ライトハウス	1992	(特)中野区視覚障害者福祉協会	1998	(株)ラビット	1999
M	新職業開拓	(福)日本ライトハウス	1944	(福)名古屋ライトハウス	1948	(福)東京光の家	1974
N	盲人ホーム	(福)関西盲人ホーム	1948	(特)杉並区視覚障害者協会	1957	(福)山梨ライトハウス	1957
O	盲児施設	(福)米山寮 米山寮盲児部	1950	(福)岡山県視覚障害者協会	1950	(福)愛光 リホープ視覚障害者更生施設	1955
P	視覚障害者福祉ホーム	(福)名古屋ライトハウス	1995	(福)大分県盲人協会	2005	(福)足利市社会福祉協議会 足利市視覚障害者福祉ホーム	2007
Q	盲婦人救護施設	日本盲人キリスト教伝道協議会	1958	(福)日本ヘレンケラー財団	1966		
R	視覚障害者授産施設	(福)名古屋ライトハウス	1946	(福)光道園	1958	(福)東京光の家	1974
S	視覚障害者更生施設	(福)東京ヘレン・ケラー協会	1950	(福)日本ヘレンケラー財団	1952	(福)慈愛福祉協会	1954
T	視覚障害者療護施設	(福)光道園	1972				
U	盲老人ホーム	(福)壇阪寺聚徳会 慈母園 養護盲老人ホーム	1961	(福)盲明福祉会 盲養護老人ホーム聖明園曙荘	1964	(福)佑心会 盲養護老人ホーム光の岬	1964
V	補装具製造他	(株)仲村点字器製作所	1901	(福)桜雲会	大正時代	(福)日本ライトハウス	1946
W	調査・研究	(財)アイメイト協会	1948	盲人社会福祉施設 盲人福祉研究会	1954	(社)鹿児島県視覚障害者団体連合会	1955
X	収益事業	(株)ライトハウス金属工場	1948	(社)奈良県視覚障害者福祉協会	1962	(財)大阪府視覚障害者福祉協会	1969
Y	その他	(福)岡山県視覚障害者協会	1927	(株)毎日新聞社点字毎日部	1928	(社)鹿児島県視覚障害者団体連合会	1945

グラフ-6 視障者事業の先駆性ポイント合計

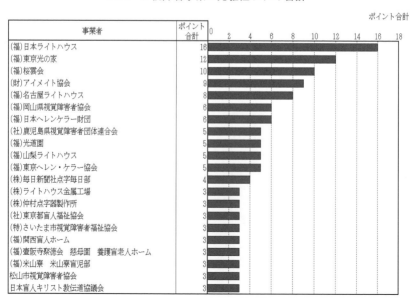

事業者	ポイント合計
(福)日本ライトハウス	16
(福)東京光の家	12
(福)桜雲会	10
(財)アイメイト協会	9
(福)名古屋ライトハウス	8
(福)岡山県視覚障害者協会	6
(福)日本ヘレンケラー財団	6
(社)鹿児島県視覚障害者団体連合会	5
(福)光道園	5
(福)山梨ライトハウス	5
(福)東京ヘレン・ケラー協会	5
(株)毎日新聞社点字毎日部	4
(株)ライトハウス金属工場	3
(株)仲村点字器製作所	3
(社)東京都盲人福祉協会	3
(特)さいたま市視覚障害者福祉協会	3
(福)関西盲人ホーム	3
(福)壇阪寺聚徳会 慈母園 養護盲老人ホーム	3
(福)米山寮 米山寮盲児部	3
松山市視覚障害者協会	3
日本盲人キリスト教伝道協議会	3

5 各事業種別の始動期, 最盛期, 充足期

各事業種別がいつ頃始まり, いつ頃最盛期を迎えたのかを他と比較しやすいようにするため, 各事業種別の現在の積算値の10%を超えた年を「始動期」, 50%を超えた年を「最盛期」, 90%を超えた年を「充足期」と名付け, 現在の積算値が10を超えるものを一覧にしたものが表-4である.

表より, 始動期が早いものをその順番に列挙すると, 生活支援, 点字出版, 補装具および盲人用具製造, 相談事業, 三療養成, 視覚障害者更生施設, 点字図書館および情報提供, 調査・研究, 職業訓練, 盲人ホーム, 点訳者養成, 視覚障害者授産施設の順となり, ここまでは1950年代までに始動期がきている. 続いて, 歩行訓練, 盲導犬, 盲老人ホーム, 収益事業, 移動支援がきており, 就労移行支援および就労継続支援が始動するのは最近のことである. また, 最盛期を迎える年代を見ると, 盲人ホーム, 三療養成, 点字図書館および情報提供は1960年代に既に最盛期を迎えており, そのほかの事業種別についても, そのほとんどが1980年代前半までに最盛期を迎え

表-4 各事業種別および全事業種別合計の始動期, 最盛期, 充足期

	事業種別	事業者数	始動期(西暦年)	最盛期(西暦年)	充足期(西暦年)
A	点字出版	48	1945	1972	2001
B	点字図書館および情報提供	94	1953	1969	1993
C	点訳者養成	81	1958	1973	1995
D	歩行訓練	66	1965	1985	2005
E	移動支援	49	1974	1998	2009
G	生活支援	32	1939	1989	2008
H	相談事業	81	1950	1975	2005
I	盲導犬	20	1967	1989	2006
J	三療養成	15	1950	1969	1985
K	職業訓練	11	1957	1984	2003
L	就労移行支援および就労継続支援	16	1998	2008	2010
N	盲人ホーム	21	1957	1962	1978
R	視覚障害者授産施設	11	1958	1985	1998
S	視覚障害者更生施設	17	1952	1973	1984
U	盲老人ホーム	42	1968	1975	1989
V	補装具および盲人用具製造	13	1946	1977	2002
W	調査・研究	19	1954	1985	2006
X	収益事業	35	1972	1987	2006
Y	その他	52	1957	1979	2003
	合計	750	1954	1978	2006

ている．充足期については，盲人ホーム，視覚障害者更生施設，三療養成，盲老人ホームが1980年代までに既に充足期を迎えている．しかし，相談事業，歩行訓練，調査・研究，収益事業，盲導犬，生活支援，移動支援，就労移行支援および就労継続支援は最近でも伸びており，充足したとは言えない．

6　各事業者が営んでいる事業種別の数とその時間的拡大状況

　グラフ-7に，各事業者がいくつの事業種別を営んでいるかを集計したものを示す．これによると，単独の事業を営んでいる事業者が66と最も多い．あとは事業種別の数が多くなるにつれて事業者数が減っていくのかと思えばそうではなく，2つの事業種別を営んでいる事業者と3事業を営んでいる事業者がともに34であるのに対し，4事業を営んでいる事業者は37と逆に増えている．これは，単独で事業を行うことが有利な事業と，4つ程度の事業種別を組合せることで，シナジー効果が得られる事業があることを示している．この点については，後の項で分析する．

　グラフをさらに見ると，5つの事業を営む事業者は21に減り，その後は，事業種別の数が増えるにつれ，事業者数は減っていく．注目すべきは，12以上の事業種別を営んでいる事業者があることである．多い方からその事業者を列挙すると，（福）日本ライトハウスが17と突出しており，（福）名古屋ライトハウスが13，（福）山梨ライトハウスが12と続く．ちなみにそれ以下を見てみると，（福）東京光の家と（福）京都ライトハウスがともに10，（社）東京都盲人福祉協会，（福）光道園，（社）京都府視覚障害者協会，愛媛県視聴覚福祉センターが9と続いている．こうしてみると，各地のライトハウスや歴史のある事業者が，視障者事業のデパート的存在として，総合的なサービスを提供していることがわかる．

　続いて，各事業者が年とともに事業種別の数を増やしていく様子を描いたのが，グラフ-8である．このグラフは，ある事業者が事業を開始して以来今日まで，どの年にいくつの事業種別を営んでいたかをプロットし，これを全事業者重ねたものである．ただし，同じ時期に複数の事業者が同一数の事業種別を営んでいる場合，1本の線になってしまうので，この場合には重

グラフ-7 各事業者が営んでいる事業種別の数の度数分布

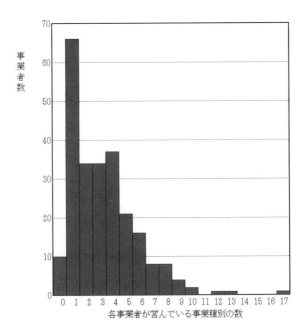

なり合わないよう横線を上方にずらして描いている．このグラフを見ると，各事業者が小さく産んで大きく育てる方式で事業を拡大していったことがよくわかる．ここで上向きの線は，その年に事業者が新たな事業種別に乗り出していることを示しているが，グラフを見ると 1950 年代から大きく動き始め，1970 年代に最も活発となる．その後少し穏やかになるものの 2000 年代に再び活発化している．

グラフ -8 各事業者が営んでいる事業種別の数の時間的拡大状況

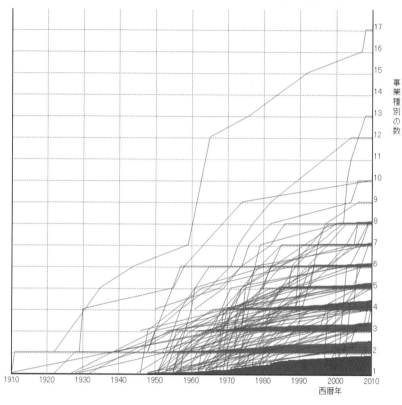

7 視覚に障害のある人のための社会福祉事業の地域的・時間的拡大状況

　グラフ -9 には，各都道府県にいくつの視障者事業が存在するかをブロックの数で，また各事業者の前身加味の設立年を色の濃淡で示した．これを見れば，視障者事業の数は東京が37と他を圧倒している．これは東京に，日盲連等，全国の視障者事業者を束ねるような法人・団体が多いこと，またそれ以外の全国規模の団体も多いこと，補装具製造等の企業が多いことなどによる．続いて多いのは大阪の18で，続いて兵庫の13，神奈川，福岡がともに11，北海道，埼玉，愛知，京都が9，静岡が8，広島が7，岡山，鹿児島が6となっている．これらを見れば，各地方の拠点となる都市に視障者事業

グラフ-9 視障者事業の地域的・時間的拡大状況

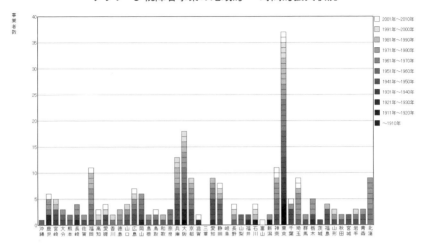

の多くが集まっていることがわかる．また，時間的に見れば東京，大阪に古いものが多く，石川，新潟，長崎，滋賀，岡山，鹿児島にも古いものが見られるが，全体的に見れば，首都圏および近畿圏にまず視障者事業の充実を見，その後全国各地に広がっていったことがわかる．

8　事業種別の組合せ

表-5 には，単独で事業を営んでいる事業者の各事業種別における割合を示す．これによると，盲老人ホームが最も割合が高く，全体の48％が単独事業となっている．続いて盲導犬，補装具製造他が続く．なお，盲老人ホームは視障者事業としては単独であっても，一般の老人ホームなどとともに経営されている場合が多い．逆に，点訳者養成，歩行訓練，ホームヘルプ，生活支援，相談事業，三療養成，職業訓練，就労移行支援他，新職業開拓，視覚障害者福祉ホーム，盲婦人救護施設，視覚障害者更生施設，視覚障害者療護施設，調査・研究については単独事業がほぼ0となっている．これには，これら事業が他との組合せでシナジー効果が得られる分野であるという積極的側面と，単独では事業が成り立ちにくいという消極的側面があると考えられる．

続いて，表-6に，2つの事業種別の組合せ数および選択率と，無作為選

択した場合に対する倍率を示す．これによれば，事業者の数としては，BCを組合せている事業者が75と最も多く，続いてBH，CH，DHの順になっている．しかし，Bの点字図書館，Cの点訳者養成，Dの歩行訓練，Hの相談事業は営んでいる事業者が多く，これらを組合せている事業者の絶対値が多いのは当然である．こうした批判を避け2つの事業の組合せの多寡を評価するため，全事業種別合計に対するそれぞれの事業種別の数の割合を考慮し，無作為に2つの事業を選ぶ確率を計算した．そして，この無作為選択確率に対し，実際の選択率の倍率を計算し，同表の倍率欄に示した．

これによると，BCの組合せは，倍率が1.51と高い．つまり，Bの点字図書館とCの点訳者養成は，通常よりも積極的に組み合わされていることを意味している．これは，点字図書館の蔵書の多くが，点訳者のボランティアによって成り立っているという現実から考えれば，そのボランティアを養成する事業がセットになっているのは自然なことである．

次のBHすなわち，点字図書館と相談事業の組合せは，事業者数は53と多いものの，倍率は0.99と中立値を示す．次のCHすなわち歩行訓練と相談事業についても1.07と倍率は低い．これは，相談事業がその性格から他との組合せが容易なこと，逆にそのニュートラルな性格から，点字と相談という一見して異質なものの組合せの場合，積極的に組み合わせるべき動機が少ないことを意味している．次のDHすなわち歩行訓練と相談事業になると，倍率が1.26に上昇する．これは，両者がともに当事者に直接対面する事業であるため，組合せメニューとして用意しやすいためであろう．

以後倍率の高い組合せをピックアップすると，生活支援＋相談事業，歩行訓練＋移動支援，歩行訓練＋生活支援，相談事業＋調査・研究，歩行訓練＋盲導犬，相談事業＋職業訓練，点字出版＋三療養成，移動支援＋ホームヘルプ，移動支援＋就労移行支援他，生活支援＋職業訓練，生活支援＋調査・研究，歩行訓練＋ホームヘルプ，歩行訓練＋視覚障害者授産施設，生活支援＋盲導犬，職業訓練＋収益事業，盲人ホーム＋収益事業（以下省略）と続く．これらを見ると，それぞれ積極的に組み合わせるべき理由が想像できる．逆に倍率の低い組合せのものは，事業として成り立ちにくいなどの理由で敬遠された結果といえるであろう．

表-5 単独の事業を営んでいる事業者の割合

事業種別		単独事業を行っている事業者数	のべ事業者数	パーセント
A	点字出版	3	54	6
B	点字図書館他	6	96	6
C	点訳者養成	0	83	0
D	歩行訓練	1	68	1
E	移動支援	4	51	8
F	ホームヘルプ	0	10	0
G	生活支援	0	37	0
H	相談事業	0	89	0
I	盲導犬	5	20	25
J	三療養成	0	16	0
K	職業訓練	0	13	0
L	就労移行支援他	0	16	0
M	新職業開拓	0	4	0
N	盲人ホーム	2	21	10
O	盲児施設	2	8	25
P	視覚障害者福祉ホーム	0	4	0
Q	盲婦人救護施設	0	2	0
R	視覚障害者授産施設	1	11	9
S	視覚障害者更生施設	0	17	0
T	視覚障害者療護施設	0	1	0
U	盲老人ホーム	20	42	48
V	補装具製造他	4	16	25
W	調査・研究	0	21	0
X	収益事業	3	38	8
Y	その他	15	63	24
	合計	66	801	8

表-62 事業の選択率と無作為選択に対する倍率

事業種別の組合せ		事業者数	選択率(％)	無作為選択確率(％)	倍率
BC	点字図書館他+点訳者養成	75	4.81	3.19	1.51
BH	点字図書館他+相談事業	53	3.40	3.42	0.99
CH	点訳者養成+相談事業	49	3.15	2.93	1.07
DH	歩行訓練+相談事業	47	3.02	2.40	1.26
BD	点字図書館他+歩行訓練	36	2.31	2.62	0.88
CD	点訳者養成+歩行訓練	35	2.25	2.24	1.00
AB	点字出版+点字図書館他	34	2.18	2.08	1.05
EH	移動支援+相談事業	34	2.18	1.80	1.21
AC	点字出版+点訳者養成	33	2.12	1.78	1.19
AH	点字出版+相談事業	32	2.05	1.91	1.08
GH	生活支援+相談事業	32	2.05	1.31	1.57
DE	歩行訓練+移動支援	30	1.93	1.38	1.40
AD	点字出版+歩行訓練	23	1.48	1.46	1.01
BE	点字図書館他+移動支援	23	1.48	1.96	0.75
DG	歩行訓練+生活支援	23	1.48	1.00	1.48
HX	相談事業+収益事業	23	1.48	1.34	1.10
BX	点字図書館他+収益事業	21	1.35	1.46	0.92
CE	点訳者養成+移動支援	21	1.35	1.68	0.80
AE	点字出版+移動支援	17	1.09	1.09	1.00
HW	相談事業+調査・研究	17	1.09	0.74	1.47
EG	移動支援+生活支援	16	1.03	0.75	1.37
CX	点訳者養成+収益事業	15	0.96	1.25	0.77
HU	相談事業+盲老人ホーム	15	0.96	1.48	0.65
BG	点字図書館他+生活支援	14	0.90	1.42	0.63
DI	歩行訓練+盲導犬	14	0.90	0.54	1.67
AX	点字出版+収益事業	13	0.83	0.81	1.03
DX	歩行訓練+収益事業	13	0.83	1.02	0.81
CG	点訳者養成+生活支援	12	0.77	1.22	0.63
AG	点字出版+生活支援	11	0.71	0.79	0.89
DU	歩行訓練+盲老人ホーム	11	0.71	1.13	0.62
EX	移動支援+収益事業	11	0.71	0.77	0.92
HL	相談事業+就労移行支援他	11	0.71	0.56	1.25
HN	相談事業+盲人ホーム	11	0.71	0.74	0.95
BN	点字図書館他+盲人ホーム	10	0.64	0.81	0.79
HI	相談事業+盲導犬	10	0.64	0.71	0.91
HK	相談事業+職業訓練	10	0.64	0.46	1.40
AW	点字出版+調査・研究	9	0.58	0.45	1.28
CN	点訳者養成+盲人ホーム	9	0.58	0.69	0.84
DL	歩行訓練+就労移行支援他	9	0.58	0.43	1.34
DS	歩行訓練+視覚障害者更生施設	9	0.58	0.46	1.26
HJ	相談事業+三療養成	9	0.58	0.56	1.02
AJ	点字出版+三療養成	8	0.51	0.34	1.50
AR	点字出版+視覚障害者授産施設	8	0.51	0.24	2.18
BU	点字図書館他+盲老人ホーム	8	0.51	1.62	0.32
DW	歩行訓練+調査・研究	8	0.51	0.57	0.91

補論　視覚に障害のある人のための社会福祉事業基礎調査　233

事業種別の組合せ	事業者数	選択率(％)	無作為選択確率(％)	倍率
EF　移動支援+ホームヘルプ	8	0.51	0.20	2.54
EL　移動支援+就労移行支援他	8	0.51	0.32	1.59
EU　移動支援+盲老人ホーム	8	0.51	0.85	0.60
GK　生活支援+職業訓練	8	0.51	0.19	2.69
GW　生活支援+調査・研究	8	0.51	0.31	1.67
GX　生活支援+収益事業	8	0.51	0.56	0.92
HR　相談事業+視覚障害者授産施設	8	0.51	0.39	1.32
AN　点字出版+盲人ホーム	7	0.45	0.45	1.00
AV　点字出版+補装具製造他	7	0.45	0.34	1.31
BI　点字図書館他+盲導犬	7	0.45	0.77	0.58
BS　点字図書館他+視覚障害者更生施設	7	0.45	0.65	0.69
BV　点字図書館他+補装具製造他	7	0.45	0.62	0.73
CF　点訳者養成+ホームヘルプ	7	0.45	0.33	1.37
CS　点訳者養成+視覚障害者更生施設	7	0.45	0.56	0.80
CU　点訳者養成+盲老人ホーム	7	0.45	1.38	0.33
DF　歩行訓練+ホームヘルプ	7	0.45	0.27	1.67
DJ　歩行訓練+三療養成	7	0.45	0.43	1.04
DN　歩行訓練+盲人ホーム	7	0.45	0.57	0.79
DR　歩行訓練+視覚障害者授産施設	7	0.45	0.30	1.51
FH　ホームヘルプ+相談事業	7	0.45	0.35	1.27
GI　生活支援+盲導犬	7	0.45	0.29	1.53
HS　相談事業+視覚障害者更生施設	7	0.45	0.60	0.75
KX　職業訓練+収益事業	7	0.45	0.20	2.29
NX　盲人ホーム+収益事業	7	0.45	0.32	1.42
WX　調査・研究+収益事業	7	0.45	0.32	1.42
AF　点字出版+ホームヘルプ	6	0.39	0.21	1.80
AK　点字出版+職業訓練	6	0.39	0.28	1.38
AL　点字出版+就労移行支援他	6	0.39	0.34	1.12
AS　点字出版+視覚障害者更生施設	6	0.39	0.36	1.06
BW　点字図書館他+調査・研究	6	0.39	0.81	0.48
CI　点訳者養成+盲導犬	6	0.39	0.66	0.59
CV　点訳者養成+補装具製造他	6	0.39	0.53	0.73
DV　歩行訓練+補装具製造他	6	0.39	0.43	0.89
EI　移動支援+盲導犬	6	0.39	0.40	0.95
ES　移動支援+視覚障害者更生施設	6	0.39	0.34	1.12
GU　生活支援+盲老人ホーム	6	0.39	0.62	0.62
LR　就労移行支援他+視覚障害者授産施設	6	0.39	0.07	5.52
LS　就労移行支援他+視覚障害者更生施設	6	0.39	0.11	3.57
LX　就労移行支援他+収益事業	6	0.39	0.24	1.60
BF　点字図書館他+ホームヘルプ	5	0.32	0.38	0.83
CW　点訳者養成+調査・研究	5	0.32	0.69	0.46
DK　歩行訓練+職業訓練	5	0.32	0.35	0.92
DO　歩行訓練+盲児施設	5	0.32	0.22	1.49
EK　移動支援+職業訓練	5	0.32	0.26	1.22
EN　移動支援+盲人ホーム	5	0.32	0.42	0.76
FU　ホームヘルプ+盲老人ホーム	5	0.32	0.17	1.93
GJ　生活支援+三療養成	5	0.32	0.23	1.37

事業種別の組合せ	事業者数	選択率(%)	無作為選択確率(%)	倍率
GJ 生活支援+三療養成	5	0.32	0.23	1.37
GL 生活支援+就労移行支援他	5	0.32	0.23	1.37
HV 相談事業+補装具製造他	5	0.32	0.56	0.57
IX 盲導犬+収益事業	5	0.32	0.30	1.06
JL 三療養成+就労移行支援他	5	0.32	0.10	3.16
JX 三療養成+収益事業	5	0.32	0.24	1.33
LN 就労移行支援他+盲人ホーム	5	0.32	0.13	2.41
LU 就労移行支援他+盲老人ホーム	5	0.32	0.27	1.20
NS 盲人ホーム+視覚障害者更生施設	5	0.32	0.14	2.27
RX 視覚障害者授産施設+収益事業	5	0.32	0.17	1.94
UX 盲老人ホーム+収益事業	5	0.32	0.63	0.51
(以下省略)				
合計	1558	100	98.27	

9　事業を始める際に参考にした法人・団体等および指導を受けた人物

　グラフ-10に，事業を始める際に参考にした法人・団体等を，列挙した事業者の数が多い順に示した．これを見ると，日本ライトハウスが12と最も多く，聖明園曙荘，全国盲ろう者協会，日本点字図書館が8で続いている．日本ライトハウスは歴史も古く，創業者である岩橋武夫は日盲連および日本盲人社会福祉施設協議会の初代会長として活躍しており，2代目岩橋英行も事業を積極的に拡大していったため，視障者事業への影響力は大きかったものと考えられる．聖明園曙荘は慈母園とともに盲老人ホームの草分け的存在であり，施設長の本間昭雄は後述の通り，同事業の普及に主導的役割を果たした．全国盲ろう者協会は新しい団体で，盲ろう者の全国組織化に積極的に取り組んでいる．日本点字図書館は本間一夫が設立し，日本を代表する点字図書館の一つとして，我が国の点字図書館事業を牽引してきた．

　また，グラフ-11に，事業を始める際に指導を受けた人物を，列挙した事業者の数が多い順に示した．これによると，本間昭雄（全国盲老人福祉施設連絡協議会）が6と最も多く，松井新二郎（盲人職能開発センター）が4，板山賢治（厚生省更生課）が3と続いている．本間昭雄と板山賢治はともに，1960年代から1970年代にかけて急速な広がりを見せた，盲老人ホーム普及の立役者である．また松井新二郎は，1963（昭和38）年，日本盲人カナタ

イプ協会(後の盲人職能開発センター)を設立し,視覚に障害のある人の職域拡大に尽くした.なお,グラフ-11に並ぶ人物の多くが,視覚障害当事者であることには驚かされる.

グラフ-10 事業を始める際に参考にした法人・団体等

参考にした法人・団体等	事業者数
日本ライトハウス	12
聖明園曙荘	8
全国盲ろう者協会	8
日本点字図書館	8
慈母園	4
日本盲人会連合	4
全国盲老人福祉施設連絡協議会	3
恵明園	2
大阪府視覚障害者福祉協会	2

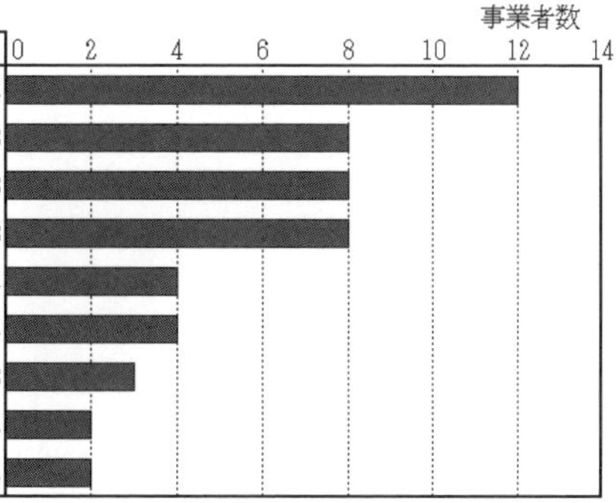

グラフ-11 事業を始める際に指導を受けた人物

指導を受けた人物	事業者数
本間昭雄(全国盲老人福祉施設連絡協議会)	6
松井新二郎(盲人職能開発センター)	4
板山賢治(厚生省更生課)	3
岩橋英行(日本ライトハウス)	2
全国盲ろう者協会塩谷事務局長	2
村谷昌弘(日本盲人会連合)	2
本間一夫(日本点字図書館)	2
鈴木孝幸(日本盲人会連合)	2

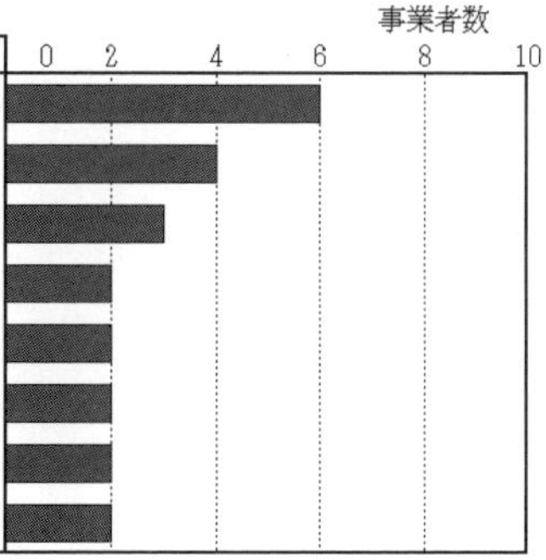

Ⅲ　結論

本論文では，2010（平成22）年11月より全国の視障者事業者にアンケート調査を行い，その結果で得られた243事業者からの回答を基に，わが国における視障者事業の100年の歴史を概観してきた．調査結果を要約すれば，次のようになる．

① 我が国の視障者事業は，1900年代に芽生えたものの明治および大正期にはほとんど伸びず，昭和に入り微増し，戦後になり急速に伸びていった．視障者事業を行っている225事業者のうち，戦前に事業を開始したのは，わずか13事業者にとどまっている．

② 視障者事業が始まる前，視障者達は自分たちの生活を守るため，当事者団体を設立していった．（社）東京都盲人福祉協会，（福）桜雲会，（財）大阪府視覚障害者福祉協会などの前身がそれである．これらの当事者団体は，徐々に力を蓄え，早いものでは明治期に，遅いものでは昭和に入り視障者事業に乗り出していった．

③ 当事者団体ではない事業者にあっても，早くから事業を始めたものの多くは，視覚障害当事者が代表を勤めていた．（株）毎日新聞社点字毎日部の中村京太郎，（福）日本ライトハウスの岩橋武夫，（福）東京点字出版所の肥後基一，（福）東京光の家の秋元梅吉などがそれである．

④ 視障者事業は，点字に関わるものから始まった．すなわち1901（明治34）年，（福）桜雲会の前身である東京盲唖学校盲部同窓会が点字出版を開始し，同じ年，仲村点字器製作所が点字器の製造販売を始めた．さらに1911（明治44）年，先の東京盲唖学校盲部同窓会が点字図書館事業を始め，1922（大正11）年には，（福）日本ライトハウスの前身である点字文明協会が，点訳者養成を始めている．

⑤ 事業者設立数の動きを見ると，事業者の設立が最も多かったのは，現組織，前身加味ともに1948（昭和23）年であった．この年にはヘレン・ケラーが二度目の来日を果たし，ケラー女史の受け皿として日盲連が設立された．そして，その機会をとらえて各地に当事者団体が結成されていった．

⑥ 事業者の設立数の積算は，現組織，前身加味ともに1950年前後から

1980年前後まで直線的に伸びている．この間，現組織と前身加味との間には5から8年程度の開きがある．現組織設立数は，1980年代半ばから1990年代半ばにかけ伸びが緩やかになるが，ここ10数年は傾きがやや大きくなっている．

⑦現組織の設立時期と最初の事業の開始時期は，平均的に見ればほぼ一致しており，前身の組織から現組織に移行した事業者の多くが，それと相前後して最初の事業を始めているといえる．ただし，当事者団体から始まった事業者に関してみれば，前身加味の設立から最初の事業開始まで平均16.5年，現組織設立から最初の事業開始まで平均3.5年かかっている．これは当事者団体が時間をかけて力を蓄え，後になり事業に乗り出していったことを示している．

⑧事業種別ごとの事業者数を見ると，点字図書館および情報提供を営む事業者が97と最も多く，次に相談事業が89，点訳者養成が83と続き，やや下がって歩行訓練，点字出版，移動支援，盲老人ホームがきている．これに対し施設系は総じて少なく，職業系も意外と少ない．

⑨それぞれの事業種別ごとに，事業開始の早かった3事業者を選び，事業開始の早かった事業者に高ポイントを与える形で，事業者の先駆性を評価してみると，最もポイントが高かったのは（福）日本ライトハウスであり，次が（福）東京光の家，以後（福）桜雲会，（財）アイメイト協会，（福）名古屋ライトハウスの順となった．

⑩各事業種別ごとに，始動期が早いものをその順番に列挙すると，生活支援，点字出版，補装具および盲人用具製造，相談事業，三療養成，視覚障害者更生施設，点字図書館および情報提供，調査・研究，職業訓練，盲人ホーム，点訳者養成，視覚障害者授産施設の順となり，ここまでは1950年代までに始動期がきている．続いて，歩行訓練，盲導犬，盲老人ホーム，収益事業，移動支援がきており，就労移行支援および就労継続支援が始動するのは最近のことである．また，最盛期を迎える年代を見ると，盲人ホーム，三療養成，点字図書館および情報提供は1960年代に既に最盛期を迎えており，そのほかの事業種別についても，そのほとんどが1980年代前半までに最盛期を迎えている．充足期につい

ては，盲人ホーム，視覚障害者更生施設，三療養成，盲老人ホームが1980年代までに既に充足期を迎えている．しかし，相談事業，歩行訓練，調査・研究，収益事業，盲導犬，生活支援，移動支援，就労移行支援および就労継続支援は最近でも伸びており，充足したとは言えない．

⑪事業者が営んでいる事業種別の数を見ると，単独の事業を営んでいる事業者が66と最も多い．2つの事業種別を営んでいる事業者および3つの事業種別を営んでいる事業者は34に減るが，4事業を営んでいる事業者は37と逆に増えている．これは，単独で事業を行うことが有利な場合と，4つ程度の事業種別を組合せることで，シナジー効果が得られる事業とがあることを示している．

⑫営んでいる事業種別の数が多い事業者を列挙すると，（福）日本ライトハウスが17と突出しており，（福）名古屋ライトハウスが13，（福）山梨ライトハウスが12と続く．ちなみにそれ以下を見てみると，（福）東京光の家と（福）京都ライトハウスがともに10，（社）東京都盲人福祉協会，（福）光道園，（社）京都府視覚障害者協会，愛媛県視聴覚福祉センターが9と続いている．これをみると，各地のライトハウスや歴史のある事業者が，視障者事業のデパート的存在として，総合的なサービスを提供していることがわかる．

⑬各事業者の事業の時間的拡大状況を見ると，それぞれの事業者が事業を小さく生み大きく育てようとしたことがわかる．

⑭各事業者の地域的・時間的広がり状況を見ると，まず東京および大阪にいくつかの事業が起こり，その後各地へ広がっていったことがわかる．また，事業者の絶対数としては東京が37と突出している．これは東京に全国の事業者を束ねる団体や全国規模の団体等が多いこと，補装具製造等の企業が多いことなどによる．

⑮単独の事業を行っている事業者を見ると，盲老人ホームを営んでいる事業者の48％が単独事業となっている．続いて盲導犬，補装具製造他が続くが，多くの事業種別で単独事業者は0％を示している．

⑯事業の組合せを見ると，点字図書館と点訳者養成などのように，確率から判断しても高倍率で組み合わされている事業種別のペアがある．

⑰事業を始める際に参考にした法人・団体等については，日本ライトハウスが12と最も多く，聖明園曙荘，全国盲ろう者協会，日本点字図書館が8で続いている．

⑱事業を始める際に指導を受けた人物については，本間昭雄（全国盲老人福祉施設連絡協議会）が6と最も多く，松井新二郎（盲人職能開発センター）が4，板山賢治（厚生省更生課）が3と続いている．なお，指導を受けたとして名前が挙がった人物の多くは，視覚障害当事者であった．

ここで，調査から得られた結果に対し，筆者なりの若干の考察を加えておきたい．まず，戦前に視障者事業がほとんど開始されなかったのはなぜかである．これは，戦前は国からの視障者事業者への補助が，失明軍人対策の場合を除き何らなされてこなかったことが大きいであろう．事業を継続させるためには，資金の裏付けが必要であるが，1935（昭和10）年度のライトハウス大阪盲人協会（現在の（福）日本ライトハウス，以下「大阪ライトハウス」と称す）の年報を見てみると，収入総額1784円39銭中，寄付金および献金が1619円86銭と全体の約9割を占めている．この年には国および自治体からの補助金はない．大阪ライトハウスの事例は一事例に過ぎないが，参考にはなるであろう．ただし，大阪ライトハウスではわずかであるが翌年より大阪市から補助金が出ている．力のある事業者の中には，大阪ライトハウス同様に自治体から補助金を引き出していたところがあったであろう．しかし，法律の裏付けがない以上，そうした補助金は経営の主体にはなり得ず，戦前の視障者事業者の多くが寄付金に頼らざるを得なかったことは，容易に想像できよう．なお，中央盲人福祉協会作成資料の「全国盲人協会，盲人組合並盲学校調」によれば，1932（昭和7）年12月末時点で全国に盲人協会が54，盲人組合が55あったようである．この資料中のいくつかは今回の調査対象となった事業者に直接つながっているが，その多くの団体のその後の動向は不明であり，今回の調査との整合性を検討する必要がある．

続いて，初期の頃の視障者事業の多くが当事者団体から始まり，または当事者自身が設立しているのはなぜかである．これはまず，視障者が近世以前より当道座などの全国規模の自助組織を作り一定の職業的自立を得ていたという歴史的背景があろう．明治に入り，視障者の官位である盲官が廃止され

当道座は解体した．しかし，組織を作り生活を守ってきたという経験が忘れ去られることはなく，視覚障者の多くは各地に同業者組合を作った．その1932（昭和7）年時点での実態が，先の中央盲人福祉協会の「全国盲人協会，盲人組合並盲学校調」である．そして，初期の頃の当事者団体の多くがその延長線上にあり，その中から事業を始める者が現れたというのが実情であると推測する．それから，点字が生まれ自分の考えを記録として残せるようになり，加えて情報の入手を補助してくれる者が付き添っていれば，視障者は晴眼者と遜色ない社会活動が営めるのである．また，視障者のことを最もよく知る者は視障者自身であるという真実もある．こうしたことから，点字を習得し，宗教等を背景に支援者を集めた力のある視障者の中から，視障者事業を始める者が生まれたのであろう．

　以上のほかにも，本調査の結果に考察を加えるべき箇所は，数多く存在する．しかし，それに深く踏み込んでいくことは今回の調査を超えるものであり，今後長期にわたる研究が必要となるため，考察はここまでとしたい．

　さて以上のように，本調査では，視障者事業の歴史を知る上で，貴重なデータが得られた．その一方で，アンケート方式という本調査の性格から，いくつかの限界もある．その一つ目は，データから事業者や事業種別の増加の状況が数値として得られたものの，それだけではその変化の背景事情を知ることができないことである．アンケートの質問をもっと詳細なものにすれば，こうした情報も得られるかもしれないが，その場合回答率の低下につながる恐れがあった．そのため，アンケートを単純なものにして回答率を上げることを選択したのであり，この問題はその副作用である．なお，今後代表的な事業者を訪問し聞き取り調査を行うことで，本調査を補充することにしている．

　二つ目の限界は，歴史が古く，職員が世代交代し，あるいは設立当時の事情を知るOBが亡くなるなどしている事業者では，回答が難しい場合があることである．このため，本調査には精度上の限界があることは否めない．各事業者は，既に貴重な時間を割いてこの調査に協力してくれているわけであり，これ以上の精度を望むことは困難である．ただし，設立当時の代表者の名前については無回答が少なく，人物をたぐっていく方法で，各事業者の設

立当時の状況を明らかにすることができるであろう．この点，今後の研究を待ちたい．

　三つ目の限界は，既に廃業してしまった事業者が，本調査の対象になっていないことである．これについては，「Ⅱの2」でも触れているとおり，それほど多くないのではないかと考えるが，正確にはわからない．したがって，これを踏まえたうえで結果を評価すべきであり，必要であれば歴史資料に当たるなどして結果を補充しなければならない．

　以上のように限界はあるものの，本調査により，視障者事業の歴史過程の実相らしきものが見えてきた．特に視障者事業の黎明期である戦前に，どのような事業者が存在し，どのような人物や集団が事業を立ち上げていったのかを知ることができた．また，事業者や個々の事業種別がどの時期に始動し，時間的・地域的・質的にどのように拡大し，どの時期に最盛期を向かえたか，あるいはどの事業者やどのような人物が他に大きな影響を与えたかを知ることもできた．中でも注目すべきは，当事者や当事者集団の活躍である．そして，その原点には点字があった．

　西欧で起こったルネサンスは，15世紀に発明された活版印刷により大きく拡大し，ヨーロッパ人に人間性の回復と解放をもたらしたそうである．これと同様に，明治期に発明された日本点字とそれによる点字出版は，視障者に人間性の回復・解放をもたらし，視障者一人一人の意識と発進力を高めていった．その結果，彼らの中から指導者的人物が生まれ，あるいは組織活動の活発化がもたらされたのであろう．そして，彼らの中にふつふつと沸き上がってきた，自らのことは自らの手で何とかしたいとの思いが，事業者の熱意と呼応して，今日の視障者事業の隆盛につながっていったものと考える．このような当事者と事業者の二人三脚は，今後においてもこの種の事業の最も望ましい姿であろう．

　以上，2010（平成22）年11月から行ってきた，視覚に障害のある人のための社会福祉事業基礎調査の結果について見てきた．本論文中の一つ一つのグラフや表を眺めていると，それぞれの年代に身を置いた視覚障害当事者の強い願いと，それに応えようとした事業者の熱い思いとを感じる．本調査で得られたデータが，今後の視障者事業の研究に活用され，本調査の結果が視

障者事業の発展に寄与できれば，望外の喜びである．

なお本調査は，吉田久一研究奨励賞の研究助成を受けて行ったものである．

注

1 2010（平成22）年8月に国立国会図書館およびCiNii論文情報ナビゲータを中心に検索．キーワードには"盲"，"盲人福祉"，"盲導犬"，"視覚"，"視覚障害"，"点字"，"点字図書館"，"ライトハウス"を入力した．

参考文献

青い鳥点訳グループ代表者出川正教（1993）『青い鳥点訳グループ35年史』青い鳥点訳グループ代表者出川正教．

─────（1998）『青い鳥点訳グループ35年史　追録　その後の5年』青い鳥点訳グループ代表者出川正教．

50周年記念事業実行委員会(2010)『夢をつむいで　名古屋盲人情報文化センター50周年記念誌』社会福祉法人名古屋ライトハウス　名古屋盲人情報文化センター．

葉上太郎（2009）『日本最初の盲導犬』文藝春秋．

編集人竹内恒之（2000），『視覚障害者とともに　社会福祉法人東京ヘレン・ケラー協会の歩み』東京ヘレンケラー協会．

編集田中亮二（1969）『東京光の家　50周年記念誌』秋元梅吉．

(2006)『ひとりの幸せのために　名古屋ライトハウス60周年記念誌』社会福祉法人名古屋ライトハウス．

光とともに半世紀編集委員会（1996）『ひとりの幸せのために　名古屋ライトハウス50周年記念誌』社会福祉法人名古屋ライトハウス．

本間伊三郎（1987）『源流を探る──大阪の盲人福祉』大阪府盲人福祉協会（日本ライトハウス所蔵）．

板山賢治（1997）『すべては出会いからはじまった　福祉半世紀の証言』エンパワメント研究所．

岩山光男編・著（1998）『八十四歳への挑戦　でも二人はがんばった命の限り』愛盲報恩会．

岩山光男・金沢明二・足立すみ子（1998）『郷土盲界半世紀の歩み』社会福祉法人名古屋ライトハウス名古屋盲人情報文化センター．

加藤康昭（1972）『盲教育史研究序説』東峰書房．

―――― (1974)『日本盲人社会史研究』未来社.
岸　博美 (2009)『視覚障害教育の今後を考えるための史資料集　盲・聾分離をめざした苦闘・90 年　第 84 回全国盲学校教育研究大会研究発表』京都府立盲学校.
―――― (2010)『歴史の手ざわり　新聞・雑誌が描いた盲唖院・盲学校　京都盲唖院〜京都府立盲学校（誕生から義務化まで）』岸博実.
近藤正秋 (1974)『試練を超えて』愛盲報恩会.
小西律子 (2009)「盲人集団の職業的自立の危機とその克服への試み――岩橋武夫と大阪ライトハウス設立を中心に」『社会福祉学』50（1），57-67.
―――― (2011)「職業リハビリテーションの黎明としての大阪ライトハウス早川分工場」『社会福祉学』51（4），5-17.
―――― (2012)「身体障害者福祉法成立に盲人集団が果たした役割」『社会福祉学』52（4），5-18.
国立東京視力障害センター (1968)『20 年誌　盲人福祉 20 年のあゆみ』国立東京視力障害センター.
京都府立盲学校資料室（発行年無）『京都府立盲学校　資料室史資料解説　展示編』京都府立盲学校.
京都府立盲学校 (2005)『京都府立盲学校所蔵　資料室保存資料目録（京都府指定有形文化財「京都盲唖院関係資料」を含む）』京都府立盲学校.
(1978)『京都府盲聾　教育百年のあゆみ展』盲聾教育開学百年記念実行委員会.
京都ライトハウス 20 年史編集委員会 (1984)『京都ライトハウス 20 年史』京都ライトハウス 20 年史編集委員会.
90 周年記念誌編集委員会 (2011)『創立 90 周年記念誌　みことばに導びかれて』社会福祉法人東京光の家.
松井新二郎 (1990)『指さきの目　オプタコン』（福）日本盲人職能開発センター.
間宮不二雄 (1930)「公共図書館ト點字文庫」『図書館研究』Ⅲ-1（9）37-53.
眞野哲夫編集 (2002)『点字毎日創刊 80 周年記念出版　激動の 80 年』毎日新聞社（点字資料）
毎日新聞 130 年史刊行委員会 (2002)『毎日の 3 世紀　新聞が見つめた激流 130 年（別巻）』毎日新聞社.
道ひとすじ昭和を生きた盲人たち編集委員会 (1993)『道ひとすじ　昭和を生きた盲人たち』あずさ書店.
盛山和夫 (2004)『社会調査法入門』株式会社有斐閣.
盲重複障害者福祉ハンドブック編集委員会(2011)『盲重複障害者福祉ハンドブック』全国盲重複障害者福祉施設研究協議会.
村上貴美子 (1987)『占領期の福祉政策』勁草書房.
名古屋市鶴舞図書館 (1963)『鶴舞図書館四十年史』名古屋市鶴舞図書館.
名古屋市鶴舞中央図書館 (1974)『名古屋市鶴舞中央図書館 50 年史』名古屋市

鶴舞中央図書館.
中江義照（1952）『日本盲教育史年表』出版社不明（日本ライトハウス所蔵）.
70周年記念誌編集委員会（1990）『創立70周年記念誌　新しき第一歩』社会福祉法人東京光の家.
日本盲人キリスト教伝道協議会（2011）『されど育て給うは神なり』日本盲人キリスト教伝道協議会.
日本盲人会連合（1978）『日本盲人会連合30年史（点字版）』（1）日本盲人会連合（日本ライトハウス所蔵）.
日本盲人会連合50年史編集委員会（1998）『日本盲人会連合50年史』日本盲人会連合.
日本点字図書館50年史編集委員会（1994）『日本点字図書館50年史』社会福祉法人日本点字図書館.
大河原欽吾（1937）『點字発達史』培風館.
齊藤恒子（1964）『わが国における点字図書館の歴史　日本点字図書館を中心として』日本点字図書館.
（1978）『京都府盲聾　教育百年のあゆみ展』盲聾教育開学百年記念実行委員会.
（1957）『昭和三十二年十月十七日　創立十周年記念　社会福祉法人名古屋ライトハウス事業概要』．奥付なし.
（1967）『創立20周年記念誌』社会福祉法人名古屋ライトハウス．奥付なし.
社会福祉法人名古屋ライトハウス（1977）『30年のあゆみ』社会福祉法人名古屋ライトハウス.
（1986）『創立40周年記念誌』社会福祉法人名古屋ライトハウス．奥付なし.
視覚障害人名事典編集委員会（2007）『視覚障害人名事典　名古屋ライトハウス60周年記念』社会福祉法人名古屋ライトハウス　愛盲報恩会.
島田信雄（1956）『盲人の業権擁護闘争史』大阪市立盲学校同窓会.
鈴木力二（1969）『中村京太郎伝』中村京太郎伝記刊行会.
社団法人東京都盲人福祉協会会長村谷昌弘（1994）『東京都盲人福祉協会九十年のあゆみ　記念誌』社団法人東京都盲人福祉協会会長村谷昌弘.
社団法人東京都盲人福祉協会会長笹川吉彦（2003）『東京都盲人福祉協会100年のあゆみ　盲人運動の発祥と今後の展望』社団法人東京都盲人福祉協会会長笹川吉彦.
社会福祉法人日本盲人社会福祉施設協議会・創立50周年記念誌編集委員会（2003）『社会福祉法人日本盲人社会福祉施設協議会　創立50周年記念誌』社会福祉法人日本盲人社会福祉施設協議会.
社会福祉法人桜雲会代表高橋昌巳（2001）『桜雲会110年誌』小学館スクウェア.
社会福祉法人岡山県視覚障害者協会（2007）『80周年記念誌』社会福祉法人岡山県視覚障害者協会.
―――（1997）『70周年記念誌』社会福祉法人岡山県視覚障害者協会.

社会福祉法人聖明福祉協会創立50周年記念誌編集委員会（2006）『創立50周年記念誌　人にささえられて半世紀，そして未来へ』社会福祉法人聖明福祉協会．
社会福祉法人丹後視力障害福祉センター（1996）『創立20年記念誌　いさり火』社会福祉法人丹後視力障害福祉センター．
────（2006）『創立30年記念誌　いさり火』社会福祉法人丹後視力障害福祉センター．
社会福祉研究所編　1990）『戦前・戦中期における障害者福祉対策』社会福祉研究所．
高橋昌巳（1977）『盲人の父　イオアン高橋豊治とともに』社会福祉法人桜雲会．
竹林熊彦（1933）「點字圖書ト盲人図書館運動」『図書館研究』Ⅵ-1（21）37-53．
追悼記念誌編集委員会（1985）『光ありて』社会福祉法人東京光の家．
塚越巳秋（1967）『日本盲人官職制度史』塚越巳秋．
中央盲人福祉協会（1941）『日本盲人福祉年鑑』中央盲人福祉協会．
────（1932）「全国盲人協会，盲人組合並盲学校調」．
谷合　侑（1997）『盲人の歴史』明石書店．
────（1999）『盲人福祉事業の歴史』明石書店．
千葉一正（1943）『光に起つ』愛之事業社．
山縣二雄（1981）『図書館をめぐる日本の近世』奥付なし．
好本　督（1902）『眞英國』言文社．
好本　督・今駒泰成著（1981）『主はわが光』日本基督教団出版局．
財団法人アイメイト協会（1999）『アイメイトと歩む人生』財団法人アイメイト協会．
財団法人東京盲人協会『東京都盲人事業概要』．奥付なし．
全国盲老人福祉施設連絡協議会創立30周年記念誌事業委員会（1998）『眼に太陽は見えなくとも　全国盲老人福祉施設連絡協議会30周年記念誌』全国盲老人福祉施設協議会会長本間昭雄．
全国盲老人福祉施設連絡協議会創立40周年記念誌編集委員会（2009）『40周年記念誌眼に太陽は見えなくとも』全国盲老人福祉施設協議会会長本間昭雄．

一次資料（参考文献中一次資料のみを別掲）

[アイメイト協会所蔵]
（不明）「財団法人東京盲導犬協会概要」．
「盲人更生援護施設　公益財団法人アイメイト協会」．
塩屋賢一（1973）『東京盲導犬ニュース』（1）．

[日本ライトハウス所蔵]
本間一夫（1940）『図書館ニュース』1（1）日本盲人図書館．（昭和15年11月10日発行点字『図書ニュース』創刊号より2000年12月　墨字訳復刻）

改訂版).
「日本盲人社会福祉施設協議会規約」.
『ライトハウス年報昭和拾年度報告』. なお，同年報は，原物に奥付がない. そのため発行年が分からない. 内容から類推して，その翌年の 1936 年に発行されたものと考えられる.

[聖明福祉協会所蔵]
発行者本間昭雄（1978）『盲老人の幸せのために　第 3 回全国盲老人ホーム実態調査』全国盲老人福祉施設連絡協議会.

補論添付資料

アンケートから得られた基礎データ

　別表-1から別表-4に，全国243事業者からの回答より得られた基礎データを掲載した．表は都道府県を単位とし北から南に向かって並べられており，同じ都道府県内では事業者名の「あいうえお順」になっている．別表-1の「当団」は当事者団体から始まったものを示す．これは分析のため必要と考えて筆者が記入したもので，アンケートの質問には含まれていない．

　別表-2の「設立」は各事業者の設立年を，「前身」は前身となる組織の最も古い設立年を，「A」から「Y」は，質問2の事業種別である「A 点字出版」から「Y その他」の事業開始年を示す．また，同表中の「M」「T」「S」「H」はそれぞれ「明治」「大正」「昭和」「平成」を示し，「？」は事業を行っていることはわかっているが開始年が不明であることを，数字のないものは，元号だけはわかっているが開始年が不明であることを示す．また，「-」はその下段の数字の年に事業をやめたことを示している．

　別表-3の事業を始める際に参考にした法人・団体等および指導を受けた人物については，無回答あるいは「なし」等の表現があるものは省略し，各事業者の名称は，略記したものを示した．また，各人物の所属等については，同表に同一人物が既に現れている場合あるいは別表-1に当該人物名が存在する場合には省略した．

　別表-4には，アンケートで具体的内容の記述を求めた「K 職業訓練」「M 新職業開拓」「W 調査・研究」「X 収益事業」「Y その他」について，回答内容を簡略化して示した．

別表-1-1 基礎データ1（設立時および前身の代表者名，事業者名 1/3）

No	事業者名	設立当時の代表者の名前	設立当時の名称	前身 設立当時の代表者名	前身 設立当時の名称	当団
1	(福)旭川盲人福祉センター 旭川点字図書館	宇野定雄		宇野定雄	旭川盲人福祉協会	○
2	釧路市点字図書館	釧路市長口哲夫				
3	札幌市視覚障がい者情報センター	札幌市長		札幌市長	札幌市福祉センター	
4	千歳市点字図書館	松桝亮深		佐藤徹	千歳視覚障害者福祉協会	○
5	(特)函館視覚障害者図書館	鈴氏一郎	函館点字図書館			
6	(社)函館視覚障害者福祉協議会	岩波難二	函館視力障害者福祉協議会			○
7	(社)北海道視力障害者福祉連合会					
8	(財)北海道盲導犬協会	地崎宇三郎	札幌盲導犬協会			
9	(福)北海盲友愛福祉会 江別盲人養護老人ホーム恵明園					
10	青森県視覚障害者情報センター	楠崎寅吉	青森県立点字図書館	不明	不明(青森県立点字図書館内に設置)	
11	(社)青森県視力障害者福祉連合会	横山貞美		加藤孝澄	青森県盲人連合会	
12	(福)弘前愛成園 養護老人ホーム津軽ひかり荘	三浦昌武		三浦昌氏	(福)弘前愛成園 養護老人ホーム弘前温清園「ひかり寮」	
13	(福)岩手県視覚障害者福祉協会	柴内満二	岩手県盲人福祉協会			
14	岩手県立視聴覚障がい者情報センター	高橋裕好		大堂他人	岩手県点字図書館	
15	(福)成仁会 養護盲老人ホーム拝風苑	山崎シゲ				
16	仙台市視覚障害者センター	阿部三保志	仙台市盲人協会		宮城県視覚障害者福祉協会	○
17	宮城県視覚障害者情報センター	西川睦国	宮城県点字図書館	不明	日本赤十字社宮城県支部 赤心字点字文庫	
18	(社)秋田県視覚障害者福祉協会	岸野新作		泉谷鉄蔵	秋田県盲人福祉協会	
19	秋田県点字図書館	三浦鉄郎				
20	(特)山形県視覚障害者福祉協会	鈴木栄助	山形視力障害者協会	中村芳吉	山形県報国盲人会	
21	山形県盲ろう者の会	斉藤玉貴		斉藤玉貴	山形盲ろう者の会 設立準備会	
22	山形県点字図書館	本間甚太郎				
23	福島県点字図書館	不明				
24	(社)福島県盲人協会	星小七	福島県盲人協会			
25	(社)福島県視覚障がい者生活支援センター	柏谷敷		星小七	福島県盲人協会	○
26	(福)福島県社会福祉会養護盲老人ホーム緑光園	三瓶賢一	福島視覚障害者福祉協会			
27	(福)盲老人ホームナザレ園			菊地政一	老人の家	
28	(社)足利市社会福祉協議会 足利市視覚障害者ホーム	木村浅七	足利市盲人ホーム	大柏新	足利市社会事業協会	
29	(社)栃木県視覚障害者福祉協会		栃木県盲人福祉会連合会	不明	(福)栃木県社会福祉事業団 栃木県身体障害者福祉協会	
30	とちぎ視覚障害者情報センター	会員七原義一 所長塩野什夫		理事長加藤俊吉、館長鈴木恕三郎		
31	(財)東日本盲導犬協会	不明	(財)栃木盲導犬センター			
32	(福)明眼協会 盲老人ホーム松ケ丘葵荘	大島信彦				
33	(社)群馬県盲人福祉協会	関米一郎		小暮一芯	群馬県盲人会	
34	群馬県立点字図書館	佐藤秀雄		不明	群馬県声の図書室	
35	(株)川口メタルワーク	赤岡晁				
36	(株)ケージーエス(株)	駒井定佑	工業社通信機器製作所			
37	(福)埼玉県視覚障害者福祉センター	中村泰吉	(福)埼玉県盲人福祉ホーム			
38	埼玉県立熊谷点字図書館	長岡利行				
39	さいたま市視覚障害者福祉協会	稲垣勉				○
40	(福)全国ベーチェット協会江刀施設	植村操		福山正臣	ベーチェット病患者を救う医師の会	
41	(福)日本失明者協会 養護盲老人ホームひとみ園	茂木幹央	(福)日本失明者協会			
42	(福)日本点字技能師の会	込山光蕾				
43	盲人聴能伝道社	村上甘				
44	(福)愛光 視覚障害者総合支援センターちば	加藤一郎	千葉県点字図書館	加藤一郎	大日本盲人会千葉県支部	
45	(福)愛光 リホープ視覚障害者更生施設	加藤一郎		加藤一郎	千葉県盲人協会	○
46	(福)恩賜財団済生会支部千葉県済生会 千葉県救護盲老人施設佐田荘	嶋田重雄				
47	(社)千葉県視覚障害者福祉協会	加藤一郎	大日本盲人会千葉県支部			○
48	(特)千葉盲ろう者友の会	石川隆		石川隆	千葉盲ろう者友の会	○
49	(財)アイメイト協会	塩屋賢一	(財)東京盲導犬協会	塩屋賢一	日本盲導犬学校	
50	池野通建(株)	長谷汪				
51	(特)江戸川区視覚障害者福祉協会	吉田軍治	江戸川区盲人福祉協会			○
52	(福)桜雲会	斉藤武弥	(社)櫻雲会	中村太郎	東京盲理学校資部同窓会	
53	大田区立新蒲田福祉センター声の図書室	中田実			東京都大田区立大田区民センター盲人図書室	
54	居宅介護事業所 中宮ナビックス	安藤功				
55	(福)国際視覚障害者援護協会	金冶憲		金冶憲	国際盲人クラブ(ICB)	
56	(株)ジェイ・ティー・アール	岡村原正	(有)ジェイ・ティー・アール			
57	(福)視覚障害者支援協会センター	高橋實	盲学生情報センター	高橋實	文月会	○
58	(福)信愛福祉協会	平方龍男				
59	(特)杉並区視覚障害者福祉協会	福島庄太郎	杉並盲人協会			
60	(福)すこやか食生活協会	墫恒雄		池田正願	視覚障害者食生活改善協会	
61	(福)昭明福祉会 盲養護老人ホーム梨明曙荘	本間昭雄	軽費盲老人ホーム梨明荘			
62	(特)全国盲導犬施設連合会	佐々木紀夫		大間幸一	全国盲導犬施設連合会	
63	(社)全国盲ろう者協会	小島昭郁				○
64	全国盲人福祉施設連絡協議会	佐藤三蔵				
65	(社)全日本視覚障害者協議会	黒柚肯夫	全日本視力障害者協議会			
66	(社)東京点字出版所	肥塚蕃一	日本誠隆協会			
67	(社)東京都盲人福祉協会	千葉源太郎	東京盲社			
68	(福)東京光の家	秋元梅吉		秋元梅吉	盲人基督信仰会	
69	(特)東京ヘレン・ケラー協会	高橋権太郎	(財)東日本ヘレン・ケラー財団			
70	豊島区中央図書館(ひかり文庫)	豊島区長日光實雄	豊島区立豊島図書館			
71	(特)中野区視覚障害者福祉協会	不明	中野区盲人福祉協会			
72	(株)仲村点字器製作所	仲村謙次	仲村点字器製作所			
73	(株)日本点字図書館	本間一夫	日本盲人図書館			
74	日本ブラインドサッカー協会	釜本美佐子	日本視覚障害者サッカー協会			
75	(福)日本キリスト教伝道盲播会	岩橋武夫				
76	(福)日本盲人社会福祉施設協議会	柏井光難				
77	(福)日本盲人福祉委員会	岩橋武夫				
78	(福)日本盲人福祉委員会	鳥居篤治郎				
79	(財)日本盲人マラソン協会	杉本博敬	日本盲人マラソン協会			
80	(財)日本盲導犬協会	迫水久常				
81	(特)八王子視覚障害者福祉協会	小林文雄		島崎正輔	八王子盲人協会	○

補論添付資料　アンケートから得られた基礎データ　249

別表-1-2 基礎データ1（設立時および前身の代表者名，事業者名 2/3）

No	事業者名	設立当時の代表者の名前	設立当時の名称	前身 設立当時の代表者名	前身 設立当時の名称	当団
82	（福）ぶどうの木　ロゴス点字図書館	塚本昇次	カトリック点字図書館	岡田武夫	ロゴス点字図書館	
83	（福）ひかり会　盲人自立センター陽光園	若松久康		安藤功	中野盲人センター	
84	（株）ビット	荒川朋宏				
85	黎友会法友文庫点字図書館				黎友会青年部社会委員会	
86	神奈川県視覚障害者福祉協会	鈴木孝幸			神奈川県盲人協会	
87	（特）神奈川県社会福祉事業団 横須賀養護老人ホーム	森保徳吉	横須賀第一老人ホーム			
88	神奈川県総合リハビリテーション事業団 七沢更生ライトホーム	神奈川県知事津田文吾	七沢ライトホーム			
89	（特）川崎市視覚障害者福祉協会	不明			川崎市盲人協会	
90	川崎市健康福祉局 障害保健福祉部盲人図書館	川崎市長剃不二太郎	川崎市民生局 社会福祉会館盲人図書室			
91	地域活動支援センター 神奈川ライトハウス	福地多恭子		鈴木孝幸	（特）神奈川県視覚障害者福祉協会	
92	藤沢市点字図書館	藤沢市長				
93	保健と福祉のライブラリー	小磯義範			福祉図書室	
94	盲ろうの子どもの家族の会「うちわ」	森貞子				
95	横須賀市点字図書館	不明				
96	（特）横浜市視覚障害者福祉協会	篠原繁		不明	横浜市盲人協会	
97	（福）慶光会 養護盲老人ホーム柏内やすらぎの家	清水鉞一				
98	新潟県視覚障害者福祉協会	小島正夫		高橋幸三郎	新潟県盲人協会	○
99	富山盲ろう者友の会	九曜弘次郎		九曜弘次郎	富山盲ろう者友の会設立準備会	○
100	（社）石川県視覚障害者協会	影山儀之助		三谷復二郎	石川県盲人青年会	○
101	石川盲ろう者の会	南省吾		南省吾	（仲間同士の交流会）	○
102	（福）自生園 養護盲老人ホーム自生園	木崎馨山				
103	レハ・ヴィジョン（株）					
104	（福）光道園	中清益平	身体障害者更生施設 光道園			
105	（福）福井県視覚障害者福祉協会	山田恒治	（福）福井県視力障害者福祉協会			○
106	（社）山梨県視覚障害者福祉協会	長谷部薫	山梨県盲人会			○
107	（福）山梨ライトハウス	堀内栄祐				
108	（福）慶垣台 養護盲老人ホーム光の園	東海林靖子				
109	長野県上田点字図書館	雨池信義				
110	長野県盲ろう者友の会	駒井千枝子	松本盲ろう者を囲む会			
111	ながの盲ろう者りんご会	上原康彦				○
112	（有）エクセトラ	石川奥恵子				
113	静岡改革派キリスト教盲人伝道センター 付属点字図書館	青山輝徳				
114	（社）静岡県視覚障害者協会	小木あさ	静岡県盲人会			○
115	静岡県点字図書館	大村卯吉				
116	（財）日本盲導犬協会 日本盲導犬総合センター					
117	（福）ひかり園 養護盲老人ホーム第二静光園	山田修				
118	盲人社会福祉施設　盲人福祉研究会	斯波穂				
119	（特）六星 ウィズ半田・視楽耕	斯波千秋	障害者授産所ウィズ	斯波穂	盲人福祉研究会	
120	（福）愛知県視覚障害者福祉連合会	小林鞠保			愛知県盲人福祉協会	○
121	（財）中部盲導犬協会 盲導犬総合訓練センター	石井勇	中部盲導犬協会			
122	点字図書館「明生会館」	小林敏隆				
123	名古屋市視覚障害者協会	市野元義	愛知県盲人福祉連合会			○
124	（福）名古屋市総合リハビリテーション事業団 名古屋市総合リハビリテーションセンター	大津正隆	（特）名古屋福祉健康センター事業団 名古屋市福祉健康センター			
125	名古屋市鶴舞中央図書館点字文庫	不明				
126	（福）名古屋ライトハウス	近藤正秋	（社）愛知盲人福祉協会	草薙隆円	愛知県盲人協会	
127	（福）養護盲老人ホーム福寿園	山田喜尚				
128	（福）米山寮　米山盲児部	米山起努子	米山寮	米山起努子	盲ろうあ児施設　米山寮	
129	（福）滋賀県視覚障害者福祉協会	富前茂		山本清一郎	滋賀県盲人会	○
130	（特）しが盲ろう者友の会	岡本長孝				○
131	（株）アクリル点字器房	入尾繁				
132	（財）関西盲導犬協会	桑原秀雄	関西盲導犬協会			
133	（社）京都府視覚障害者協会	鳥居隆治郎	京都府盲人協会			○
134	京都府立視力障害者福祉センター	京都府知事 施設長蔦貞蔵	京都府身体障害者福祉センター	京都府知事	京都府立京都寮	
135	（福）京都ライトハウス	鳥居篤治郎				
136	（株）サン工芸	杉山悦雄				
137	（株）実業エージェンシー	馬場克宏				
138	（福）丹後視力障害者福祉センター	井上義一		田中保夫	（社）京都府盲人協会丹後福祉センター	
139	（福）京都福祉センター	玉中修二				
140	（株）アイフレンズ	亀甲幸一		亀甲幸一	アイフレンズ	
141	（社）大阪市視覚障害者福祉協会	細川量	（社）大阪市盲人福祉協会	中島俊一	大阪市盲人協会	○
142	大阪市立早川福祉会館	不明				
143	（福）大阪福祉事業財団 養護老人ホーム 槇ノ木荘	吉田三郎				
144	（財）大阪府視覚障害者福祉協会	鎌田誠寛	大阪府盲人協会	吉田多市	大阪盲人会	○
145	堺市立点字図書館	堺市長上原半六		増田米太郎	大阪府盲人福祉協会点字図書館	
146	視覚障害者支援の会　クローバー	中川由希子				
147	（特）視覚障害者自立支援センター	鈴木健		伊藤繁	ボランティアグループ「コスモス」	
148	（福）視覚障害者文化振興協会	嶋田啓一郎	視覚障害者文化振興会			
149	（特）全国視覚障害者情報提供施設協会	川越利信		永林保夫	全国点字図書館協議会	
150	高槻市視覚障害者協会	川入義明	大阪府盲人協会高槻部会	大西勝	大阪府盲人協会高槻分会	○
151	（特）点字民報社	高田幸次		西岡恒也	点字民報社	
152	日本漢点字協会	川上泰一	漢点字研究会	川上泰一	漢点字研究会	
153	（福）日本ヘレン・ケラー財団	杉道助	西日本ヘレン・ケラー財団			
154	（福）日本ライトハウス	岩橋武夫	ライトハウス点字図書館	岩橋武夫	点字文明協会	
155	（株）毎日新聞社点字毎日部	中村京太郎			点字大阪毎日	
156	八尾盲人福祉協会					
157	（福）ライトハウス金属工場	岩橋文夫	（福）ライトハウス金属工場			
158	（福）愛光社会福祉事業協会 障害者支援施設愛光園	門口髭鞍				
159	カトリック大阪大司教区信仰教育センター 点字部 みこころの点字会	外川信子	みこころ会点字部			
160	（福）関西盲人ホーム	喜久田輝章	（社）関西盲（婦）人ホーム	中京京太郎	関西盲婦人ホーム	
161	（特）神戸アイライト協会	森一成	神戸アイライト協会			
162	（社）神戸市視力障害者福祉協会	北脇鉸吉				○
163	神戸市立点字図書館	徳永利光				

別表-1-3 基礎データ1（設立時および前身の代表者名，事業者名 3/3）

No	事業者名	設立当時の代表者の名前	設立当時の名称	前身 設立当時の代表者名	前身 設立当時の名称	当団
164	国立障害者リハビリテーションセンター 自立支援局 神戸視力障害センター	野村茂理	国立光明寮			
165	(福)慶阪寺慈徳会 養護盲老人ホーム 五色園	常盤鶴憲				
166	(財)中山視覚障害者福祉財団	中山幹次				
167	西宮市視覚障害者図書館	松本俊介	西宮市点字図書館		西宮市点字文庫	
168	(財)兵庫県視覚障害者福祉協会	兵庫県知事岸田幸雄	兵庫県盲人協会			○
169	(福)兵庫盲導犬協会	平尾慈樹	兵庫県盲導犬協会			
170	六甲鶴寿園 養護盲老人ホーム千山荘	木代重行				
171	(福)慶阪寺慈徳会 慈母園 養護盲老人ホーム	常盤鶴憲				
172	(社)奈良県視覚障害者福祉協会	田中善太郎	奈良県盲人協会			
173	奈良県盲人ホーム	田中善太郎				
174	(福)東洋会 養護盲老人ホーム喜望園	森田芳一				
175	和歌山点字図書館	金城甚五郎	和歌山県盲人協会点字図書館			
176	(社)鳥取県視覚障害者福祉協会	角山廣海	鳥取県盲人福祉協会			
177	(福)鳥取ライトハウス	土谷栄一				
178	鳥取盲ろう者の会 設立準備会	村岡佳義				
179	島根県西部視聴覚障害者情報センター	出雲正志		岡貞一	石見身体障害者厚生センター	
180	(福)島根ライトハウス	古瀬清		高尾正徳	島根ライトハウス設立準備会	
181	(財)安全交通試験研究センター	三宅精一		三宅精一	安全交通試験研究センター	
182	(福)岡山県視覚障害者福祉協会	竹山謙	岡山県盲人協会			
183	岡山視覚障害者センター	設置者岡山県知事三木行治 館長木村久雄校長	岡山県立点字図書館			
184	(福)岡山ライトハウス	高原政孝				
185	金光図書館	金光鑑太郎				
186	長島盲人会	藤井清	杖の友会			
187	ウズ(株)	舛本正美		瀬田祐輔	内海電機(株)	○
188	(福)広島県視覚障害者団体連合会	八尋惟潔	広島県盲人会			○
189	福山市視覚障害者地域活動支援センター	大原佳子				○
190	(福)広島県視覚障害者情報センター		広島県立点字図書館			
191	(社)広島市視覚障害者福祉協会	徳川惣郎	広島市視力障害者福祉協会	鯉田鷹三	広島市盲人協会	
192	(福)広島光明学園	長尾寿三		八尋樹蕃	あん摩マッサージ指圧師養成施設広島聚光学園	
193	広島盲ろう者の会	大杉勝則				
194	点訳やまびこの会	神田公町	点訳麦笛の会徳山支部			
195	山口県点字図書館	鈴木賢祐	山口県立山口図書館			
196	山口盲ろう者の会	安藤嘉美				
197	(福)山口県盲人福祉協会	西田松太郎		久米清美	山口県盲人会	
198	(福)すだち会 養護盲老人ホーム羽ノ浦荘	理事長森田茂 施設長板東和幸		理事長森田茂，施設長堀康	(福)すだち会	
199	徳島県立視聴覚障害者交流プラザ 視聴覚障害者支援センター	西体美齢			徳島県盲人福祉センター光明寮	
200	(財)徳島の盲導犬を育てる会	武久一郎			徳島白山ライオンズクラブ	
201	(財)香川県視覚障害者センター	後藤博				
202	(福)香川盲ろう者の会	島小夜子	讃岐盲ろう者友の会ポンポコ			○
203	(愛媛県視覚福祉センター	設置者愛媛県知事 所長種崎一		設置者愛媛県知事，所長不明	愛媛県立松山光明寮	
204	(特)えひめ盲ろう者友の会	高橋信行	愛媛視覚ろう者と友に歩む会	高橋信行	愛媛における盲ろう者の社会参加を支援する会	
205	全国盲ろう者団体連絡協議会					○
206	松山市視覚障害者協会	不明	松山市視力障害者協会			○
207	高知県盲ろう者の会設立準備会					○
208	高知点字図書館	渡辺清				
209	(福)暖風福祉会 養護盲老人ホーム 土佐くすのき荘	三宮忠男				
210	(福)芦滬福祉会 養護盲老人ホーム寿光園	白水和敏		白水シズエ	特別養護老人ホームちくしの荘	
211	北九州市立点字図書館	西本金吾		不明	北九州市立点字図書室	
212	(財)九州盲導犬会		九州盲導犬協会			
213	国立障害者リハビリテーションセンター 自立支援局福岡視力障害センター		国立福岡視力障害センター			
214	視覚障害者友情の会	片山安雄	盲人友情の会			
215	(福)筑前福祉会 白藤の苑養護盲老人ホーム	藤井敏郎				
216	BPN(盲人音業家支援会)	白石晴己				
217	(福)福岡県盲人会	大城雷遠		大城雷遠	福岡県盲人会	○
218	福岡市立点字図書館	不明		不明	心身障がい者福祉センター点字図書館	
219	福岡点字図書館					
220	福岡盲ろう者の会	田原みゆき				○
221	(社)佐賀県視覚障害者団体連合会	犬塚武次	佐賀県盲人会			○
222	佐賀ライトハウスこ星舎	筒島光鯛	九州点字出張所		佐賀県盲人会連合会	
223	声の奉仕会マリア文庫	野崎煙子				
224	佐世保市視覚障害者協会	江島年二郎	佐世保市盲人協会		佐世保市身体障害者福祉協会	
225	(福)寿光会 養護盲老人ホーム光明荘	出口喜男		出口喜男		
226	(社)長崎県視覚障害者福祉協会	宮崎一章	長崎県盲人会	栗原清秀	長崎県盲人会	
227	(福)熊本県視覚障がい者福祉協会 熊本点字図書館	井藤教馬	(福熊本視力障害者福祉協会)	平川博	熊本県盲人福祉協会	
228	(福)慈愛園 熊本ライトハウス	瀬谷綾一郎				
229	大分県点字図書館	宮部正恭				
230	大分県盲人協会	工藤勉				○
231	(福)緊霊会 養護盲老人ホーム三国寮	芦刈幸雄	三重盲人ホーム			
232	国際視覚障害者マラソン協力会					
233	延岡ライトハウス	古本勉	延岡市盲人協会		延岡市盲人協会	
234	都城市点字図書館	不明				
235	(財)宮崎県視覚障害者福祉協会	川崎圧			宮崎県盲人協会	
236	(特)宮崎市視覚障害者福祉協会	永吉満			宮崎県盲人協会	
237	(社)鹿児島県視覚障害者団体連合会	川畑欣次郎	鹿児島県盲人協会			○
238	(特)鹿児島県視覚障害者情報センター	不明	鹿児島県盲人点字図書館(兼盲人会館)	川畑欣次郎	鹿児島県盲人協会	○
239	鹿児島盲ろう者の会準備会	秩英喜子				○
240	(福)啓明福祉会 養護(盲)老人ホーム啓明園	水間良信				
241	(福)祐心会 盲養護老人ホーム蓮の実園	斉藤洋三				
242	(福)慈愛園 養護盲老人ホーム光の岬	鬼塚賢錆	(福)三宝園 盲養護老人ホームひかり寮			
243	(福)沖縄県視覚障害者福祉協会	浜松哲夫	沖縄盲人福祉協会			○

補論添付資料　アンケートから得られた基礎データ

別表-2-1 基礎データ2（設立年，前身設立年，各事業種別の開始年 1/3）

No	事業者名	設立	前身	A	B	C	D	E	F	G	H	I	J	K	L	M	N	O	P	Q	R	S	T	U	V	W	X	Y
1	(福)旭川盲人福祉センター 旭川点字図書館	S48	S47														S48					S55					
2	釧路市点字図書館	S49			S49	S57																					
3	札幌市視聴覚障がい者情報センター	H17	S40		S40	S40	S58			S40																	
4	千歳市点字図書館	S58	S48		S58	S58				S58																	
5	(特)函館視覚障害者図書館	S42			S42	S42				S42																	S58
6	(社)道視覚障害者福祉協会	S46																						H20			
7	(社)北海道視力障害者福祉連合会	S49			?																						
8	(財)北海道盲導犬協会	S45					S59					S46															
9	(福)北海道友愛福祉会 江別盲人養護老人ホーム恵明園	S46																				S46					
10	青森県視覚障害者情報センター	S44	S30	S44	S30	S44				S44																	
11	(社)青森県視力障害者福祉連合会	S59	S35	H5	H18	H18																					H5
12	(福)願立前家栽園 養護盲老人ホーム津軽ひかり荘	S57	S47																			S57					
13	(福)岩手県視覚障害者福祉協会	S25							S25			H22			S39				S39								
14	岩手県立視覚障がい者情報センター	H18	H18	S39	S43																						
15	(福)成仁会 養護盲老人ホーム祥風苑	H5																H5									
16	仙台市視覚障害者福祉協会	S23		H1		H17 H21			?																		
17	宮城県視覚障害者情報センター	S38	S26		S38	S38																					
18	(社)秋田県視覚障害者福祉協会	S58	S34		S58	H5		S55	H1	H5																	S55
19	秋田点字図書館	S47			S47	S51																					
20	(特)山形県視覚障害者福祉協会	S39	S18		S53	S59																					
21	山形県ろう者友の会	H16	H10																								?
22	山形県立点字図書館	S53			S53	S53		H1											S53								
23	福島県点字図書館	S33			S33	S33																					S46
24	(社)福島県盲人協会	S25			H18				H9		H15										H1- ?					H17
25	(社)福島県盲人協会 福島県視覚障がい者生活支援センター	H17	S25	H9				H9	H9																		H9
26	(福)福島福祉会養護盲老人ホーム緑光園	S63			H1	H1	H18	H1									H1										
27	(福)盲老人ホームナザレ園	S45	S24																		S45						
28	(福)足利市社会福祉協議会 足利市視覚障害者福祉ホーム	S39	S3		H10							S39 -H19		H19													
29	(社)栃木県視覚障害者情報センター	S20			S49	S64		S64	S64																		S49
30	とちぎ視覚障害者センター	H12	S49		S49																						
31	(財)関東日本盲導犬協会	S49				H18			S49																		
32	盲恵照協会 盲老人ホーム 松ケ丘英井	S25			?		?	?										S46									
33	(社)群馬県視覚障害者福祉協会	S59	S25		H18		S54	S56		S59								S46							?		
34	群馬県立点字図書館	S48	S46		S48	S52																					S49
35	(株)川口メタルワーク	S56																H9									
36	ケージーエス(株)	S28																	S60								
37	(福)埼玉県視覚障害者福祉センター	S38			S45	S45				S38							S38										
38	埼玉県立熊谷点字図書館	S53			S53	S53				S53							S53									H18	
39	(特)さいたま市視覚障害者福祉協会	H13			H13	H13	H13	H13																			?
40	(福)全国ベーチェット協会江南施設	S54	S47							S54 -H16										S54							
41	(福)日本失明者協会 養護盲老人ホームひとみ園	S53				S54		H18				H18									S54						
42	(特)日本点字技能師協会	H15			H15	H15					H16															H15	
43	盲人聴覚伝道会	S50																									S50
44	(福)愛光 視覚障害者総合支援センターちば	S26	S18	S28	S25	S40	H1		H6	H6																	
45	(福)愛光 リハーブ視覚障害者更生施設	S21												S30 -H5		H15											
46	(福)商聴財団済生会支部千葉県済生会 千葉県救護盲老人施設緑田荘	S47																			S47						
47	(社)千葉県視覚障害者福祉協会	S18				H10		S50	S50																		S50
48	(特)千葉盲ろう者友の会	H21	H16																								H16
49	(財)アイメイト協会	S46	S23			S32	S32			S32	S23												S23			S32	
50	池野通信機(株)	S59					S57																				
51	(特)江戸川区視覚障害者福祉協会	S54		H1				S62			S54																H16
52	(福)桜雲会	S5	M25	M34	M44			T													T						
53	大田区立新蒲田福祉センター声の図書室	S62	S45		S45																						S46
54	居宅介護事業所 中宮トピックス	H18				H18																					
55	(福)国際視覚障害者援護協会	H7	S46	H7		S46		H7		S46	S46													?	H5		S57
56	(株)ジェイ・ティ・アール	S57																									
57	(福)国際視覚障害者支援協会センター	S62	S36	S62		S63			S62	S62		H10					H10					S62	S62				
58	(福)信愛福祉協会	S29		S26															S29								
59	(特)形兰区視覚障害者福祉協会	S12			H1											S32											S59
60	(財)すこやか食生活協会	H12	S59																								
61	(福)聖明福祉協会 養護盲老人ホーム聖明園宮荘	S39																			S39						S44
62	(特)全国盲導犬施設連合会	H20	H7						H7																		
63	(福)全国盲ろう者協会	H3																									H3
64	全国盲人福祉施設協議会	S43							S							S43			S43								
65	(社)全日本視覚障害者協議会	S42																					S42				
66	(福)東京出版所	T15			T15																						
67	(福)東京都盲人福祉協会	M36	M22		S44		S58	S49		M36	S44		H12				H12										S47
68	(福)東京光の家	T8			S49		S30		S4		S4	S5	S5	H21	S49	S33		S49			S25					S57	S61
69	(福)東京ヘレン・ケラー協会	S5			S25	S43	S49																				
70	豊島区立中央図書館(ひかり文庫)	S47				S47	S54																				
71	(特)中野区視覚障害者福祉協会	S14				H18			S14	S14		S59	S59	H10											S50		
72	(株)中村点字器製作所	M34																				M34					
73	(福)日本点字図書館	S15			S30	S15	S15																S42		H17		
74	(福)日本ブラインドサッカー協会	H14																									H14
75	(福)日本盲人会連合	S23			S41	S46	S46			S41													S41	H16			
76	日本盲人キリスト教伝道協議会	S26		?					S26								S33 -?										
77	(福)日本盲人社会福祉施設協議会	S28							H22			S34					S56										S28
78	(福)日本盲人福祉委員会	S31																									?
79	(特)日本盲人マラソン協会	S59																									S59
80	(財)日本盲導犬協会	S42							S42																		
81	(特)八王子視覚障害者福祉協会	H20	S18			H20		H20																	H20		

別表-2-2 基礎データ2（設立年， 前身設立年， 各事業種別の開始年 2/3）

No	事業者名	設立	前身	A	B	C	D	E	F	G	H	I	J	K	L	M	N	O	P	Q	R	S	T	U	V	W	X	Y
82	(福)ぶどうの木 ロゴス点字図書館	S28	S13	H13	S28	S28					S28																	
83	(福)ひかり会 盲人自立センター蘇光園	H9	S61				H13																					
84	(株)アビリト	H11									H11	H11		H11	H11											H11	?
85	霊友会法久文庫点字図書館	S34	S29		S32	S30																						S55
86	(特)神奈川県視覚障害者福祉協会	H16	S23					?																	H19			H21
87	(福)神奈川県社会福祉事業団 横須賀養護老人ホーム	S46																				S46						
88	神奈川県総合リハビリテーション事業団 七沢更生ライトホーム	S48									S48									S48								
89	(特)鈴内健障害者福祉協会	S23		?		S50	S40	S57																				
90	川崎市健康福祉局 障害保健福祉部点人道書館	S37			S37	S37	S49					S49																
91	地域活動支援センター 神奈川ライトハウス	H21			H21		H21	H21	H21									H21										
92	藤沢市点字図書館	S50			S50	S52																						
93	保健と福祉のライブラリー	H12	S56	?																								
94	盲ろうの子とその家族の会「うちわ」	H13		H13																								H13
95	横須賀市点字図書館	S40			S40																							
96	(特)横浜市視覚障害者福祉協会	H21	S40				H3				S58		S40		H13													
97	(福)愛光会 養護盲老人ホーム胎内やすらぎの家	S51																				S52						
98	(福)新潟県視覚障害者福祉協会	H9	T9	S24	H9	S50	S60		S49 H15		S60	S43																
99	富山盲ろう者の会	H20						H20	H21																			
100	(福)石川県視覚障害者協会	S47	T8	S56	S47	S61					S47																	
101	石川盲ろう者友の会	H7	H5			H9	H10	H10	H10																			
102	(福)自生園 養護盲老人ホーム自生園	S56																				S56						
103	レハ・ヴィジョン(株)	H14																							H14			H14
104	(福)光道園	S32					S50	H19		S			H21								S33	S49	S47	S50		H16		
105	(福)福井県視覚障害者福祉協会	S5		S29	S7	H20	H15														S29							
106	(福)山梨県視覚障害者福祉協会	S30																										
107	(福)山梨ライトハウス	S28	S28	S28	S46	S57	S52	H16	H16	H16			S32		S32					S40		S48						
108	(福)愛垣会 養護盲老人ホーム光の園	S47																				S47						
109	長野県上田点字図書館	S30		S30	S36	S35					S35	S35	S56															
110	長野県盲ろう者の会	H4																						H4		H4		
111	ながの盲ろう者友の会	H21				H22			H22																			
112	(有)エクストラ	H12																			H12							
113	静岡改革派キリスト教盲人伝道センター 付属点字図書館	S33		S50 ?	S33	S50 ?			S33																			
114	(社)静岡県視覚障害者協会	S25				H18				H18															H15			
115	静岡県点字図書館	S44			S44	S46					H21																	S47
116	(財)日本盲導犬協会 日本盲導犬総合センター	H18			H18		H18	H18	H18										H18									
117	(福)かり園 養護盲老人ホーム第二静光園	S57																				S57						
118	盲人社会福祉施設 盲人福祉研究会	S29																				S29	S29					
119	(特)六星 ウィズ半田・観寮	H8	S29	H10		H8						H20							H9		H8							
120	(福)愛知県人福祉連合会	S43	S23		S43	?							S43															
121	(財)中部盲導犬協会 盲導犬総合訓練センター	S45					S45			H21	S45	H21											S45					H21
122	点字図書館「明生会館」	S43			S43	S45			S	S45					S43								S					
123	名古屋市視覚障害者協会	S23				S56																						S23
124	(福)名古屋市総合リハビリテーション事業団 名古屋市総合リハビリテーションセンター	H1				H1																						
125	名古屋市鶴舞中央図書館点字文庫	S4		S31	S4	S29																						
126	(福)名古屋ライトハウス	S21		S23	S38	S15	H15			H14				H20	S23			H7		S21		H1	H15		H58			
127	(福)養護老人ホーム春寿園	S55												H21								S55			H58			
128	(福)米山乗 米山常盤児館	S38	S25													S25												
129	(福)愛知県視覚障害者福祉協会	S41	T15	?	S31	S49	S51	S50																				
130	(特)愛が盲ろう者友の会	H15			H15		H15		H15															H13		H15		
131	(株)アクリル点字音声	H5																										
132	(財)西宮盲導犬協会	S55							S58																			
133	(社)京都府視覚障害者協会	S23				?		?	?		?																	
134	京都府立視力障害者福祉センター	S30	S23							S59											S59							
135	(福)京都ライトハウス	S36		S36	S36	S36	S44				H18			H16		S36 - S57	S51			S57		S49						
136	(株)サン工芸	S45					S51																					
137	(株)東栄エージェンシー	S52																										?
138	(福)丹後視力障害者福祉センター	S50	S23		S50	S50		H15				S50																
139	(福)神野福祉センター	S56			S56							S52	S53						S57			S60						
140	(株)アイブレンズ	H2	S62		S62 ?	S62																						S62
141	(社)大阪府視覚障害者福祉協会	S48	S32	H13		?		H15																				
142	大阪市立早川福祉会館	S37			S37	S38	S41																					S48
143	(福)大阪福祉事業財団 養護盲老人ホーム 県不木荘	S46																				S46						H17
144	(財)大阪視覚障害者福祉財団	S39	M09	S44	S42	S44						S60			S49											S44		S54
145	堺市立点字図書館	S47	S42		S47	S43																						S48
146	視覚障害者支援の会 クローバー	H7						H7	H7																			
147	(特)視覚障害者自立支援センター	H14	H11							H14		H14												H14		H14		
148	(福)視覚障害者文化振興協会	H13	S56		S63																							
149	(特)全国視覚障害者情報提供施設協会	H13																					S54	S56				
150	高槻市視覚障害者福祉協会	S58	S29	S57	S29	S35					S29															S57		
151	(特)点字民解社	H17	S37	S37	S37	H7						H7																
152	日本漢点字協会	S62	S54	S54	S62	S54																						S54
153	(福)日本ヘレンケラー財団	S25				S27											S32		S41		S27 - S41							
154	(福)日本ライトハウス	S10	T11	T11	S10	T11	S40	H20	H19	S10	S40		S40	H7		S19 ?	S34			H4					S40	S51		
155	(株)南日新聞社点字毎日部	T11		T11																								S3
156	八尾盲人福祉協会	S20		S20	S30	H10	H15	H18		H10		H10																
157	(株)ライトハウス金属工場	S23																					S23					
158	(福)愛光社会福祉事業協会 障害者支援施設愛光園	S57																	S57									
159	カトリック大阪大司教区信仰教育センター 点字部 みこころの点字会	S24			S31																							
160	(福)関西盲人ホーム	S23	S5																									
161	(福)神戸アイライト協会	H1				H11	H14				H20			H21														
162	(社)神戸市視力障害者福祉協会	S43	S22					S60 ?														S52						
163	神戸市立点字図書館	S32			S32	S33																						S37

補論添付資料　アンケートから得られた基礎データ　253

別表-2-3 基礎データ2（設立年，前身設立年，各事業種別の開始年 3/3）

No	事業者名	設立	前身	A	B	C	D	E	F	G	H	I	J	K	L	M	N	O	P	Q	R	S	T	U	V	W	X	Y
164	国立障害者リハビリテーションセンター 自立支援局 神戸視力障害センター	S26					H1							S27		H18												
165	(福)阪寺松徳会 養護盲老人ホーム 五色園	S36																						S48				
166	(財)中山視覚障害者福祉財団	H9																									H9	H9
167	西宮市視覚障害者図書館	S60			S		S62																					
168	(財)兵庫県視覚障害者福祉協会	S21		S21	S50	S46	S53	H21			S21												S21					
169	(福)兵庫盲導犬協会	H2								H2																		
170	(福)六甲療寿園 養護盲老人ホーム千山荘	S48						S48	H8														S48					
171	(福)灘寺松徳会 睦母園 養護盲老人ホーム	S36																					S36					
172	(社)奈良県視覚障害者福祉協会	S23	?													S37										S37	S37	
173	奈良県盲人ホーム	S37													S37													
174	(福)東洋会 養護盲老人ホーム喜望園	S62																					S62					
175	和歌山点字図書館	S27			S27																							
176	(社)鳥取県視覚障害者福祉協会	S22					S47	S51			S47	H9																
177	(福)鳥取県ライトハウス	S32			S47	S47	S60				S47					S37												
178	鳥取盲ろう者友の会　設立準備会	H19			H21		H21																					
179	島根県西部視聴覚障害者情報センター	H12	S49		S49	S51	H5				S49																	
180	(福)島根ライトハウス	S34	S33		S37	S50	S54				S54	S54	H13					S34					S46					
181	(財)安全交通試験研究センター	S49	S40				S40																					
182	(福)福岡山県視覚障害者協会	S2			S60	S60	S60			S25							S25-S63						S52					S2
183	岡山県視覚障害者センター	S39																										
184	岡山ライトハウス	S55	S55																									
185	金光図書館	S18		S23	S23	S32	S40?	S40?			S25																	
186	長島盲人会	S27																										
187	ウツミ(株)	H9	S48					H3																				
188	(福)広島県視覚障害者団体連合会	S25		H2	H2	H2	H1	H1			H1									S48								
189	(福)広島県視覚障害者団体連合会 福山市視覚障害者地域活動支援センター	H20			H20	H20	H20	H20																				H20
190	広島県立視覚障害者情報センター	S37			S37																							
191	(社)広島市視覚障害者福祉協会	S56	S24	H2			H21										H6											S56
192	(福)広島観光学園	S35	S28								S28		H22							S35			S40					
193	広島盲ろう者友の会	H1																										
194	点訳かまどしの会	S51			S50	S45																						?
195	山口県点字図書館	S31			S31	S48																						S48
196	山口盲ろう者友の会	H10						H10	H10															H10				?
197	(福)山口県盲人福祉協会	S33	S24	S45	S49	S49	H10	H10	H15		S40												S62					
198	(福)すだち会 養護盲人ホーム羽ノ浦荘	S58	S52																				S58					
199	徳島県立障害者交流プラザ 視覚障害者支援センター	H18	S39		S46	S50	S61			S39																		
200	(財)徳島の盲導犬を育てる会	H1	S							H1																		?
201	香川県視覚障害者センター	S41			S41	S41	H17			H17	H17	S56																
202	香川盲ろう者友の会	H7																										
203	愛媛県視聴覚福祉センター	H7	S25	S30	S30	S46	S60			H7		S33-H8													H9	H18	S49
204	(特)えひめ盲ろう者友の会	H11	H10																									H11
205	全国盲ろう者団体連絡協議会	H18																										
206	松山市視覚障害者協会				S24		S24			S50													S60					
207	高知県盲ろう者の会設立準備会	H21																										
208	高知点字図書館	S42			S42	S42				S42																		
209	(福)視覚障害者養護老人ホーム 土佐くすの壮	H9																						H9				
210	(福)宝清福祉会 盲養護老人ホーム寿光園	S49	S48																				S49					
211	北九州市立点字図書館	S55	S52		S55	S62					S55																	H6
212	(福)九州盲導犬協会	S56							S58																			
213	国立障害者リハビリテーションセンター 自立支援局福岡視力障害センター	S44				H2		S44			S44																	
214	視覚障害者友情の会	S41																										S41
215	(福)筑前福祉会 白藤の苑盲養護老人ホーム	S56																	S57									
216	BFM盲人音楽支援会	S59																										S59
217	(福)福岡県盲人協会	S27	S22	S40							S28							H5										?
218	福岡市立点字図書館	S54	S54	S54	S54																							
219	福岡点字図書館	S28			S28	S30																						
220	福岡ろう者の会	H14																										
221	(社)佐賀県視覚障害者団体連合会	S23					S60				S47									S56			S47					S47
222	佐賀ライトハウス六星館	S56	S46	S56																								S56
223	声の奉仕会マリア文庫	S54																										S54
224	佐世保市視覚障害者協会	S41	S25			S48?	S41			?																		
225	(福)涛光会 盲養護老人ホーム光明荘	S54	S47				S54	S54		S54	S54												S54					
226	(社)長崎県視覚障害者協会	S33	T13	S47	S47	H17	H21	H21		S47																		
227	(福)熊本県視覚障がい者福祉協会 熊本県点字図書館	S45	S36	S37	S46	S46	H5	S61			S45																	
228	(福)慈愛園 熊本ライトハウス	S28															S											
229	大分県点字図書館	S31			S31	S51																						
230	(福)大分県盲人協会	S22		H18	H18					S50						S35	H17						S53					
231	(福)紫雲会 盲養護老人ホーム三国屋	S47					H18																S47					
232	盲養護老人ホームマラソン協力会	H4																										
233	国際視覚障害者マラソン協力会	H4																										
234	延岡ライトハウス	S37	S12		S47		H10									S37												?
235	都城市点字図書館	S62		S62	S62																							
236	(財)宮崎県視覚障害者福祉協会	S41	S35	S38	S41	S46																	S61					
237	(特)宮崎県視覚障害者福祉協会	H18	S24	H5			S58			H5																		
238	(社)鹿児島県視覚障害者団体連合会	S3								S3						H5									S30	S60	S20	
239	鹿児島県視覚障害者情報センター	S29	S3		S29	S35	S62																					
240	鹿児島盲ろう者友の会準備会	H21																										
241	(福)燈明福祉会 養護盲老人ホーム啓明園	S49																					S50					
242	(福)顕浄会 盲養護老人ホーム蓮の実園	S51																					S52					
243	(福)祐心会 盲養護老人ホーム光の岬	S39																					S39					
244	(福)沖縄県視覚障害者福祉協会	S32		S57	S47	S48	S55	H18			S47	H21																S47

別表-3-1 基礎データ３（参考にした法人，団体等および指導を受けた人物 1/2）

No	事業者名	事業を始める際に参考にした法人，団体等	事業を始める際に指導を受けた人物
1	（福）旭川盲人福祉センター 旭川盲人ホーム	一事業の一つである盲養護老人ホーム旭光園は，恵明園へ見学にいった	
15	（福）或仁会 養護盲老人ホーム祥風苑	全国盲人人福祉施設連絡協議会	本間昭雄（全国盲老人福祉施設連絡協議会）
16	仙台市視覚障害者福祉協会		阿部三保志
24	（社）福島県盲人協会	日盲連の傘下団体（特に東北の視覚障害者団体からの情報を参考にした	県の担当者
26	（福）福島福祉会養護盲老人ホーム緑光園	福島県盲人協会	
27	（福）盲老人ホームナザレ園	全盲老連の先に創設された慈母園（奈良県），聖明園曙荘（東京，白滝園（広島）	創設者が牧師であり，教会の関係者，米国の宣教師の協力を得た
29	（社）栃木県視覚障害者福祉協会	これに関する関東地区の団体	
34	群馬県立点字図書館	日本点字図書館，上田点字図書館	本間一夫
38	（特）さいたま市視覚障害者福祉協会	埼玉県視力障害者福祉協会	
40	（福）全国ベーチェット協会江南施設	大阪ライトハウスや神奈川県視覚障害者訓練施設などを見学して参考にした	田中一郎（元東京女子医大助教授，国立身体障害者リハビリテーションセンター研究所主任，医師）
42	（特）日本点字技能師協会	全国視覚障害者情報提供施設協会	田中徹二（日本点字図書館），高橋実（視覚障害者支援総合センター）
44	（福）愛光 視覚障害者総合支援センターちば	日本点字図書館（当時は，日本盲人図書館）	
48	（財）千葉盲ろう者友の会	全国盲ろう者協会	全国盲ろう者協会塩谷事務局長
49	（財）アイメイト協会		無，（創設者 塩屋賢一の発想と工夫によって事業を開始した）
50	池野通信（株）	日本盲人会連合	
51	（特）江戸川区視覚障害者福祉協会	東京都盲人福祉協会	江戸川区役所障害者福祉課
61	（福）潤明福祉会 盲養護老人ホーム聖明園曙荘	慈母園	松永征二（厚生省更生課）
63	（福）全国盲ろう者協会	アメリカ盲ろう者協会	
64	全国盲老人福祉施設連絡協議会		常盤勝憲，椒山賢治（厚生省更生課）
68	（福）東京光の家	アメリカの施設	内村鑑三，三原時侍
69	（福）東京ヘレン・ケラー協会		中村京太郎
72	（株）中村点字器製作所	文京盲学校の先生から点字器の製作を依頼されたのがきっかけとなり，事業をはじめた	
73	（福）日本点字図書館		後藤静香ほか
76	日本ルーテル教伝道協会	当会は，キリスト教の障害者団体の中ではもっとも古い団体であるので，特に参考になる団体はなかったと思う	
79	（特）日本盲人マラソン協会		初代会長の杉本博敬の熱意に，多くの賛同者を得た
82	（福）とどめの木 ロゴス点字図書館		認可を行う東京都の担当官
85	冨友会法友文庫点字図書館		国立東京光明寮釜井新二郎，一樹惟徳，富田和子
87	神奈川県総合リハビリテーション事業団 七沢更生ライトホーム	日本ライトハウス	
89	（特）川崎市視覚障害者福祉協会	日本盲人会連合	
91	地域活動支援センター 神奈川ライトハウス		鈴木孝幸
94	盲ろうの子とその家族の会「うちわ」	全国盲ろう者協会	
96	（特）横浜市視覚障害者福祉協会		鈴木孝幸（日本盲人会連合）
97	（福）愛光会 養護盲老人ホーム胎内やすらぎの家	聖明園曙荘，慈母園	
98	（福）新潟県視覚障害者福祉協会	大阪ライトハウス視覚障害者福祉協会，北信越ブロック4県（福井，石川，富山，長野）視覚障害	
99	富山盲ろう者友の会	全国盲ろう者協会，石川盲ろう者友の会	村岡美和（全国盲ろう者協会）
100	（福）石川県視覚障害者協会	愛知県人会連合	
101	石川盲ろう者友の会	石川県視覚障害者福祉協会，石川県聴覚障害者福祉協会	
102	（福）自生園 養護老人ホーム自生園	慈母園	本間昭雄
108	（福）聖恵会 養護盲老人ホーム光の園	聖明園曙荘	
109	長野県上田点字図書館	日本点字図書館，日本ライトハウス	本間一夫，岩橋英行（日本ライトハウス）
111	なかの盲ろう者人じこの会		全国盲ろう者協会塩谷さん
118	育人社会福祉施設 盲人福祉研究会		松井新二郎（盲人職能開発センター），村谷昌弘
119	（福）六星 ウィズ半田・蜆塚	県内の小規模作業所，名古屋ライトハウス，盲人職能開発センター	松井新二郎，永井昭
122	点字図書館「明生会館」		事業を始めるについては，当事者ではないが，地元の有力者という方が見えて相談に乗ってもらっていたと聞いている
124	（福）名古屋市総合リハビリテーション事業団 名古屋市総合リハビリテーションセンター	七沢ライトホームを参考にしたと聞いたことがある	
127	（福）養護盲老人ホーム福寿園	全国盲老人福祉施設連絡協議会，聖明園曙荘	本間昭雄
128	（福）米山寮 米山寮盲児部		指導は受けていないが，来日したヘレン・ケラーの講演に感銘を受けて事業を開始したと聞いている
136	（株）サン工芸		
137	（株）楽楽エージェンシー	日本ライトハウス，日本点字図書館	日本ライトハウス，京都府盲人協会
138	（福）丹後視力障害者福祉センター	京都府盲人協会	鳥居婉治郎
142	（福）大阪市立早川福祉会館	日本ライトハウス	早川徳次（シャープ（株））
146	視覚障害者支援の会 クローバー	大阪手びきの会	奈良 歯車の会
149	（福）全国視覚障害者情報提供施設協会	日本人社会福祉施設連絡協議会	
150	高槻市視覚障害者福祉協会	大阪府盲人福祉協会(現大阪府視覚障害者福祉協会）	
152	日本漢点字協会	日本ライトハウス	加藤俊和，末田統
153	（福）日本ヘレンケラー財団		ヘレン・ケラー
154	（福）日本ライトハウス	New York Lighthouse	Mrs.Winifrd Holt Mother
159	カトリック大阪大司教区信仰教育センター 点字部 みこころの点字会	日本点字図書館	
160	（福）関西盲人ホーム		当時の盲界関係者だと思う
165	（財）中山視覚障害者福祉財団	日本ライトハウス	橋爪明子（日本ライトハウス）
167	西宮市視覚障害者図書館	日本ライトハウス盲人情報文化センター（現日本ライトハウス情報文化センター）	
170	（福）六甲鶴寿園 養護盲老人ホーム千山荘	聖明園曙荘	本間昭雄
171	（福）渡阪寺聚徳会 慈母園 養護盲老人ホーム		椒山賢治
174	（福）東洋会 養護盲老人ホーム喜望園	全国盲老人福祉施設連絡協議会	
178	鳥取盲ろう者友の会 設立準備会	全国盲ろう者協会	
180	（福）島根ライトハウス		視覚障害（全盲）を有した社会事業家高尾正徳（当法人創設者），中逢益平，加藤一郎
181	（財）安全交通試験研究センター		岩橋英行（日本ライトハウス，松井新二郎（日本盲人カナタイプ協会），江口猷（岡山県視覚障害者協会）
184	（福）岡山ライトハウス	東京点字出版所，桜雲会，日本点字図書館，東京ヘレン・ケラー協会，日本ライトハウス，京都ライトハウス	
191	（社）広島市視覚障害者福祉協会	日本盲人会連合	

別表-3-2 基礎データ3（参考にした法人，団体等および指導を受けた人物 2/2）

No	事業者名	事業を始める際に参考にした法人，団体等	事業を始める際に指導を受けた人物
193	広島盲ろう者友の会	全国盲ろう者協会	
195	山口県点字図書館	日本点字図書館，日本ライトハウス，青森県立点字図書館，金光図書館	
196	山口盲ろう者友の会	全国盲ろう者協会	全国盲ろう者協会の事務局員
200	(財)徳島の盲導犬を育てる会	日本ライトハウス盲導犬訓練部	
202	香川盲ろう者友の会	全国盲ろう者協会	小島純郎(全国盲ろう者協会)
203	愛媛県視聴覚福祉センター	国立障害者リハビリテーションセンター，日本ライトハウス	
209	(福)視覚障害者養護老人ホーム 土佐くすのき荘	慈明園曙荘，恵明園	
211	北九州市立点字図書館		北九州市立中央図書館司書
212	(財)九州盲導犬協会	日本盲導犬協会，栃木盲導犬センター(現・東日本盲導犬協会)	
220	福岡盲ろう者友の会	全国盲ろう者協会	
224	佐世保市視覚障害者福祉協会	日本盲人会連合	
227	(福)熊本県視覚障がい者福祉協会 熊本県点字図書館	日本点字図書館	椒山賢治
228	(福)慈愛園 熊本ライトハウス	アメリカのルーテル教会婦人会の寄付	石松量蔵(盲)牧師，パッツ女史，アメリカの宣教師モード・パクラス(初代理事長)
231	(福)常磐会 盲養護老人ホーム三国寮		開設にあたり，県の指導のもと進められたと聞いているが，人物は不明
233	延岡ライトハウス		市役所の責任者
237	(社)鹿児島県視覚障害者団体連合会	他県の視覚障害者団体や点字図書館や盲学校の関係機関等	盲学校教諭，県や市の福祉課の関係者等
240	(福)啓明福祉会 養護(盲)老人ホーム啓明園	光の岬，慈明園曙荘	本間昭雄
241	(福)頌徳会 盲養護老人ホーム蓮の実園	慈明園曙荘	本間昭雄

別表-4-1 基礎データ4（具体的内容 1/2）

事業種別	具体的内容
K 職業訓練	三療技術指導，三療技術向上研修会（アロママッサージ），点字出版，製缶，機械加工（旋盤部品その他），電話交換，情報処理（コンピュータ・プログラマ）
M 新職業開拓	腹診研究，点字校正，点字印刷，文房具作り，軽作業，店舗の定員，金属加工，県や市に対し点字による採用試験の実施を要望等
W 調査・研究	視覚障害者の大学進学・点字受験・就職・雇用促進のための補助金・公務員・音楽家の実態，盲老人の実態，盲ろう者の実態，全国点字図書館の実態，街中の点字表示，視覚障害者向けの福祉ガイドブック，県広報等，解説（副音声）放送，歩行訓練，移動支援，移動支援事業の効率的・効果的な実施のためのマニュアル，移動支援に関する地域間の差異，中・山間地域における視覚障害者の外出，歩行支援系バリアフリーに関するインフラ整備マニュアル，道路横断帯エスコートゾーン，盲導犬の繁殖・育成，犬に教えるべき内容，盲導犬による歩行の方法，盲導犬を含めた視覚障害者への歩行指導・日常生活訓練，就労支援，障害者支援，ロービジョン指導，高齢者・障害者等「安全・簡単・おいしいクッキングレシピ」作成，バリアフリー，携帯電話の新利用，盲人用具についてのニード，視覚障害者向け福祉機器，立体点字印刷，アジアにおける視覚障害者
X 収益事業	行政出版物（広報誌など）の点訳・音訳，点字印刷，点字図書の製作・出版，点字図書販売，点字物製作，書籍・DVD等の製作・出版，書籍・盲人用具・パソコンソフト・チャリティ商品・日用雑貨等の販売，通信販売，書き損じハガキ・使用済み切手収集，視覚障害者福祉セミナー，ガイドヘルパー養成，ガイドヘルパー派遣，居宅介護（通院介助），特定施設入居者生活介護（外部サービス利用型），給食サービス，福祉車輪サービス，布団乾燥消毒サービス，コンサート・イベントの開催，パンの缶詰製造，ブリキ缶の製造，盲人生活用具の開発・普及，点字案内板および音声誘導装置の開発・販売，視覚障害者会館の管理受託，はり・灸・あん摩マッサージセンターの設置経営，土地・駐車場・マンション賃貸，テナント収入，適合高齢者専用賃貸マンション経営

別表-4-2 基礎データ4（具体的内容 2/2）

事業種別	具体的内容
Y その他	録音図書の製作，録音図書の貸出，市報・選挙公報等のテープ版・デイジー版の編集発送，会員への情報提供，視覚障害者情報支援事業，視覚障害者向け専用ラジオ放送，点字・音声即時情報ネットワーク事業，キリスト教書籍の録音物を無料配布，中途失明者等への点字講習，パソコン講習，日常生活・社会生活訓練（点字・調理・編み物・機織・フラワーアレンジメント・社会研修・太極拳・大正琴・カラオケ・文学講座・卓球・サークル等），盲人音楽家の養成，盲大学生奨学金制度，職場紹介，ヘルスキーパー雇用の紹介の斡旋会員を紹介，障害者雇用，視覚障害者への食生活情報の提供，視覚障害者行事参加時の手引き（旅行・ハイキング・卓球等），親睦旅行等の福利厚生事業，会員の文化向上を促す文化祭の開催，上部団体である日本盲人会連合主催の競技会への選手の派遣および作品展示会への文芸作品の募集，在宅視覚障害者への施設開放（例えば体験入所，緊急状況等），ショートステイ，朗読・音訳者養成，デイジー編集者養成，拡大写本講習会，移動介護従事者養成研修，盲導犬・視覚障害者の理解に向けた社会啓発・啓蒙，歩行指導員（犬の訓練と視覚障害者への歩行指導・フォローアップを行う）の養成，盲老人ホーム職員の資質の向上のための各職種別研修会・新任ケアワーカー研修会・専門ケア技術認定講習会等，ボランティア育成，盲ろう者の通訳および介助員の養成・派遣，盲ろう者の生活訓練・友の会活動，盲ろう者地域団体育成のための諸研修・全国大会開催，各家族の交流と勉強会，メーリングリストによる情報交換，各種盲人団体および盲人福祉施設への連絡・助成，海外盲人団体および盲人福祉施設への連絡・助成，視覚障害者用誘導ブロック・音響信号機等の設置状況調査・検証を通して住みやすい街づくりを提案，視覚障害者の安全のための施策，視覚障害者の環境・雇用・就労の整備，職業問題・弱視者問題などあらゆる福祉事業に関する研究・講演会の開催・提言，点字による広報，点字文書を公に認めてもらう運動，代筆支援の運動，障害基礎年金の支給など視覚障害者に関する福祉制度改革に関する陳情活動，未組織の会員への団体のPR活動など組織強化に関する事業，各学校や関係機関への講師派遣など視覚障害者福祉の理解を促進する事業等，視覚障害者の理解を深めるための啓発パンフレット作成，インターネット上に「ひとりで学べるたのしい点字」公開，漢点字の教育普及（8点構成），フロアバレーボール（盲人バレー）・サウンドテーブルテニス（盲人卓球）などのクラブの支援と各スポーツ大会への選手の派遣，盲人マラソンの普及，ノーマライゼーション社会の実現，ブラインドサッカーの普及と選手の強化・育成，ならびに審判・指導者の育成，ブラインドサッカー国際大会への出場，ブラインドサッカー普及のため小・中学校，高等学校での講演会や体験授業実施，全国盲学校弁論大会・点字毎日文化賞・オンキョー点字作文コンクールの主催，中山記念会館の施設貸与事業，視覚障害者支援団体および視覚障害者個人に対する助成等，視覚障害者の社会参加活動に対する支援，市民の健康維持のためのマッサージ，マッサージボランティア，ボランティア活動，地域活動支援センター，在宅福祉事業，三療健康保険取扱事務（請求代行），知的障害者（盲重複）更生施設経営，身体障害者通所授産施設・知的障害者更生施設・ケアホーム・特別養護老人ホーム等の併設，視覚障害者用品販売・サポート，日常生活用具の仲介，チャリティグッヅの販売，UV点字製作・音声誘導装置の販売，福祉機器（点字ブロック等）の製造・販売，ネパールの視覚障害児修学支援を中心とする海外盲人交流

年表

年	岩橋武夫関係	日本の盲人関係	世界の盲人関係
1784年			バランタン・アユイが，パリに世界最初の盲学校である「青年訓盲院」を設立.
1825年			フランスのルイ・ブライユが，点字を発明.
1866年 慶応2年		福沢諭吉が，『西洋事情』で欧米の盲唖教育や点字を紹介.	
1868年 慶応4年			アーミテイジ博士がロンドンに「英国内外盲人協会」を設立.
1870年 明治3年			ドイツで盲教育義務制実施.
1871年 明治4年		9月，山尾庸三が「盲唖学校ヲ創立セラレンコトヲ乞フノ書」を太政官に提出. 11月3日，明治政府は太政官布告第568号を発布し，盲官廃止，盲人の一般民籍への編入，配当禁止，家業勝手，鍼治・按摩等の営業妨害禁止を布告する.	「アメリカ盲教育者協会」が発足.
1874年 明治7年		8月18日，明治政府は「医制」を発布する.	
1878年 明治11年		5月24日，京都に「盲唖院」が設立．翌年，府立となる.	
1879年 明治12年			アメリカで「盲教育振興法」が連邦議会を通過．全国の盲学校への点字図書無償配布が始まる.
1885年 明治18年		3月25日，明治政府は「鍼灸術営業差許方」を通達し，鍼灸術の営業を許可制とする.	
1890年 明治23年		11月，東京盲唖学校の第4回点字撰定会で，石川倉次案が採択され，これが日本点字の原型となる.	

年	岩橋武夫関係	日本の盲人関係	世界の盲人関係
1893年 明治26年			イギリスで盲・聾教育の義務制実施.
1898年 明治31年	3月16日, 岩橋武夫, 大阪市東区南大江に生まれる.		
1901年 明治34年		4月, 石川倉次翻案の「日本訓盲点字」が官報に掲載. 東京盲唖学校盲部同窓会が点字出版を開始. 1903（明治36）年6月, 点字雑誌「むつほしのひかり」を創刊.	
1905年 明治38年		左近允孝之進が点字出版所「六光社」を設立し, わが国最初の点字新聞「あけぼの」を創刊.	「アメリカ盲人援護事業者協会」結成. ウィニフレッド・ホルトがニューヨークに世界発のライトハウスを設立.
1906年 明治39年		10月, 日露戦争の失明軍人のために, 失明軍人講習会が東京盲唖学校に開設.	イギリスで盲人用郵便物が無料化.
1907年 明治40年			バランタン・アユイ協会が物療師学校設立.
1910年 明治43年		「日本盲人協会」が設立. 機関誌『日本の盲人』創刊.	
1911年 明治44年		内務省がわが国最初の盲人調査を実施. 8月14日, 「按摩術営業取締規則」および, 「鍼術灸術営業取締規則」が制定される.	
1914年 大正3年		ロシアのエロシェンコが東京盲唖学校の研究生となる. 翌年, 盲唖学校の有志のためにエスペラントの講習会を開く.	
1916年 大正5年	9月, 早稲田大学理工学部採鉱冶金科に入学.		
1917年 大正6年	早春, 風邪がもとで網膜剥離を起こし失明. 大晦日, 自殺をはかるが, 母に助けられる.		
1918年 大正7年	4月, 大阪市立盲学校（当時は大阪市立盲唖院）に入学.		アメリカで「傷痍軍人リハビリテーション法」成立.
1919年 大正8年	1月, キリスト教に入信. 4月, 関西学院高等学部文科に入学.	3月27日, トラホーム予防法公布.	

年	岩橋武夫関係	日本の盲人関係	世界の盲人関係
1920年 大正9年			アメリカで「公民職業リハビリテーション法」成立.
1922年 大正11年	秋, 父とともに仲村製点字製版機, 手廻し印刷ローラーによる, 点字図書出版に着手. 自宅に「点字文明協会」を設け, 点字図書の貸出を始める. 日本ライトハウスでは, この年をもって創業としている.	5月11日,『大阪点字毎日』(現在の『点字毎日』)が創刊される.	
1923年 大正12年	3月, 関西学院を卒業. 4月, 大阪市立盲学校の国語・英語の教諭となる.	8月28日,「盲学校及聾唖学校令」制定.	
1925年 大正14年	2月28日, きをと結婚. 8月6日, 英国エジンバラ大学へ留学のため, きをとともに神戸港を出港. 帰国は1928 (昭和3) 年2月2日.	衆議院議員選挙法改正により点字投票が認められる.	
1926年 大正15年	7月31日〜8月7日, 英国で万国エスペランティスト大会が開催. 岩橋は日本盲人代表として出席.	6月, 全国盲学校同窓会連盟発足.	
1927年 昭和2年	7月, マスター・オブ・アーツを取得しエジンバラ大学を卒業.		
1928年 昭和3年	4月, 母校関西学院の講師に就く. 5月, ライトハウスの看板を自宅の表に掛ける.		アメリカで「ジョン・ミルトン教会」が発足.
1929年 昭和4年	賀川豊彦を主導者とする「神の国運動」に参加し, 全国遊説を開始. 6月4日, 内務省社会局で開かれたマザー夫人の講演会を通訳. 10月,「中央盲人福祉協会」が設立. 岩橋は顧問に就任.	1月,「全国盲学校長協会」結成. 1946 (昭和21) 年,「全国盲学校長会」と改称.	
1932年 昭和7	12月,『愛盲 (盲人科学ABC)』を著す.		
1933年 昭和8年	8月,「大阪盲人協会」の会長に就く.		
1934年 昭和9年	8月から翌年1月まで米国講演旅行を行う.		
1935年 昭和10年	10月15日, 大阪市住吉区 (現在の阿倍野区) 昭和町西3丁目17番地に大阪ライトハウスの建物が落成.		

年	岩橋武夫関係	日本の盲人関係	世界の盲人関係
1936年 昭和11年	4月19日，米国よりマザー夫妻を招いて，大阪ライトハウスの開館式を挙行．		アメリカで「ランドロフ・セパード・アクト」が成立．
1937年 昭和12年	4月15日〜8月10日，ヘレン・ケラー，初来日．	7月7日，日中戦争が勃発．	
1938年 昭和13年	8月，点字雑誌『黎明』創刊．	1月11日，厚生省が設置される． ドイツの盲青年ゴルドン来日．盲導犬をわが国に紹介する． 10月，東京に失明軍人寮および失明軍人教育所が設置される．	アメリカで「ワーグナー・オーディー・アクト」が成立．
1939年 昭和14年	9月30日，関西盲人事業連盟を設立し会長に就く．		1月，アメリカの盲婦人コールフィールドがバンコク盲学校を設立．
1940年 昭和15年	2月，全国盲人事業連盟を結成，代表者となる． 8月30〜31日，紀元二千六百年奉祝全日本盲人大会を開催．	本間一夫が東京に「日本盲人図書館」（現在の「日本点字図書館」）を設立．	
1941年 昭和16年		12月8日，太平洋戦争始まる．	
1942年 昭和17年	世界盲人百科事典の翻訳・編纂に着手．発行は1972（昭和47）年9月1日． 3月29日，「報国日本盲人号」と命名された戦闘機1機（報国619号）が海軍に献納され，大阪歌舞伎座で献納式が行われる． 11月22〜23日，東京で大会が開かれ，大日本盲人会が設立される．		
1943年 昭和18年	1月，大阪ライトハウスは，「大阪盲人協会愛盲会館」と改称． 9月1日，大阪ライトハウスは，恩賜財団に建物と設備を寄付し，「失明軍人会館」と改称．岩橋は引き続き館長に就任． 10月15日，失明軍人講習会始まる．	4月，「全国鍼灸按マッサージ師会」設立．	アメリカで「バーデン・ラフォーレット・アクト」が成立．
1944年 昭和19年	1月，失明軍人6名からなる早川分工場が稼働を始める． 3月，関西学院を退職．		

年	岩橋武夫関係	日本の盲人関係	世界の盲人関係
1945年 昭和20年	6月，早川分工場は失明軍人会館の職員や家族とともに，奈良県南葛城郡葛村古瀬に工場疎開． 8月，終戦を期に早川分工場閉鎖．		
1946年 昭和21年	4月10日（投票日），盲人福祉法と盲児童義務教育令の実現に向け，衆議院総選挙に立候補するが惜敗． 5月15日，大阪ライトハウスは建物と設備が恩賜財団から戻され，名称も「ライトハウス」となる． 7月，実弟文夫とともに「ライトハウス金属工場」を立ち上げる．	2月27日，GHQは，SCAPIN775「社会救済」に関する指令を出す． 9月9日，旧「生活保護法」が公布．	2月，「アメリカ海外盲人援護協会」が発足．
1947年 昭和22年	4月1日，大阪ライトハウスは「社団法人ライトハウス」となる．	9月，鍼灸存廃問題が起きる．	
1947年 昭和22年		12月12日，「児童福祉法」が公布． 12月20日，「あん摩，はり，きゅう，柔道整復等営業法」が公布．	
1948年 昭和23年	8月17〜18日，大阪で大会が開かれ，日本盲人会連合が設立．岩橋は会長に就任． 8月29日〜10月28日，ヘレン・ケラー，2度目の来日．	4月7日，「盲学校および聾学校の修学義務および設置義務に関する政令」が公布． 7月15日，「国立光明寮設置法」が公布． 8月，傷痍者問題を専管する更生課が厚生省社会局に設置される．	
1949年 昭和24年		9月2日，PHWは盲学校における鍼，灸教育の可否，その教師の資格等についての照会を厚生省に対し行う．あん単法反対運動の発端となる．	
1949年 昭和24年	11月23日から翌年4月まで，米国調査を行う．	12月26日，「身体障害者福祉法」が公布．	
1950年 昭和25年	6月19日，長女恵品殺害される．	5月4日，新「生活保護法」が公布．	3月20日から1週間，世界点字統一会議がパリのユネスコ本部で開催．中村京太郎が出席．

年	岩橋武夫関係	日本の盲人関係	世界の盲人関係
1951年 昭和26年	10月、点字ニュー・コンサイス英和辞典の第1巻発行．完成は1963（昭和38）年、総巻数は71巻となる．	3月29日、「社会福祉事業法」が公布． 7月、「日本盲人キリスト教伝道協議会」が発足．	
1952年 昭和27年	3月、長男英行は明子と結婚． 5月10日、大阪ライトハウスは「社会福祉法人ライトハウス」となる． 10月23～24日、東京の日本赤十字本社で、19の出席団体（加盟は26団体）を得て「盲人社会福祉施設連絡協議会」準備会が開催．		
1953年 昭和28年	9月29日、日盲社協が正式発足．加盟団体は32．岩橋は委員長に就任．		
1954年 昭和29年	3月、「世盲協日本委員会」が設立．岩橋は委員長に就任． 10月28日、岩橋武夫逝去．		8月5日～14日、第1回世界盲人福祉会議がパリのユネスコ本部で開催．長男英行と鳥居篤治郎が出席．
1955年 昭和30年	5月27日～6月5日、ヘレン・ケラー3度目の来日． 10月20日～26日、東京でアジア盲人福祉会議が開催．		
1956年 昭和31年	4月7日、世盲協日本委員会が「日本盲人福祉委員会」に改組．		
1957年 昭和32年	日盲連は「岩橋賞」を制定．		
1960年 昭和35年	1月12日、日本盲人福祉委員会は社会福祉法人となり、英行は常務理事に就任． 10月15日、大阪ライトハウスの新館落成． 10月16日、「全日本ライトハウス連盟」が設立． 11月4日、大阪ライトハウスは「社会福祉法人日本ライトハウス」と改称．		

岩橋武夫文献目録

〈著書〉

岩橋武夫（1925）『動き行く墓場』警醒社.
岩橋武夫（1931）『光は闇より　盲人哲学者の入信手記』日曜世界社.
岩橋武夫（1931）『岩橋武夫講演集　1　私の指は何を見たか』日曜世界社.
岩橋武夫（1932）『岩橋武夫講演集　2　暗室の王者』日曜世界社.
岩橋武夫（1932）『星とパン』教文館.
岩橋武夫（1932）『愛盲（盲人科学 ABC）』日曜世界社.
岩橋武夫訳・ブリントン著（1932）『創造的礼拝』警醒社.
岩橋武夫（1933）『暗室の王者』日曜世界社.
岩橋武夫（1933）『失楽園の詩的形而上学』基督教思想叢書刊行会.
岩橋武夫（1933）『母・妹・妻　女性に與ふ』日曜世界社.
岩橋武夫・浜田勝次郎著（1933）『微笑の薔薇　基督教童話集』一粒社.
岩橋武夫訳・デイキンズ著（1934）『主イエス様の御生涯』三省堂.
岩橋武夫（1935）『私の見た霊界と永生』日曜世界社.
岩橋武夫，芥川潤，共訳（1936）『私の生涯（其の1）』三省堂.
岩橋武夫，児玉国之進，共訳（1936）『私の生涯（其の2）』三省堂.
岩橋武夫，芥川潤訳（1937）『偉大なる教師サリヴァン』三省堂.
岩橋武夫，島史也，荻野目博道，共訳（1937）『私の宗教』三省堂.
岩橋武夫（1942）『石垣の聲』平凡社.
岩橋武夫（1943）『海なき灯台』国民図書協会.
岩橋武夫（1944）『地下水の如く』大阪府警察局勤務部動員課.
岩橋武夫（1948）『ヘレン・ケラー傳』主婦之友社.
岩橋武夫（1948）『ヘレン・ケラーと青い鳥』主婦之友社.
岩橋武夫（1949）『創造的平和』同文館.

〈論文〉

岩橋武夫（1929）「社会問題としての盲人」『盲教育』2（1），2-11.
岩橋武夫（1929）「英国に於ける盲人社会立法」『社会事業研究』17（2），31-9.
岩橋武夫（1929）「英国に於ける盲人社会立法」『社会事業研究』17（3），9-16.
岩橋武夫（1929）「英国に於ける盲人社会立法（3）」『社会事業研究』17（4），1-6.
岩橋武夫（1929）「英国における盲人社会立法」『社会事業研究』17（5），ページ読み取り不能.
岩橋武夫（1929）「英国に於ける盲人社会立法　英国々民盲人協会の発達」『社会事業研究』17（6），79-85.

岩橋武夫（1929）「英国に於ける盲人社会立法（5）」『社会事業研究』17（7），6-13．
岩橋武夫（1929）「英国に於ける盲人社会立法（6）」『社会事業研究』17（9），46-57．
岩橋武夫（1929）「英国における盲人社会立法」『社会事業研究』17（9），46-57．
岩橋武夫（1929）「英国に於ける盲人社会立法（12）」『社会事業研究』17（12），17-25．
岩橋武夫（1931）「学問に於ける人的要素」『新興基督教』（7），2-7．
岩橋武夫（1934）「愛盲事業としてのライトハウス」『社会事業研究』22（5），51-60．
岩橋武夫（1934）「愛盲事業としてのライトハウス（二）」『社会的基督教』3（6），9-12．
岩橋武夫（1935）「非常時に於ける我邦盲人保護事業」『中央盲人福祉協会々誌』3，25-31．
岩橋武夫（1937）「非常時即常時の信行」『大阪社会事業研究』25（11），1-7．
岩橋武夫（1938）「失明軍人とその社会問題（上）」『大阪社会事業研究』26（8），7-15．
岩橋武夫（1938）「失明軍人とその社会対策（中）」『大阪社会事業研究』26（9），43-51．
岩橋武夫（1938）「失明軍人とその社会対策（下）」『大阪社会事業研究』26（10），25-34．
岩橋武夫（1941）「満州国に於ける盲人問題の解決」『社会事業研究』29（6），20-2．
岩橋武夫（1941）「厚生事業に於ける三つの問題」『社会事業研究』30（9），20-3．
岩橋武夫（1942）「点字図書館の日本的性格」『社会事業研究』30（4），26-7．
岩橋武夫（1950）「米国に於ける盲人の社会的地位と其教育」『盲教育評論　新盲教育総合研究誌』（11），4-5．
岩橋武夫（1954）「日本盲教育学会の誕生と極東盲人会議」『盲教育評論　新盲教育総合研究誌』（25），3-4．

〈日本ライトハウス所蔵〉
〈点字雑誌『黎明』の掲載論文〉
岩橋武夫（1938）「巻頭言　黎明の誕生に際して」『黎明』（1），1-8．
岩橋武夫（1938）「失明軍人とその社会問題」『黎明』（1），9-33．
岩橋武夫（1938）「巻頭言　日本盲界とその公正なる輿論」『黎明』（2），1-6．
岩橋武夫（1938）「失明軍人とその社会対策」『黎明』（2），7-31．
岩橋武夫（1938）「巻頭言　盲女とその運命」『黎明』（3），1-10．
岩橋武夫（1938）「失明軍人とその社会対策」『黎明』（3），11-38．

岩橋武夫（1938）「巻頭言　ライトハウス建設第三周年を迎えて」『黎明』(4), 1-7.
岩橋武夫（1938）「ヘレンケラー女史来朝の思い出」『黎明』(4), 8-28.
岩橋武夫（1938）「巻頭言　昭和13年度を回顧して」『黎明』(5), 1-6.
岩橋武夫（1938）「ヘレンケラー女史来朝の思い出」『黎明』(5), 7-27.
岩橋武夫（1939）「巻頭言　昭和14年を迎えて」『黎明』(6), 1-5.
岩橋武夫（1939）「巻頭言　支那盲界に対する我等の工作」『黎明』(7), 1-9.
岩橋武夫（1939）「ヘレンケラー女史来朝の思い出」『黎明』(7), 10-20.
岩橋武夫（1939）「巻頭言　支那盲人は何処へ」『黎明』(8), 1-7.
岩橋武夫（1939）「ヘレンケラー女史来朝の思い出」『黎明』(8), 8-19.
岩橋武夫（1939）「巻頭言　盲人の『でも…主義』と『仕方がない…哲学』とを排撃す」『黎明』(9), 1-7.
岩橋武夫（1939）「事変の思想戦的性格と『個』の問題」『黎明』(9), 8-21.
岩橋武夫（1939）「巻頭言　盲界の革新イデオロギー」『黎明』(10), 1-3.
岩橋武夫（1939）「孤独のエルサレム（上）」『黎明』(10), 29-36.
岩橋武夫（1939）「巻頭言　聖慮畏し」『黎明』(11), 1-5.
岩橋武夫（1939）「孤独のエルサレム（下）」『黎明』(11), 29-33.
岩橋武夫（1939）「巻頭言　王道か覇道か」『黎明』(12), 1-7.
岩橋武夫（1939）「巻頭言　『黎明』刊行満周年を迎えて」『黎明』(13), 1-7.
岩橋武夫（1939）「巻頭言　盲人と文字の世界」『黎明』(14), 1-7.
岩橋武夫（1939）「巻頭言　鍼灸按マッサージ営業取締り規則改正と盲人の職権擁護」『黎明』(15), 1-10.
岩橋武夫（1939）「巻頭言　盲人業界の奮起を望む」『黎明』(16), 1-9.
岩橋武夫（1939）「巻頭言　昭和14年を送る」『黎明』(17), 1-6.
岩橋武夫（1940）「巻頭言　二千六百年の新春を迎えて」『黎明』(18), 1-9.
岩橋武夫（1940）「輝かしき開拓者の道」『黎明』(18), 10-18.
岩橋武夫（1940）「巻頭言　二月の話題」『黎明』(19), 1-8.
岩橋武夫（1940）「巻頭言　ああ，この『ただ一人』」『黎明』(20), 1-10.
岩橋武夫（1940）「巻頭言　盛り上がる力」『黎明』(21), 1-9.
岩橋武夫（1940）「巻頭言　盲界文化戦線とその銃後」『黎明』(22), 1-10.
岩橋武夫（1940）「巻頭言　皇紀二千六百年記念全日本盲人大会開催について」『黎明』(23), 1-7.
岩橋武夫（1940）「巻頭言　自覚せる輿論の上に立て（東京盲人会館を取り巻く紛争批判）」『黎明』(24), 1-9.
岩橋武夫（1940）「巻頭言　紀元二千六百年奉祝全日本盲人大会を迎えて」『黎明』(25), 1-16.
岩橋武夫（1940）「紀元二千六百年奉祝全日本盲人大会を迎えて」『黎明』(26), 1-12.
岩橋武夫（1940）「巻頭言　盲界新体制と経済」『黎明』(27), 1-4.

岩橋武夫（1940）「巻頭言　11月の論題三つ」『黎明』(28), 1-14.
岩橋武夫（1940）「巻頭言　昭和15年を送る」『黎明』(29), 1-不.
岩橋武夫（1941）「巻頭言　年頭の感」『黎明』(30), 1-7.
岩橋武夫（1941）「満州国における盲人問題の解決」『黎明』(30), 8-23.
岩橋武夫（1941）「随筆『嵐の彼方へ』」『黎明』(30), 46-51.
岩橋武夫（1941）「巻頭言　再び盲青年に与う」『黎明』(31), 1-9.
岩橋武夫（1941）「巻頭言　柔よく剛を制す」『黎明』(32), 1-8.
岩橋武夫（1941）「巻頭言　晴盲の職域制度確立に対する」『黎明』(33), 1-14.
岩橋武夫（1941）「巻頭言　盲教育の刷新について」『黎明』(34), 1-11.
岩橋武夫（1941）「巻頭言　二大点字新聞刊行記念に際して」『黎明』(35), 1-6.
岩橋武夫（1941）「巻頭言　7月の論題二つ」『黎明』(36), 1-11.
岩橋武夫（1941）「巻頭言　動中静あり」『黎明』(37), 1-10.
岩橋武夫（1941）「巻頭言　臨戦態勢と盲界」『黎明』(38), 1-9.
岩橋武夫（1941）「巻頭言　点字図書館の日本的使命」『黎明』(39), 1-8.
岩橋武夫（1941）「巻頭言　盲界並びに業界各一本立て運動の提唱」『黎明』(40), 1-3.
岩橋武夫（1941）「詔書　御詔書を拝して」『黎明』(41), 無.
岩橋武夫（1941）「巻頭言　昭和16年を送る」『黎明』(41), 1-8.
岩橋武夫（1942）「巻頭言　東亜の曙」『黎明』(42), 1-11.
岩橋武夫（1942）「巻頭言　人・訓練・物」『黎明』(43), 1-5.
岩橋武夫（1942）「巻頭言　盲人と実行性」『黎明』(44), 1-9.
岩橋武夫（1942）「巻頭言　春の人，人の春」『黎明』(45), 1-13.
岩橋武夫（1942）「巻頭言　五月の話題ふたつ」『黎明』(46), 1-12.
岩橋武夫（1942）「石垣の声」『黎明』(46), 付録.
岩橋武夫（1942）「巻頭言　昭和16年度の回顧」『黎明』(47), 1-12.
岩橋武夫（1942）「巻頭言　心の屑篭」『黎明』(48), 1-12.
岩橋武夫（1942）「付録　石垣の声」『黎明』(48), 付録.
岩橋武夫（1942）「巻頭言　日本盲界とその指導者」『黎明』(49), 1-10.
岩橋武夫（1942）「巻頭言　ミイラ取りがミイラ」『黎明』(50), 1-10.
岩橋武夫（1942）「巻頭言　盲界一元化運動の達成」『黎明』(51), 1-5.
岩橋武夫（1942）「付録　石垣の声」『黎明』(51), 付録.
岩橋武夫（1942）「巻頭言　大日本盲人会の発足について」『黎明』(52), 1-7.
岩橋武夫（1942）「巻頭言　昭和17年を回顧して」『黎明』(53), 1-10.
岩橋武夫（1942）「付録　石垣の声」『黎明』(53), 付録.
岩橋武夫（1943）「巻頭言　年頭の感」『黎明』(54), 1-5.
岩橋武夫（1943）「付録　石垣の声」『黎明』(54), 付録.
岩橋武夫（1943）「巻頭言　陣頭指揮」『黎明』(55), 1-10.
岩橋武夫（1943）「『石垣の声』6階の部屋」『黎明』(55), 付録.
岩橋武夫（1943）「巻頭言　春に想う」『黎明』(56), 1-10.

岩橋武夫（1943）「付録　石垣の声人柱」『黎明』（56），付録.
岩橋武夫（1943）「巻頭言　大阪失明傷痍軍人護星会生まる」『黎明』（57），1-10.
岩橋武夫（1943）「付録　石垣の声」『黎明』（57），付録.
岩橋武夫（1943）「巻頭言　昭和17年度愛盲事業を回顧して」『黎明』（58），1-18.
岩橋武夫（1943）「創作『石垣の声』ラジオ常会」『黎明』（58），111.
岩橋武夫（1943）「巻頭言　愛盲会館の新発足」『黎明』（59），1-10.
岩橋武夫（1943）「付録『石垣の声』椿の実」『黎明』（59），付録.
岩橋武夫（1943）「巻頭言　英霊に続く道」『黎明』（60），1-10.
岩橋武夫（1943）「巻頭言　夏の旅『失明軍人錬成会をたずねて』」『黎明』（61），1-11.
岩橋武夫（1943）「巻頭言　大陸の旅路を目指して」『黎明』（62・63），1-10.
岩橋武夫（1943）「巻頭言　北支の旅」『黎明』（64・65），1-13.
岩橋武夫（1944）「巻頭言　年頭の感」『黎明』（66），1-8.
岩橋武夫（1944）「巻頭言　新しき時代を創る者」『黎明』（67），1-9.
岩橋武夫（1944）「巻頭言　戦意高揚と戦力増強」『黎明』（68・69・70），1-11.
岩橋武夫（1944）「巻頭言　敬天愛人」『黎明』（71），1-10.
岩橋武夫（1944）「巻頭言　『戦時動員と盲人の時局奉公』」『黎明』（72），1-12.
岩橋武夫（1944）「巻頭言　愛の行動性について」『黎明』（73），1-12.
岩橋武夫（1944）「姿なき戦場」『黎明』（73），15-29.
岩橋武夫（1947）「巻頭言　キリスト教的社会主義」『黎明』（96），1-9.
岩橋武夫（1947）「巻頭言　迷信と宗教」『黎明』（97），1-8.
岩橋武夫（1947）「巻頭言　春とともによき便り二つ」『黎明』（98），1-6.
岩橋武夫（1947）「巻頭言　ライトハウス愛盲事業」『黎明』（99），1-5.
岩橋武夫（1947）「巻頭言　応募原稿の審査を終えて」『黎明』（100），1-10.
岩橋武夫（1947）「巻頭言　信仰と望みと愛」『黎明』（101），1-6.
岩橋武夫（1947）「巻頭言　盲青年層の動きと文化」『黎明』（102），1-9.
岩橋武夫（1947）「巻頭言　文化と宗教」『黎明』（103），1-8.
岩橋武夫（1947）「巻頭言　宗教と文化についての再吟味」『黎明』（104），1-7.
岩橋武夫（1947）「巻頭言　業界と盲界」『黎明』（105），1-8.
岩橋武夫（1947）「巻頭言　愛盲運動の再確認」『黎明』（106），1-10.
岩橋武夫（1947）「巻頭言　平素に返れ」『黎明』（107），1-10.
岩橋武夫（1948）「巻頭言　年頭にあたり日本盲界の一元化を提唱す」『黎明』（108），1-9.
岩橋武夫（1948）「巻頭言　ヘレンケラー女史再度来朝の意義」『黎明』（109），1-15.
岩橋武夫（1948）「巻頭言　盲界の春はいずこに」『黎明』（110），1-11.
岩橋武夫（1948）「巻頭言　盲唖教育の義務制」『黎明』（111），1-8.
岩橋武夫（1948）「巻頭言　日盲連結成準備会」『黎明』（112），1-6.

岩橋武夫（1948）「巻頭言　二つの統計調査」『黎明』(113)，1-17.
岩橋武夫（1948）「巻頭言　点字文化図書の刊行とそのブレーントラスト」『黎明』(114)，1-12.
岩橋武夫（1948）「巻頭言　8月の論題二つ」『黎明』(115)，1-12.
岩橋武夫（1948）「巻頭言　ヘレンケラーを迎える言葉」『黎明』(116)，1-10.
岩橋武夫（1948）「ヘレンケラーと青い鳥」『黎明』(116)，25-40.
岩橋武夫（1948）「巻頭言　パレスタイン号より」『黎明』(117)，1-6.
岩橋武夫（1948）「光の旅」『黎明』(117)，7-15.
岩橋武夫（1948）「巻頭言　ヘレンケラー運動を終わりて」『黎明』(118)，1-10.
岩橋武夫（1948）「光の旅」『黎明』(118)，11-17.
岩橋武夫（1948）「巻頭言　昭和23年を回顧して」『黎明』(119)，1-8.
岩橋武夫（1948）「光の旅」『黎明』(119)，9-14.
岩橋武夫（1949）「巻頭言　年頭の感」『黎明』(120)，1-7.
岩橋武夫（1949）「光の旅」『黎明』(120)，8-13.
岩橋武夫（1949）「巻頭言　理性への情熱」『黎明』(121)，1-9.
岩橋武夫（1949）「光の旅（5）」『黎明』(121)，10-12.
岩橋武夫（1949）「巻頭言　情熱の理性化」『黎明』(122)，1-12.
岩橋武夫（1949）「光の旅（6）」『黎明』(122)，13-16.
岩橋武夫（1949）「身体障害者福祉法の輪郭」『黎明』(123)，1-9.
岩橋武夫（1949）「巻頭言　1948年会計年度を終えて」『黎明』(124)，1-13.
岩橋武夫（1949）「巻頭言　6月の論題二つ」『黎明』(125)，1-22.
岩橋武夫（1949）「巻頭言　盲人問題の基礎をゆくもの」『黎明』(126)，1-14.
岩橋武夫（1949）「巻頭言　戦争と平和」『黎明』(127)，1-6.
岩橋武夫（1949）「巻頭言　自然と人生」『黎明』(128)，1-8.
岩橋武夫（1949）「巻頭言　米国に鹿島立とうとして」『黎明』(129)，1-14.
岩橋武夫（1949）「巻頭言　第3回懸賞小説並びに論文の審査を終えて」『黎明』(130)，1-15.
岩橋武夫（1949）「巻頭言　昭和24年を送る」『黎明』(131)，1-12.
岩橋武夫（1950）「巻頭言　カリフォルニヤベアー号より」『黎明』(132)，1-4.
岩橋武夫（1950）「巻頭言　アーカンリッジの明け暮れ」『黎明』(133)，1-17.
岩橋武夫（1950）「巻頭言　盲人の目を通じて見た盲人」『黎明』(134)，1-11.
岩橋武夫（1950）「巻頭言　米国における盲人の社会的地位とその教育」『黎明』(135)，1-10.
岩橋武夫（1950）「巻頭言　北米愛盲行脚より帰りて」『黎明』(136)，1-8.
岩橋武夫（1950）「巻頭言　参議院議員選挙と盲界」『黎明』(137)，1-12.
岩橋武夫（1950）「巻頭言　今日この頃」『黎明』(138)，1-10.
岩橋武夫（1950）「巻頭言　もし日本盲界の三療が米国にあったとしたら」『黎明』(139)，1-16.

岩橋武夫（1950）「巻頭言　日盲連塩原大会へのメッセージ」『黎明』(140), 1-9.
岩橋武夫（1950）「巻頭言　回顧 15 年」『黎明』(141), 1-7.
岩橋武夫（1950）「巻頭言　懸賞論文並びに小説に対する概評」『黎明』(142), 1-16.
岩橋武夫（1950）「巻頭言　日本盲界と三療一新職業の運命はいか」『黎明』(143), 1-14.
岩橋武夫（1951）「巻頭言　1951 年年頭の辞」『黎明』(144), 1-6.
岩橋武夫（1951）「巻頭言　木枯らしの間に」『黎明』(145), 1-10.
岩橋武夫（1951）「巻頭言　盲界と業界との関連についての再検討」『黎明』(146), 1- 不明.
岩橋武夫（1951）「巻頭言　国際連合とユネスコ　それに連なる日本盲界」『黎明』(147), 1-10.
岩橋武夫（1951）「巻頭言　考えし盲界と触れたる盲界」『黎明』(148), 1-17.
岩橋武夫（1951）「巻頭言　別府総会に寄せて」『黎明』(149), 1-9.
岩橋武夫（1951）「巻頭言　別府より帰りて」『黎明』(150), 1-10.
岩橋武夫（1951）「巻頭言　海外の話題 3 つ」『黎明』(151), 1-10.
岩橋武夫（1951）「巻頭言　盲大学生の大会とそれが意味するもの」『黎明』(152), 1-11.
岩橋武夫（1951）「巻頭言　最新コンサイス英和辞典点字版発刊に際して」『黎明』(153), 1-4.
岩橋武夫（1951）「巻頭言　按摩専業案の可否」『黎明』(154), 1-10.
岩橋武夫（1951）「巻頭言　12 月の論題 2 つ」『黎明』(155), 1-16.
岩橋武夫（1952）「巻頭言　1952 年の新春を迎えて」『黎明』(156), 1-10.
岩橋武夫（1952）「巻頭言　アジヤ盲界の黎明」『黎明』(157), 1-3.
岩橋武夫（1952）「巻頭言　日盲連は燃え細るか」『黎明』(158), 1-8.
岩橋武夫（1952）「巻頭言　春に寄す」『黎明』(159), 1-10.
岩橋武夫（1952）「巻頭言　講和発効に因んで」『黎明』(160), 1-13.
岩橋武夫（1952）「巻頭言　第 5 回日盲連総会を終えて」『黎明』(161), 1-20.
岩橋武夫（1952）「巻頭言　世界の動きに学ぶ」『黎明』(162), 1-11.
岩橋武夫（1952）「巻頭言　8 月の随想」『黎明』(163), 1-13.
岩橋武夫（1952）「巻頭言　北海道愛盲行脚」『黎明』(164), 1-12.
岩橋武夫（1952）「巻頭言　秋の論題 3 つ」『黎明』(165), 1-15.
岩橋武夫（1952）「巻頭言　日本盲人社会福祉施設連絡協議会の誕生」『黎明』(166), 1-17.
岩橋武夫（1952）「巻頭言　全国盲婦人大会」『黎明』(167), 1-16.
岩橋武夫（1953）「巻頭言　年頭の辞」『黎明』(168), 1-10.
岩橋武夫（1953）「巻頭言　点字印刷の簡易化とプラスチック」『黎明』(169), 1-6.
岩橋武夫（1953）「巻頭言　春ともならば」『黎明』(170), 1-13.

岩橋武夫（1953）「巻頭言　盲界と総選挙」『黎明』（171），1-12．
岩橋武夫（1953）「巻頭言　参議院選を終えて日盲連第6回全国大会にのぞむ」『黎明』（172），1-12．
岩橋武夫（1953）「巻頭言　逆境の恩寵」『黎明』（174），1-10．
岩橋武夫（1953）「巻頭言　8月に思う」『黎明』（175），1-20．
岩橋武夫（1953）「巻頭言　宮城道雄氏の輝かしき勝利」『黎明』（176），1-8．
岩橋武夫（1953）「巻頭言　注目すべき2つの集会」『黎明』（177），1-14．
岩橋武夫（1953）「巻頭言　読書の秋」『黎明』（178），1-14．
岩橋武夫（1953）「巻頭言　歳末の感」『黎明』（179），1-14．
岩橋武夫（1954）「巻頭言　年頭の辞」『黎明』（180），1-21．
岩橋武夫（1954）「巻頭言　ヘレンケラーとノーベル賞」『黎明』（181），1-19．
岩橋武夫（1954）「巻頭言　盲人の文化と教養」『黎明』（182），1-14．
岩橋武夫（1954）「巻頭言　エリックティーボルター氏の来朝」『黎明』（183），1-11．
岩橋武夫（1954）「巻頭言　盲界新緑論」『黎明』（184），1-14．
岩橋武夫（1954）「巻頭言　昭和28年度決算を終えて」『黎明』（185），1-15．
岩橋武夫（1954）「巻頭言　パリー会議近づく」『黎明』（186），1-14．
岩橋武夫（1954）「巻頭言　3つの問題」『黎明』（187），1-18．
岩橋武夫（1954）「巻頭言　パリー会議の終了と日本盲教育学会の新発足」『黎明』（188），1-19．

〈著書〉

岩橋武夫（1938）『傷病将士に捧ぐ　講演録』奥付無．
岩橋武夫（1947）『失楽園講座』奥付無．

主要参考文献目録

阿部志郎（1999）「『第 36 回社会福祉セミナー』基調講演 21 世紀の福祉システムとパラダイム（特集 社会福祉事業法改正の意味を探る）」『社会福祉研究』(76), 18-28.
明石隆行（1992）「大阪府福祉人材情報センターの事業展開の現状と福祉人材の確保に向けて——福祉人材の堀り起こしから確保まで（『福祉人材確保に関する社会福祉事業法等改正』に期待するもの〈特集〉〔含 資料〕)」『月刊福祉』75（10), 28-33.
秋山智久（1981）「社会福祉法人の理念・現状・課題（社会福祉事業法 30 年〈特集〉)」『社会福祉研究』(28), 46-52.
新井 宏（1992）「福祉従事者確保と『緊急提言』具体化のための諸課題（『福祉人材確保に関する社会福祉事業法等改正』に期待するもの〈特集〉〔含 資料〕)」『月刊福祉』75（10), 46-51.
荒木誠之（1978）「社会福祉事業法制（社会福祉半世紀の回顧と展望〈特集〉)」『月刊福祉』61（12), 16-21.
蟻塚昌克（1998）「社会福祉基礎構造改革と社会福祉事業法のカテゴリー」『社会福祉研究』(71), 2-12.
――――（1999）「社会福祉事業法形成の基礎過程把握によせて」『埼玉県立大学紀要』1，37-45.
阿佐 博（1998）「ヘレン・ケラーの来日がもたらしたもの」『視覚障害』(156), 1-20.
――――（2001）「小特集 保存されていた『日刊東洋点字新聞』」『視覚障害』(171), 1-6.
浅井春夫（1999）「社会福祉基礎構造改革の構図と保育制度 保育制度の再改訂が射程にはいった社会福祉事業法『改正』」『保育情報』(268), 11-5.
――――（1999）「今月のテーマ 2 社会福祉基礎構造改革のねらい 秋の臨時国会へ提出がかたまった社会福祉事業法 社会福祉事業法等『改正』をめぐる論点」『月刊ゆたかなくらし』(213), 70-3.
――――（2000）「介護保険法と社会福祉事業法『改正』高齢者福祉政策の転換（特集 2000 年法的鳥瞰図 日本はどこへ向かうのか）（どうなる？この国のかたち）」『法学セミナー』45（2), 48-51.
――――（2000）「なぜ『社会福祉法』か 社会福祉事業法等『改正』(案）のねらい」『賃金と社会保障』(1271), 4-10.
――――（2000）「『社会福祉法』とこれからの福祉・保育（特集 社会福祉事業法『改正』を考える）」『保育情報』(280), 9-11.

文学部史編集委員会（1994）『関西学院大学文学部60年史（1934-1994）』関西学院大学文学部.

Charlton,James 著・岡部史信監訳・笹本征男・近藤真理・田中香織・岡部史信訳（2003）『明石ライブラリー（86）私たちぬきで私たちのことは何も決めるな ——障害をもつ人に対する抑圧とエンパワメント』明石書店デザイン室.

Chizuru Saeki（2011）『SIGHTLESS AMBASSADORS Iwahashi Takeo and His Followers' Cultural Diplomacy through Social Welfare for the Blind in Asia,1937-1957』Kwansei Gakuin University Press.

第一法規（2001）「法律・条約解説 厚生労働 社会福祉の増進のための社会福祉事業法等の一部を改正する等の法律 平成12年6月7日法律第111号」『法令解説資料総覧』（231），18-34.

大霞会（1971）『内務省史 第一巻』地方財務協会.

——— （1970）『内務省史 第二巻』地方財務協会.

——— （1971）『内務省史 第三巻』地方財務協会.

——— （1971）『内務省史 第四巻』地方財務協会.

江草安彦・丸山一郎（1997）「21世紀につなぐ 医療福祉が見えてきた」『月刊福祉』80（12），66-78.

遠藤保喜（1951）『肢体不自由者と取扱の実際』北島籐次郎商店.

ファシリティーズネット編集部編（2001）「資料1 社会福祉事業法改正等について」『Facilities net.』4（2），45-65.

笛木俊一（1981）「法における『障害者』概念の展開 社会保障法領域を中心とする試論的考察 上（国際障害者年の法的課題特集）」『ジュリスト』（740），41-54.

——— （1981）「法における『障害者』概念の展開 ——社会保障法領域を中心とする試論的考察 下」『ジュリスト』（744），143-8.

藤井則夫（1992）「愛知県における人材確保対策の取り組みと法改正への期待（『福祉人材確保に関する社会福祉事業法等改正』に期待するもの〈特集〉〔含資料）〕」『月刊福祉』75（10），40-5.

藤田真一（1982）『盲と目あき社会』朝日新聞社.

古川孝順（1999）「社会福祉事業範疇の再構成 社会福祉事業法等改正法案に関わらせつつ（特集 社会福祉事業法改正の意味を探る）」『社会福祉研究』（76），29-40.

——— （2001）「特別寄稿 社会福祉事業範疇の再構成 ——社会福祉事業法等の改正に関わらせつつ」『社会関係研究』8（1），19-59.

古川夏樹（2001）「社会福祉事業法等の改正の経緯と概要（特集 社会福祉の新局面）」『ジュリスト』（1204），10-4.

飯原久弥（1951）「社会保障の勧告と社会福祉事業法について -1-」『社会保険旬

報』(284), 6-7.
――― (1951)「社会保障の勧告と社会福祉事業法について -2-」『社会保険旬報』(285), 8-9, 5.
長谷川匡俊 (2002)『宗教福祉論』医歯薬出版株式会社.
服部英雄 (2012)『河原ノ者・非人・秀吉』山川図書出版株式会社.
樋口正昇 (1999)「講演 1 社会福祉基礎構造改革 社会福祉事業法等改正の方向 (新・福祉システム PART3 措置から契約へ――社会福祉基礎構造改革をどうすすめるか平成 10 年度社会福祉トップセミナー報告)」『月刊福祉』82 (9), 5-26.
保育研究所編 (1999)「保育制度『改革』の動向 社会福祉事業法等改正法案大綱出る 保育所への民間企業参入を容認」『保育情報』(267), 2-8.
――― (2000)「社会福祉の増進のための社会福祉事業法等の一部を改正する等の法律案要綱」『保育情報』(278), 42-8.
――― (2000)「社会福祉事業法等の一部改正法案の概要(2000 年(平成 12)年 2 月)」『保育情報』(278), 36-41.
――― (2000)「特集 社会福祉事業法『改正』を考える」『保育情報』(280), 2-14.
――― (2000)「社会福祉事業法等改正関連諸通知 (2000.6.7)」『保育情報』282, 29-46.
本間一夫 (1977)「『点字図書館』137 年のあゆみ」『世界』(381), 145-63.
本間一夫・岩橋明子・田中農夫著 (1991)『点字と朗読を学ぼう』福村出版.
堀江 裕 (2000)「社会福祉事業法等一部改正法の成立」『社会保険』51 (7), 10-3.
法研 (1999)「ニュースの目『支援費支給方式』に変更 社会福祉事業法等の改正案を諮問」『週刊社会保障』53 (2050), 12.
――― (1999)「資料 福祉サービスの適切利用を推進――関係審議会が社会福祉事業法等 8 法改正案を了承」『週刊社会保障』53 (2057), 52-5.
――― (2000)「ニュースの目 利用者に対し支援費支給 社会福祉事業法改正案が審議入り」『週刊社会保障』54 (2084), 12.
――― (2000)「特集 利用者の立場に立った社会福祉制度を構築――社会福祉事業法等改正法案が衆院を通過」『週刊社会保障』54 (2087), 40-5.
池田敬正 (1986)『日本社会福祉史』法律文化社.
今井小の実 (2010)「戦前日本の救貧制度と家族の変容 方面委員制度を通して」『比較家族史研究』25, 7-31.
――― (2005)『社会福祉思想としての母性保護論争 "差異"をめぐる運動史』ドメス出版.
今尾清一郎 (1950)「按摩及びマッサージ等の保険給付について」『健康保険』4 (1), 17-8.

井上美代（2000）「国会レーダー 社会福祉事業法等の一部を改正する法律案に関する質問」『女性&運動』64（215），38-40．
石井岱三他（1992）「提言（『福祉人材確保に関する社会福祉事業法等改正』に期待するもの 特集〔含 資料〕）」『月刊福祉』75（10），52-65．
板谷英彦（1992）「福祉マンパワーの確保のために 社会福祉事業法及び社会福祉施設職員退職手当共済法等の一部を改正する法律（平成4.6.26公布，法律第81号）〔含 条文〕」『時の法令』（1435），6-22．
糸林保夫（1982）「点字図書館界として望むこと（図書館事業の振興方策（第一次案報告）をめぐって特集）」『図書館雑誌』76（2），92-3．
岩橋英行（1983）『白浪に向いて』安全交通試験研究センター．
岩橋明子・ほか（2001）「日本ライトハウス職業・生活訓練センター 創立35周年を迎えて（1）」『視覚障害リハビリテーション』（53），4-52．
岩橋武夫・岩橋きを著・谷合侑監修（1998）『盲人たちの自叙伝 21』大空社．
泉 房穂（2001）「社会福祉事業法等の改正による制度の創設と対等な関係（特集 対等な関係，本当に築けますか 本人たちの声，聞こえますか）」『Aigo』48（5），38-41．
時事通信社（2000）「特集 障害者の福祉サービスに利用者選択制──改正社会福祉事業法など関連法成立」『厚生福祉』（4845），2-5．
神野直彦（2010）『分かち合いの経済学』岩波書店．
垣内国光（1999）「社会福祉基礎構造改革とは何か 福祉措置制度を解体するということの意味 社会福祉事業法等改正法案大綱の提起を受けて（特集 福祉制度改革と介護保険のゆくえ）」『賃金と社会保障』（1250・51），4-23．
亀口公一（2000）「概観 地域福祉課題 社会福祉法を読み解く──戦後福祉の終わりと地域福祉の始まり」『臨床心理学研究』38（1），33-42．
金井 敏（1992）「福祉職の人材確保とアイデンティティーの確立に向けて──福祉人材情報センターの取り組みと法改正（『福祉人材確保に関する社会福祉事業法等改正』に期待するもの〈特集〉〔含 資料〕）『月刊福祉』75（10），34-9．
カール・ポラニー著，野口建彦・栖原学訳（2009）『新訳大転換 市場社会の形成と崩壊』東洋経済新報社．
葛西嘉資（1953）「福祉法制定の思い出」『リハビリテーション』増刊号，6-7．
片岡 直（1981）「福祉の多様化と社会福祉事業法（社会福祉の変遷と社会福祉事業法〈特集〉）」『月刊福祉』64（7），22-7．
菊地正治・清水教惠・田中和夫・永岡正己・室田保夫編著（2003）『NINERVA福祉専門職セミナー⑦ 日本社会福祉の歴史付・史料 制度・実践・思想』ミネルヴァ書房．
木下秀雄（2000）「社会福祉事業法等改正と今後の課題（特集 社会福祉事業法『改

正』を考える)」『保育情報』(280),12-4.
岸田孝史(1990)「社会福祉事業法等の『改正』動向を読む(社会福祉改革の争点〈特集〉)」『賃金と社会保障』(1033),13-7.
北村　肇(2004)「『想像力』養う場を多くの人に　新聞博物館『点字毎日展』を企画して」『新聞研究』(631),51-3.
古賀　理(2002)「社会福祉事業法から社会福祉法へ」『佐賀女子短期大学研究紀要』36,35-46.
国民生活センター 編(1997)「もうひとつのライフライン -28- 点字文化の土台を作った点字新聞」『たしかな目』(134),20-1.
国鉄労働組合(1967)『国鉄労働組合20年史』労働旬報社.
小室豊允(1998)「社会福祉事業法と社会福祉法人 ——サービスの『利用者』と『提供者』のみでなく,『行政』とも『対等な関係の確立』を(特集 社会福祉基礎構造改革のゆくえ)」『社会福祉研究』(73),39-44.
古都賢一(1999)「特集 社会福祉事業法等改正法案大綱について」『生活と福祉』(519),3-6.
―――― (1999)「解説 社会福祉基礎構造改革の全体像と社会福祉事業法等一部改正法案大綱について(特集 21世紀の社会福祉の枠組み ——『事業法改正法案大綱』示される)」『月刊福祉』82 (10),22-9.
弘済会(不明)『財団法人　弘済会事業一覧』 鉄道弘済会.
弘済会(不明)『昭和11年度　弘済会年報　第20回』鉄道弘済会.
弘済会大阪市役所内(1940)『昭和15年度　弘済会年報　第21回』鉄道弘済会.
厚生問題研究会編(2000)「社会福祉事業法等一部改正法の成立について(特集 社会福祉基礎構造改革)」『厚生』55 (7),16-20. 厚生省(1999)「社会福祉事業法等一部改正法案大綱:平成11年4月15日(新・福祉システム PART3　措置から契約へ　社会福祉基礎構造改革をどうすすめるか　平成10年度社会福祉トップセミナー報告)(関係資料)」『月刊福祉』82 (9),106-8.
厚生労働省(2012)「白書等データーベース」.
(http://wwwhakusyo.mhlw.go.jp/wp/index.htm　2013. 2. 24) なお参考にした資料は,『厚生白書』の1956年度から2000年度,『厚生労働白書』の2001年度から2011年度までである.
厚生省(1999)「資料 社会福祉の増進のための関係法律の整備等に関する法律案(仮称)制定要綱(特集 社会福祉事業法改正の意味を探る)」『社会福祉研究』(76),67-73.
―――― (1999)「社会福祉事業法等一部改正法案大綱」『月刊障害者問題情報』(193・194),1-11.
――――(2000)「特集 社会福祉事業法等の一部改正法案の概要(平成12年2月)」『月刊障害者問題情報』(203),1-79.

─── (2000)「資料 社会福祉事業法等の一部改正法案の概要」『精神保健福祉』31 (1), 81-4.

─── (2001)「1 社会福祉の増進のための社会福祉事業法等の一部を改正する等の法律の概要 平成12年9月(新・福祉システム PART5 福祉サービスの質を高める 平成12年度社会福祉トップセミナー報告)」『月刊福祉』84 (4), 100-6.

─── (1999)「資料 社会福祉基礎構造改革について(社会福祉事業法等改正法案大綱骨子)」『月刊ゆたかなくらし』(209), 75-8.

厚生省大臣官房広報渉外課 (1952)『社会福祉行政資料 1952年』全国社会福祉協議会.

厚生省医務局 (1976)『医制百年史 (記述篇)』ぎょうせい.

─── (1976)『医制百年史 (資料編)』ぎょうせい.

─── (1955)『国立病院十年のあゆみ』厚生省医務局.

厚生省労政局調査課(1946)『アメリカにおける労働協約の実際』労務行政研究所.

─── (1947)『労働問題講話』中央労働学園.

厚生省社会援護局企画課 (1996)「あんてな『社会福祉事業法の改正について』」『生活と福祉』(484), 38-40.

─── (2000)「特集 社会福祉事業法等の一部改正法案の成立について」『生活と福祉』(532), 14-25.

厚生省社会局 (1950)『社会局参拾年』厚生省社会局.

─── (1970)『社会局50年』厚生省社会局.

厚生統計協会編 (1990)『厚生の指標』37 (6), 厚生統計協会.

熊沢由美 (2000)「社会福祉事業法の制定」『現代社会文化研究』(19), 115-42.

─── (2002)「投稿論文 社会福祉法人制度の創設──社会福祉事業法の制定をめぐって」『社会福祉研究』(83), 98-104.

栗本慎一郎 (2012)『ゆがめられた地球文明の歴史 「パンツをはいたサル」に起きた世界史の真実』技術評論社.

黒木利克 (1964)「時勢の推移」『リハビリテーション』59, 4-7.

京極高宣 (1988)「社会福祉事業法改正の基本論点 社会福祉の範囲をめぐって(第22回社会保障研究シンポジウム)『社会福祉改革をめぐる基本的視点』)」『季刊社会保障研究』24 (1), 15-21.

─── (1992)「福祉人材確保関連法改正の歴史的意義(『福祉人材確保に関する社会福祉事業法等改正』に期待するもの 特集〔含 資料〕)」『月刊福祉』75 (10), 24-7.

九州保健福祉大学研究紀要委員会編 (2003)「福祉職場におけるStaff Diversityの研究 小坂善治郎, 塚口伍喜夫, 峰尾一路」『九州保健福祉大学研究紀要』(4), 97-104.

孫崎 享 (2012)『戦後史の正体 1945-2012』創元社.

牧村　進・辻村泰男（1942）『傷痍軍人労務輔導』東洋書館.
牧村　進（1945）『傷痍軍人勤労補導』東洋書輔.
眞野哲夫（2002）「視覚障害者の自立支え社会へ発信する窓に『点字毎日』80年の歩み」『新聞経営』(160), 52-5.
丸山一郎（1973）「2年目に入った身障者『福祉工場』東京都葛飾福祉工場　東京プラスチックスの実践（施設リポート）」『月刊福祉』56 (8), 44-9.
─────（1983）「'83 ポスト国際障害者年二年目を迎えて（1983年と社会福祉の潮流）」『月刊福祉』66 (1), 26-8.
─────（1994）「すべての人々に障壁のない環境を今こそすすめるとき──福祉のまちづくりの推進策（住みたいまちに暮らす特集）」『月刊福祉』77 (3), 36-9.
─────（1994）「障害者施策の新展開『障害者基本法』の目指すもの」『社会福祉研究』(60), 108-13.
─────（1998）「リハビリテーションにおける介護従事者と障害をもつ人の役割（特集 介護福祉に必要な援助技術 (2)『自立支援と動機づけ』)」『介護福祉』(31), 35-44.
─────（1998）「関係者からの働きかけ いっそう必要──新・障害者の10年推進会議全国キャンペーン調査から（特集 追跡、市町村障害者計画）」『ノーマライゼーション』18 (7), 9-11.
─────（1998）「ノーマライゼーション　すべての人びとの社会へ（特集 公共建築とノーマライゼーション）」『公共建築』40 (2), 4-9.
─────（1999）「市町村障害者計画策定検討の視点──F市の検討協議会に関わって（特集 都道府県・市町村障害者計画の検証）」『リハビリテーション』, (415), 18-21.
─────（2000）「会議 第十九回RI世界会議──ブラジルで南米初開催」『ノーマライゼーション』20 (11), 68-71.
丸山一郎編著（2000）『障害者福祉論』健昴社.
丸山一郎（2000）「福祉サービスの利用制度化」『総合リハビリテーション』28 (10), 935-40.
丸山一郎・藤井克徳・吉田　勧（2000）「特集 障害のある人の社会参加──『日英シンポジウム』パネルディスカッションより」『JDジャーナル』20 (2), 18-24.
丸山一郎（2002）「国連委員会で、初めてNGOの参加が認められる！ A班報告（特集 障害者権利条約制定へむけた議論はじまる！『国連・障害者権利条約特別委員会』傍聴団からの報告）」『JDジャーナル』22 (5), 67-8.
間杉　純（1992）「福祉人材確保法成立　その背景と概要（『福祉人材確保に関する社会福祉事業法等改正』に期待するもの　特集〔含 資料〕）」『月刊福祉』75 (10), 18-23.

松井新二郎（1991）「熱想-23-自立に想う――視覚障害者の」『月刊福祉』74（6），82-3．
松岡正樹（1985）「社会福祉事業法（昭和26年法律第45号）――制定前夜」『時の法令』（1266），52-4．
三橋修監訳・金治憲共訳（1992）『盲人はつくられる』東信堂．
峰島　厚（1999）「どうなる？どうする！　転換期の障害者福祉(6)社会福祉事業法・障害種別福祉法の改正（1）」『みんなのねがい』（381），80-3．
―――（1999）「どうなる？どうする！転換期の障害者福祉（7）社会福祉事業法・障害種別福祉法の改正（2）」『みんなのねがい』（382），80-3．
―――（1999）「どうなる？どうする！転換期の障害者福祉（8）社会福祉事業法・障害種別福祉法の改正（3）」『みんなのねがい』（383），80-3．
―――（1999）「どうなる？どうする！　転換期の障害者福祉(9)社会福祉事業法・障害種別福祉法の改正（4）」『みんなのねがい』（384），80-3．
―――（2000）「どうなる？どうする！転換期の障害者福祉(12)社会福祉事業法・障害種別福祉法の改正（7）」『みんなのねがい』（388），80-3．
―――（2000）「どうなる？どうする！転換期の障害者福祉(13)社会福祉事業法・障害種別福祉法の改正（8）」『みんなのねがい』（389），84-7．
―――（2000）「どうなる？どうする！転換期の障害者福祉　14　社会福祉事業法・障害種別福祉法の改正9」『みんなのねがい』（390），84-7．
―――（2000）「どうなる？どうする！転換期の障害者福祉(10)社会福祉事業法・障害種別福祉法の改正（5）」『みんなのねがい』（385），80-3．
―――（2000）「どうなる？どうする！転換期の障害者福祉(11)社会福祉事業法・障害種別福祉法の改正（6）」『みんなのねがい』（387），80-3．
三澤　了・松友　了・丸山一郎［他］（2002）「座談会　最終年フォーラムのめざすもの（特集　最終年フォーラムのめざすもの）」『JDジャーナル』22（1），4-9．
宮城好郎（2000）「失明傷痍軍人の社会事業　柴内魁三」『在野史論』（8），277-81．
宮崎音彦（1953）「解決を迫られる更生措置」『リハビリテーション』2，4-5．
―――（1956）「身体障害者福祉の展望」『社会事業』39（4），27-9．
―――（1953）「解決を迫られる更生措置」『リハビリテーション』2，4-5．
―――（1974）『身体障害者とともに五十年』社会福祉法人全国鉄身障者協会．
水谷昌史（2005）「先達に学び業績を知る　点字図書館を育てハンセン病患者に寄り添って半世紀　名古屋ライトハウス会長の岩山光男さん」『視覚障害』（209），34-7．
森　護（1987）『英国の貴族』大修館書店．
村上貴美子（2000）『戦後所得保障制度の検証』勁草書房．
村谷昌弘（1983）「盲人対策　庶民と心通う政党だから（公明党のめざす政治特

　　　　集）私が見た公明党活動の一断面」『公明』(255), 60-1.
村田　茂 (2003)「紹介 高木憲次の生涯 没後四十年に際し業績を顧みる」『肢体不自由教育』159, 54-9.
室田保夫 (1994)『キリスト教社会福祉思想史の研究』不二出版.
―――― (1998)『留岡幸助の研究』不二出版.
長尾立子 (1990)「社会福祉制度改革と社会福祉事業法等の改正（基調講演）（福祉改革2 福祉関係8法改正特集）(90年代の福祉戦略)」『月刊福祉』73 (13), 9-24.
仲村優一 (1981)「社会福祉における公私関係（社会福祉事業法30年〈特集〉）」『社会福祉研究』(28), 53-8.
―――― (1991)「『社会福祉事業法』制定後40年間の社会福祉の展開と現代社会福祉の課題（現代社会福祉の重要課題と将来展望――福祉改革のなかでの新しい出発〈『社会福祉研究』通巻第50号記念特集〉）」『社会福祉研究』(50), 8-14.
日本厚生協会 (2000)「特別資料 福祉の増進のための社会福祉事業法の一部を改正する等の法律案 福祉情報の提供や苦情処理に再評価を」『厚生サロン』20 (3), 41-50.
日本福祉大学社会福祉研究所 (1972)「福祉事務所の将来はいかにあるべき――昭和60年を目標とする福祉センター構想（社会福祉事業法改正研究作業委員会〔全社協〕(昭和46年5月20日)(社会福祉の現状と課題(特集)))」『日本福祉大学社会福祉研究所年報』(5), 222-35.
日本厚生協会 (2000)「特別資料 福祉の増進のための社会福祉事業法の一部を改正する等の法律案 福祉情報の提供や苦情処理に再評価を」『厚生サロン』20 (3).
―――― (2000)「特別資料 改正社会福祉事業法が成立 障害者福祉サービスも選択制」『厚生サロン』20 (8), 54-65.
日本社会事業大学 (1967)『戦後の社会事業』勁草書房.
日本障害者リハビリテーション協会 (1999)「社会福祉事業法等一部改正法案大綱（平成11年4月15日 厚生省)(特集 社会福祉基礎構造改革と障害者施策 (1) 社会福祉事業法の改正をめぐって)」『ノーマライゼーション』19 (5), 13-5.
―――― (1999)「特集 社会福祉基礎構造改革と障害者施策 (1) 社会福祉事業法の改正をめぐって」『ノーマライゼーション』19 (5), 8-35.
日本傷痍軍人会 (1967)『日本傷痍軍人会十五年史』戦傷病者会館.
小笠原慶彰 (2010)「ハンセン病隔離主義批判と社会福祉研究の動向 服部正による小笠原登再評価をめぐって」『京都光華女子大学研究紀要』48, 83-104.
―――― (2013)『林市蔵の研究 方面委員制度との関わりを中心として』関西

学院大学出版会.

小川政亮（1990）「社会福祉事業法先行諸案と本法の意義 公的責任問題を中心に」『日本福祉大学研究紀要』(82), 1-41.

─── (1999)「社会福祉事業法等の『改正』問題と全後の課題──社会福祉基礎構造改革について（中間まとめ）の基本的問題点（特集 住民自治と社会保障・社会福祉 貧困克服の世紀に向けて（第4回社会福祉研究交流集会報告集））」『総合社会福祉研究』(14), 16-34.

─── (1999)「小特集『社会福祉事業法等一部改正法案大綱』とその『骨子』をどう見るか（上）〔含 資料〕」『月刊ゆたかなくらし』(208), 73-87.

─── (1999)「『社会福祉事業法等一部改正法案大綱』とその『骨子』をどう見るか（下）」『月刊ゆたかなくらし』(209), 66-74.

─── (2000)「憲法的にみた社会福祉事業法等改正法の問題性（特集 社会福祉基礎構造『改革』がもたらすもの──その本質と課題）」『総合社会福祉研究』(17), 2-10.

小倉襄二（1981）「社会福祉協議会の位置と思想 戦後史のなかで（社会福祉事業法30年〈特集〉）」『社会福祉研究』(28), 59-64.

岡田英巳子（1993）『ドイツ治療教育学の歴史研究』勁草書房.

─── (2000)「A. ゾロモンの初期社会事業理論」『東京都立大学人文学部人文学部報』(310), 1-23.

─── (2001)「ヴァイマル期におけるA. ゾロモンの社会事業理論」『東京都立大学人文学部人文学部報』(319), 15-41.

─── (2003)「ドイツ・日本の歴史に見る社会事業理論の現在の争点」『東京都立大学人文学部人文学部報』(339), 1-36.

─── (2006)「優生学と障害の歴史研究の動向 ドイツ・ドイツ語圏と日本との国際比較の視点から」『特殊教育学研究』44 (3), 179-190.

─── (2011)「国際ソーシャルワーク教育年表に見るA. ザロモンの位置──比較ソーシャルワーク教育史試論のたたき台として」『人文学報』(439), 1-26.

岡崎祐司（2000）「社会福祉事業法『改正』の本質と保育・福祉の未来（特集 社会福祉事業法『改正』を考える）」『保育情報』(280), 2-5.

小野 浩・星野泰啓・小林良守他（1999）「ひと言 それぞれの立場から（特集 社会福祉基礎構造改革と障害者施策（1）社会福祉事業法の改正をめぐって）」『ノーマライゼーション』19 (5), 22-35.

小野 顕（1951）「共同募金の立場──社会福祉事業法実施に際して期待するもの」『社会事業』34 (4), 13-6.

大橋由昌（2001）「脅かされる視覚障害者の職業的自立──あはき法19条問題をめぐって」『視覚障害』(175), 21-33.

ペッター・スヴェンソン（1999）「ノルウェーの福祉（2）新社会福祉事業法の

要点（1991 年制定，1995 年改正）」『世界の福祉』(45), 30-4.
P・L・バーガー，B・バーガー，訳安江孝司・鎌田彰仁・樋口祐子（1979）『バーガー社会学』学習研究社.
Ruth, Benedict 著，長谷川松治訳（2005）『菊と刀　日本文化の型』講談社.
榊原　清（1955）「身体障害者の職業補導」『教育心理』3 (1), 57-8.
坂本多加雄（1999）『明治国家の建設　1871-1890（日本の近代 2）』中央公論社.
桜井英治（2011）『贈与の歴史学』中央公論新社.
30 周年記念誌刊行委員会（1992）『創立 30 周年記念誌　日本盲人福祉研究会（文月会）30 年のあゆみ』日本盲人福祉研究会.
佐藤　進（1981）「社会福祉事業法 30 年の成果と今後の課題——改正への提言（社会福祉事業法 30 年〈特集〉）」『社会福祉研究』(28), 39-45.
―――（1981）「社会福祉事業法の理念とその問題点（社会福祉の変遷と社会福祉事業法〈特集〉）」『月刊福祉』64 (7), 8-15.
沢田清方（1999）「新たな地域福祉の確立　福祉コミュニティ形成と社会福祉協議会の戦略視点（特集 社会福祉事業法改正の意味を探る）」『社会福祉研究』(76), 58-66.
沢山美果子（2005）『性と生殖の近世』勁草書房.
関　宏之・丸山一郎・西村正樹［他］（2002）「座談会『アジア太平洋障害者の十年』最終年を迎えて——新しい時代をひらく、チャンスの年に（特集 最終年を時代をひらく好機に）」『ノーマライゼーション』22 (1), 12-26.
柴田善守（1969）「高木憲次（人物でつづる近代社会事業の歩み (23)）」『月刊福祉』52´(11), 40-3.
Silvio,Gesell 著，相田愼一訳（2007）『自由地と自由貨幣による自然的経済秩序』ぱる出版.
清水浩一（1999）「福祉事務所および児童相談所の新たな役割——措置から選択制度への移行を踏まえて（特集 社会福祉事業法改正の意味を探る）」『社会福祉研究．(通号 76) 50-7.
副田義也・樽川典子編（2000）『現代家族と家族政策』ミネルヴァ書房.
副田義也（2007）『内務省の社会史』東京大学出版会.
速水　融（2011）『歴史のなかの江戸時代』藤原書店.
坂本大輔（2000）「社会福祉事業法の改正の重要性とこれからの障害者福祉（特集　社会福祉基礎構造改革は障害者施策をどう変えるか）」『JD ジャーナル』20 (6), 82-3.
杉村敏正（1986）「憲法 89 条後段および社会福祉事業法 56 条の法意」『龍谷法学』19 (3), 421-8.
杉田米行編（2010）『日米の社会保障とその背景』大学教育出版.
炭谷　茂（1999）「炭谷社会・援護局長に聞く（特集 社会福祉基礎構造改革と障害者施策 (1) 社会福祉事業法の改正をめぐって）」『ノーマライゼーショ

ン』19（5），9-12.
Rubin, S. E.（1978）Foundations of the Vocational Rehabilitation Process.
社会福祉研究所編(1990)『戦前・戦中期における障害者福祉対策』社会福祉研究所.
社会保険実務研究所編（1999）「現行の措置制度から支援費支給方式に変更　厚生省，社会福祉事業法等の一部改正案を国会提出へ」『週刊年金実務』(1352)，23-5.
――――（1999）「社会福祉事業法等改正案，中社審などが了承答申」『週刊年金実務』(1359)，12.
――――（2000）「社会福祉事業法等の一部改正法案が審議入り」『週刊年金実務』(1388)，20.
障害者の生活と権利を守る全国連絡協議会編（2000）「社会福祉の増進のための社会福祉事業法等の一部を改正する等の法律案（仮称）制定要綱（特集　社会福祉事業法等の一部改正法案の概要（平成12年2月））」『月刊障害者問題情報』(203)，9-27.
――――（2000）「社会福祉事業法等の一部改正法案の概要（特集　社会福祉事業法等の一部改正法案の概要（平成12年2月））」『月刊障害者問題情報』(203)，2-8.
――――（2000）「附帯決議（社会福祉の増進のための社会福祉事業法等の一部を改正する等の法律の概要）」『月刊障害者問題情報』(205・206)，15-8.
――――（2000）「社会福祉の増進のための社会福祉事業法等の一部を改正する等の法律案修正案（社会福祉の増進のための社会福祉事業法等の一部を改正する等の法律の概要）」『月刊障害者問題情報』(205・206)，11-4.
――――（2000）「社会福祉の増進のための社会福祉事業法等の一部を改正する等の法律の概要（社会福祉の増進のための社会福祉事業法等の一部を改正する等の法律の概要)」『月刊障害者問題情報』(205・206)，2-8.
――――（2000）「社会福祉の増進のための社会福祉事業法等の一部を改正する等の法律の概要」『月刊障害者問題情報』(205・206)，1-114.
――――（2000）「社会福祉の増進のための社会福祉事業法等の一部を改正する等の法律の一部の施行及びそれにともなう政省令の改正について（平成12年6月）厚生省大臣官房障害保健福祉部長，厚生省社会援護局長，厚生省児童家庭局長」『月刊障害者問題情報』(208・209)，99-119.
正長清志（2008）「社会福祉法人制度の今日的課題――福祉サービス事業者のあり方を中心に」『岩国短期大学紀要』(37)，45-50.
高田秀道（1956）「盲人の福祉と職業問題」『社会事業』39（9），55-60.
高橋哲雄（2004）『スコットランド　歴史を歩く』岩波書店.
高瀬　広（1961）「社会福祉事業法の改正　既成事実に鑑みて」『月刊福祉』44（5）62-5.
高瀬安貞（1956）『身体障害者の心理　厚生とその指導』白亜書房.

────(1959)『肢体不自由者更生の指導の理論と実際』肢体不自由者更生援護会.
高瀬安貞・小島容子（1968）『授産事業の基本問題 「身体障害者授産事業の方策に関する研究」報告』無.
────(1982)『身障者の心の世界』有斐閣双書.
武井群嗣（1952）『厚生省小史』厚生問題研究会.
────(1952)『厚生省小史 私の在勤録から』厚生問題研究会.
竹中哲夫（2001）「児童福祉の動きと課題・1999年〜2001年 社会福祉事業法等の改正と児童虐待対応に注目しながら」『日本福祉大学社会福祉論集』（105），2-28.
田ケ谷雅夫（2012）『福祉のこころ私の「白鳥の歌」』中央法規.
竹内愛二（1951）「社会福祉事業法についての所感」『社会事業』34（4），13-6.
滝沢憲一（1952）「盲人の福祉に就いて」『自由と正義』3（8），16-7.
田村和之（2000）「社会福祉事業法など8法改正案と保育所への営利企業の参入（特集 社会福祉事業法「改正」を考える）」『保育情報』（280），68.
────(2000)「社会福祉事業法など八法改正について」『福祉のひろば』4（369），39-41.
田中圭一（1999）『刀水歴史全書50 日本の江戸時代 舞台に上がった百姓たち』刀水書房.
田波幸男（1967）『高木憲次 人と業績』日本肢体不自由児協会.
丹羽 昇（1951）「私設社会事業より社会福祉事業法への要望」『社会事業』34（4），17-21.
田代三千稔（1954）『概観イギリス文学史』南雲堂.
田島誠一（1999）「社会福祉法人の経営改革――理念・使命の明確化，経営の効率性と人材の育成・確保（特集 社会福祉事業法改正の意味を探る）」『社会福祉研究』（76），41-9.
寺脇隆夫（2007）『救護法の成立と施行状況の研究』ドメス出版.「鉄道弘済会パンフレット」.
鉄道弘済会（1955）『国鉄傷痍者の実態（監修 日本国有鉄道厚生局 1955年3月）』鉄道弘済会身体障害者福祉部.
────(1956)『日本国有鉄道関係身体障害者の実態（1956年10月）』鉄道弘済会身体障害者福祉部.
鉄道弘済会二十年史編纂委員会（1952）『鉄道弘済会二十年史』鉄道弘済会二十年史編纂委員会.
鉄道弘済会身体障害者福祉部（1942）『鐵道療養所における 傷痍者の指導』無.
鉄道弘済会社会福祉部編（1981）「社会福祉事業法30年〈特集〉」『社会福祉研究』（28），39-64.
────(1999)「特集 社会福祉事業法改正の意味を探る」『社会福祉研究』（76），17-73.

手島悠介（1996）『光はやみより』中央法規.
千葉一正（1943）『光に起つ』愛之事業社.
千葉　稔（1989）「国・自治体・民間の関係を問う──社会福祉事業法改正・意見具申の問題点（福祉関係3審議会意見具申『今後の社会福祉のあり方について』の検討〈特集〉）」『賃金と社会保障』（1009），43-53.
賃社編集室（1999）「社会福祉事業法等一部改正法案大綱ほか──平成11年4月15日 厚生省（特集 福祉制度改革と介護保険のゆくえ）」『賃金と社会保障』（1250・51），24-34.
─── （2000）「資料 社会福祉事業法等一部改正法案要綱（平成12年3月3日閣議決定）付・社会保障制度審議会の意見」『賃金と社会保障』（1271），11-9.
TOSHIO,TATARA著，丸山一郎訳（1980）「米国の障害をもつ人々の公民権について リハビリテーショソ法504項の考察」『社会福祉研究』（26），9-17.
栃本一三郎（1992）「社会福祉事業法改正と社協の位置づけ（社協・地域福祉の新しい展開──『新・社会福祉協議会基本要項』めざすもの〈特集〉）」『月刊福祉』75（5），20-5.
中央社会福祉審議会（1999）「社会福祉事業法等の改正について（答申）」『月刊障害者問題情報』（198・199），15-35.
─── （2000）「社会福祉事業法等の改正について（答申）（新・福祉システム（PART4）苦情解決を考える──平成11年度社会福祉トップセミナー報告）（関係資料）」『月刊福祉』83（2），95-103.
上田　敏・兒玉　明・丸山一郎他（2003）「新春座談会 新『アジア太平洋障害者の十年』──その課題と展望（特集 スタート！新『アジア太平洋障害者の十年』）」『ノーマライゼーション』23（1），10-25.
鵜沼憲晴（1999）「社会事業法についての考察 社会福祉事業法への継承と断絶を念頭に置きつつ」『皇學館大学社会福祉論集』（2），31-43.
─── （2000）「社会福祉事業法の改正 福祉サービスの質確保施策を中心に（第37回〔日本社会保障法学会〕大会 シンポジウム 社会福祉基礎構造改革の法的検討（2））」『社会保障法』（16），11-23.
─── （2007）「社会福祉事業法における社会福祉事業の種別化に関する経緯」『皇學館大学社会福祉論集』（10），31-40.
─── （2007）「社会福祉事業法の立案過程における法名称の経緯」『皇学館大学社会福祉学部紀要』（10），57-65.
内村鑑三著，訳者鈴木範久（1995）『代表的日本人』岩波書店.
宇都宮みのり（2007）「精神病者監護法成立前の精神障碍者対策」『東海女子大学紀要』26，61-84.
─── （2009）「精神病者監護法案提出に至る要因に関する研究」『社会事業

史研究』36, 109-22.
─── (2010)「内務省の衛生行政構想『貧民』救済の根拠と方法」『金城学院大学論集 社会科学編』7 (1), 1-16.
─── (2010)「精神病者監護法の『監護』概念の検証」『社会福祉学』51 (3), 64-77.
─── (2011)「大正8年精神病院法の立法提案とその議論」『金城学院大学論集 社会科学編』8 (1), 1-19.
─── (2012)「精神病者監護法案審議過程における『民法の不備』論の検証」『精神医学史研究』16 (2), 103-4.
山田 勝 (1992)『決闘の社会文化史 ヨーロッパ貴族とノブレス・オブリージュ』北星書店.
山本信孝 (1981)「戦後社会福祉の変化と社会福祉事業法の果した役割 (社会福祉の変遷と社会福祉事業法〈特集〉)」『月刊福祉』64 (7), 16-21.
山本 隆 (2009)『ローカル・ガバナンス 福祉政策と協治の戦略』ミネルヴァ書房.
山本徳治 (1981)「地域福祉の発展と社会福祉事業法の今日的課題 (社会福祉の変遷と社会福祉事業法〈特集〉)」『月刊福祉』64 (7), 28-33.
横山和彦・多田英範編 (1991)『日本社会保障の歴史』学文社.
吉田久一 (1979)「社会事業法・社会福祉事業法の成立」『社会事業の諸問題』(25) 17-55.
─── (1989)『吉田久一論集1 日本社会福祉思想史』川島書店.
─── (1992)『吉田久一論集4 日本近代仏教社会史研究』川島書店.
─── (1993)『吉田久一論集5 改訂増補版日本近代仏教社会史研究（上）』川島書店.
─── (1991)『吉田久一論集6 改訂増補版日本近代仏教社会史研究（下）』川島書店.
─── (1993)『吉田久一論集7 社会福祉・宗教論集 同時代史を語る 八重山戦日記他』川島書店.
吉田久一・一番ケ瀬康子 (1982)『昭和社会事業史への証言』 ドメス出版.
吉田灸一, 岡田英巳子 (2000)『社会福祉思想史』勁草書房.
吉田久一・重田信一編著 (1977)『社会福祉の歩みと牧賢一』全国社会福祉協議会.
吉原雅昭 (1999)「社会福祉基礎構造改革構想とその形成過程に関する批判的考察 日本の社会福祉の基礎構造とは何か, それはかわるのか」『社会問題研究』49 (1), 21-43.
好本 督 (1902)『眞英國』言文社.
好本 督・今駒泰成著 (1981)『主はわが光』日本基督教団出版局.
全国保育団体連絡会 (1999)「社会福祉事業法等一部改正法案要綱の概要 (社会福祉事業等一部改正法案要綱 (1999.8.10))」『保育情報』(271), 28-31.
全国鉄身障者協会 (1962)『40年のあゆみ』全国鉄身障者協会.

全国公的扶助研究会編（1999）「社会福祉事業法等一部改正法案大綱（平成11年4月15日 厚生省）（特集『社会福祉基礎構造改革』をめぐって 第3回）」『公的扶助研究』15・16（173・174），36-9．

全国社会福祉協議会編（1951）「1951年の回顧──社会福祉協議会と社会福祉事業法成立の年」『社会事業』34（12），20-5．

───（1981）「社会福祉の変遷と社会福祉事業法〈特集〉」『月刊福祉』64（7），8-33．

───（1992）「『福祉人材確保に関する社会福祉事業法等改正』に期待するもの〈特集〉〔含 資料〕」『月刊福祉』75（10），16-67．

───（1998）「社会福祉事業法改正に向けて動き出す」『ふれあいケア』4（1），72-5．

───（2001）「(1) 社会福祉の増進のための社会福祉事業法等の一部を改正する等の法律の一部の施行（平成12年6月7日）及びそれに伴う政省令の改正について（新・福祉システム PART5 福祉サービスの質を高める 平成12年度社会福祉トップセミナー報告）──（3 社会福祉法関係通知）」『月刊福祉』84（4），117-30．

〈聖明福祉協会所蔵〉

（2000）『盲目の大学者　塙保己一』温故学会．

おわりに

　筆者は2002年3月から2004年3月にかけ,「松山市障害者計画」を策定するために設置された,「松山市障害者計画プロジェクト」に参加する機会を得ました．そしてその際,職業を持って自立したいという障害者の切実な声を聞きました．またこの時の経験から,立場の弱い障害者が単に声をあげるだけでは社会は動かず,障害者自らが政策研究に携わることが重要であると感じました．

　筆者は,こうした考えを母校聖カタリナ大学の先輩であり同大学講師（以下いずれも所属は当時）の畔地利枝先生に投げかけてみました．この2年前に岡山県立大学大学院を卒業されていた畔地先生は,筆者の考えに共感してくださり,筆者にも大学院への進学を勧めてくださいました．こうして筆者は,2005年4月から岡山県立大学大学院保健福祉学研究科修士課程に進み,視覚に障害のある人たちの職業的自立をテーマに研究を始めました．

　同大学院で指導教員を引き受けてくださったのは村上貴美子先生,副指導教員は中嶋和夫先生でした．両先生からは研究者としての基礎を授かり,特に村上先生からは福祉分野だけではなく社会学,政治学,経済学,法学等広い視野から研究材料にアプローチするようにと厳しくご指導いただきました．また首都大学東京の岡田英巳子先生との合同ゼミ合宿や合評会などにも参加する機会を得,当時岡山県立大学の博士課程に在籍されていた宇都宮みのり先生はじめ,多くの研究者との貴重な交わりを得ました．

　その後,研究をさらに進めるため,（福）日本ライトハウスの資料調査を始めました．同法人では会長岩橋明子様,理事長木塚泰弘様,法人本部長橋本照夫様,法人本部資料整理担当者早瀬眞紀子様,点字情報技術センター顧問疋田泰男様,同センター所長橋口勇男様はじめ多数の職員の皆様に絶大なるご協力をいただきました．また『黎明』の墨字訳を引き受けてくださった同法人情報文化センター非常勤職員水谷昌史様,点訳ボランティア古谷豊子様にも大変お世話になりました．さらにこの時期,日本社会福祉学会で口頭

発表をした折にご助言をいただいた寺脇隆夫先生（浦和大学）からは，その後もお会いするたびにご指導を賜りました．

　2010年4月からは，関西学院大学大学院人間福祉研究科博士課程後期課程に在籍しました．同大学院では，指導教員として室田保夫先生，副指導教員として山本隆先生と今井小の実先生から手厚いご指導をいただきました．特に室田先生には，岩橋研究の権威者として，また人物史をご専門とする立場から，粗雑で浅薄な筆者の研究を深みへと導いていただきました．室田先生の演習クラスには，同じ福祉の歴史を学ぶ多くの院生が集まり，活発な議論がなされていました．引っ込み思案の筆者には圧倒されることしばしばでしたが，互いに切磋琢磨し研究を志していた優秀な仲間が周りにいたことは，このうえない幸運でした．博士論文提出の際には，小笠原慶彰先生（京都光華女子大学）にご指導を賜り，八重田淳先生（筑波大学）にも必読文献のご指導を賜りました．今日こうして博士論文を完成し，出版にまでこぎつけることができましたのは，これら諸先生および諸先輩方のお導きや（福）日本ライトハウス関係者の絶大なるご協力の賜物であり，ここに深甚なる謝意を表します．

　加えてアンケートにご協力くださいました全国の事業者の皆様，さらに聞き取りに快く応じてくださった皆様に，深く感謝申し上げます．その際，（福）日本盲人社会福祉施設協議会理事長茂木幹央様には，会員への働きかけをしてくださり，（福）日本ライトハウス理事長木塚泰弘様には茂木様へのご紹介の労を賜わりました．さらに（福）聖明福祉協会理事長および全国盲老人福祉施設連絡協議会の理事長である本間昭雄様にも，聞き取り調査に際し関係者の方のご紹介を賜わりました．重ねてお礼申し上げます．以下に聞き取りに快くご協力下さいました皆様と法人名を記して，略儀ながらお礼に代えさせていただきます．

　（福）ぶどうの木　ロゴス点字図書館　高橋秀治様，（福）東京光の家　田中亮治様，（福）浴風会　板山賢治様，（福）慈母園　常磐勝範様，尾上博克様，京都府立盲学校資料室担当　岸博美先生，京都府立盲学校元教諭　水野サダ子先生，京都府立盲学校卒業生　北脇圭二様，（公財）アイメイト協会　塩屋隆男様，（福）名古屋ライトハウス，（福）京都ライトハウス，（社）京

都府視覚障害者協会，(福) 光道園，(福) 桜雲会，金光図書館．

　最後になりますが，修士課程でともに学んだ迫村（旧姓足立）美樹さん，博士課程で励ましあった山本裕子先生（蒼野大学），古山美穂先生（大阪府立大学）には，くじけそうになる筆者を折に触れ支えていただきました．また研究の道を歩み始めた頃小学3年と1年だった長女と長男は，既に高校を卒業するまでになり，長女は医者を目指し，長男は社会福祉の道を歩み始めました．子どもたちの成長過程を振り返ってみると，いまさらながらに歳月の移り変わりを感じます．完成した原稿をめくると，これら同級生や子どもたちの時々の笑顔が浮かんできます．また，出版に際して編集の労を賜りました関西学院大学出版会の田中直哉様と浅香雅代様には大変お世話になりました．ありがとうございました．

　さて，今年に入り，筆者には大きな転機が訪れました．研究で大変お世話になり，後にはご自身の研究もさせていただいた，(福) 聖明福祉協会理事長の本間昭雄様の養女になるという，新たなご縁を賜ったのです．そして4月からは，義父の施設のお手伝いをさせていただくことになりました．永年研究の道を目指していた筆者には，非常に重たい決断でしたが，お世話になった義父のご恩に報いるためにも，お話をお受けすることにいたしました．福祉の現場は初めてではありませんでしたが，今日の施設経営は想像以上に大変で，浅学にして非才な筆者には，戸惑いの日々が続いております．

　しかしそのような中にも，先日，たいへん嬉しいことがありました．10月20日に催された皇后陛下のお誕生日の会に義父が招かれ，筆者もお供をして御所に参内いたしました．この席上，義父と筆者は天皇皇后両陛下のもとにご挨拶に伺い，両陛下の幾久しいご壮健にお喜びを申し上げました後，筆者のことを義父から両陛下にご紹介いただきました．このとき天皇陛下からは，握手を下さるとともに「何を研究しているのですか．」とのご下問を賜りました．筆者が「社会福祉の歴史です．」とお答え申し上げますと，陛下からは「聖明園はとても歴史がありますので，ぜひ本間さんを助けてあげて下さい．」とのお言葉を賜りました．また皇后陛下からも，「本間さん，よかったですね．本間さんを大切にしてあげてください．」とのお言葉を賜りました．弱い立場の人々の心に常に寄り添ってくださる天皇皇后両陛

下に，筆者は深く感謝いたしますとともに，両陛下からのこのようなお言葉に，責任の重大さを痛感した次第です．また両陛下のお姿はどこまでも神々しく，皇室を頂くこの国の幸せを噛みしめることのできた一日でした．

　以上，簡単ではありますが，本研究に関わってくださったすべての皆様に謝意を表します．そして，お世話になったお一人お一人のお顔を思い浮かべつつ，本稿を閉じたいと思います．なお本書は，独立行政法人日本学術振興会平成28年度科学研究費助成事業（科学研究費補助金）（研究成果公開促進費）の交付を受けております．また，第1章，第2章および第4章は日本社会福祉学会誌『社会福祉学』に，補論は社会事業史学会誌『社会事業史研究』に掲載された論文を加筆修正したものであり，日本社会福祉学会および社会事業史学会より転載の許可を得ています．

　　　2016年10月28日

　　　　　　　　　　　　　　　　　　　岩橋武夫を忍びつつ，自宅にて．

人名索引

あ行

アーミテイジ博士　31
明仁親王　182
明田治雄　180
アレキサンダー・メル　153
アン・サリバン　48
石井十次　203
磯島慶司　88
今関秀雄　74, 79
岩橋明子　151
岩橋恵品　127
岩橋乙吉　25
岩橋きを　27
岩橋静子　26
岩橋武夫　1, 25
岩橋ハナ　25
岩橋英行　28, 151, 152, 153, 157
岩橋文夫　63, 90
ウィニフレッド・マザー　32, 40, 70
内山茂実　180
エリザベス・バイニング　182
エリック・ティー・ボルター　156
大野加久二　88
大村善永　180
岡部素道　81

か行

賀川豊彦　39
葛西嘉資　99, 101, 156
片岡好亀　86, 174
熊谷鉄太郎　26
小林勝馬　81, 110
小守良勝　81
近藤正秋　174

さ行

サー・カルサ・マッケンジー　148
佐野利三郎　98
サムス　85, 114
G・コールフィールド　110
渋沢栄一　70
下澤仁　180
下村宏　156
寿岳文章　27
ジョン・ミルトン　26
鈴木仙八　113
瀬尾真澄　180

た行

高尾正徳　180
高橋豊治　73
ダグラス・マッカーサー　83
留岡幸助　203
鳥居篤治郎　26, 151

な行

永井柳太郎　53
長岡加藤治　157
中村京太郎　148
西田天香　26
ネフ　99

は行

橋本喜四郎　26
ヴァスィリー・エロシェンコ　26
早川徳次　57, 58
原泰一　70

フェルディナンド・ミクラウツ …101, 110, 114, 115
福沢諭吉……………………………………70
フランクリン・ルーズベルト………………48
古谷登代子 ……………………………181
ブレイルスフォード ……………………28
ベーツ院長 …………………………28, 181
ヘレン・ケラー ………26, 40, 48, 83, 154, 162
ヘンリー・フォーセット ………………26
ポーリー・トムソン ………………85, 154
本間一夫………………………………180

ま行

松本征二……………………………135, 157
三宅精一……………………………179
ムリンズ少将 ………………………83

や行

安田巌…………………………………156
山室軍平………………………………203
山本卯吉………………………………62, 64
好本督……………………………149, 150

ら行

ルイ・ブライユ ………………………31

事項索引

あ行

愛知県盲人福祉協会 ……………………… 174
愛盲 …………………………………… 33, 168
愛盲事業 ………………… 35, 37, 41, 168, 171
愛盲精神 ……………………………… 168, 177
愛盲(盲人科学 ABC) ……………………… 34
愛盲リアリズム …………………………… 129
青い鳥の歌 ………………………………… 85
アジア盲人福祉会議 …………………… 154
アメリカ盲人協会 ……………………… 126
アメリカ盲人事業家協会 …………… 131, 140
アメリカ盲人授産協会 ……………… 131, 140
アメリカ盲人連盟 …………………… 131, 140
按摩術営業取締規則 ……………………… 24
按摩専業運動 ……………………………… 24
按摩単独法 ……………………………… 133
あん摩、はり、きゅう、柔道整復営業審議会 … 131
あん摩、はり、きゅう、柔道整復等営業法 …82
医制 ………………………………………… 23
一燈園 ……………………………………… 26
医療類似行為 …………………………… 133
岩橋武夫の福祉の心 …………………… 206
英国々民盲人協会 ………………………… 31
英国内外盲人協会 ………………………… 31
英国盲人法 ………………………………… 30
AFB ……………………………………… 126
エジンバラ大学 …………………………… 28
SWNCC …………………………………… 98
エスペラント ……………………………… 26
桜雲会 ……………………………………… 73
大阪市立盲唖院 …………………………… 26
大阪市立盲学校 …………………………… 26
大阪電気軌道株式会社 …………………… 25
大阪点字毎日 ……………………………… 70
大阪府立天王寺中学 ……………………… 25

大阪盲人協会 …………………………… 41, 136
大阪盲人協会愛盲会館 …………………… 54
大阪盲人協会ライトハウス …………… 136
大阪ライトハウス ………………… 2, 38, 40
オーバーブルック盲学校 ……………… 130

か行

下物 ………………………………………… 22
恩賜財団軍人援護会 ……………………… 54
神の国運動 ………………………………… 39
官金 ………………………………………… 22
関西盲人事業連盟 ………………………… 73
関西学院 …………………………………… 26
関東盲人事業連盟 ………………………… 73
紀元二千六百年奉祝全日本盲人大会 …… 74
北浜銀行 …………………………………… 26
旧生活保護法 ……………………………… 98
近畿日本鉄道株式会社 …………………… 25
クエーカー …………………………… 28, 39
軍事保護院 ……………………… 53, 57, 61
軍用機「愛盲報国号」献納運動 ………… 77
検校 ………………………………………… 22
公衆衛生福祉局 …………………………… 99
更生課 …………………………………… 100
厚生省が発足 ……………………………… 53
公的責任の原則 …………………………… 98
勾当 ………………………………………… 22
合理的保護 ………………………………… 34
国際盲人事業会議 ……………………… 149
国立光明寮設置法 ………………………… 99
瞽女 ………………………………………… 21

さ行

座頭 ………………………………………… 22
サンシャイン・ハウス …………………… 31

GHQ	81
塩原光明寮	99
失明軍人	49
失明軍人会館	54
失明軍人教育所	53, 175
失明軍人講習会	57
失明軍人寮	53
失楽園	181
児童福祉法	111
シャープ特選工業株式会社	64
社会救済に関する指令	98
社会事業法	54
社会福祉事業法	136
社会連帯	207
ジューイッシュ・ギルド	128
傷痍軍人	97
傷痍者保護更生対策案	100
傷痍者保護対策案	100
傷病軍人パス	109
傷兵保護院	53
初期対日方針	98
職業的自立	1
職業リハビリテーション	57
ジョン・ミルトン協会	84
鍼灸術営業差許方	23
鍼灸存廃問題	81
鍼術灸術および按摩術営業取締規則	73
鍼術灸術営業取締規則	24
新生活保護法	135
身体障害者雇用促進法	64
身体障害者福祉法	97, 109, 114
SCAPIN	98
生活保護法	98
世界点字統一会議	148
世界のライトハウス	32
世界盲人百科事典	153
世界盲人福祉会議	149
世界盲人福祉協議会	149
世界盲人福祉協議会日本委員会	150
全国鍼灸按マッサージ師会	80
全国盲学校長会	150
全国盲学校同窓会連盟	74
全国盲人協会連盟	74
全国盲人事業連盟	73
セント・ダンスタン失明軍人訓練所	50
全日本愛盲連盟準備会	77
全日本鍼灸按マッサージ師会連盟	133
全日本盲学校同窓会連盟	74
全日本盲人協会連盟	74
全日本盲人協力会議	78
全日本盲人事業連盟	73
全日本ライトハウス連盟	174

た行

大政翼賛会	78, 79
大日本盲人会	79
WCWB	149
中央社会事業協会	70
中央傷痍者保護対策委員会	100
中央身体障害者福祉審議会	126
中央盲人福祉協会	70
チョリー・ウッド女子専門学校	31
点字コンサイス英和辞典	153
点字日エス辞典	27
点字文明協会	27
燈影女学院	127, 181
東京都盲人協会	72
東京盲人会館	72
当道座	21
トーキング・ブック	40, 130
特選金属工場	64
特例子会社	64
都市職業雇用委員会	152

な行

仲村製点字製版機	27
名古屋ライトハウス	174
日盲委	2
日盲社協	2
日盲連	2

日教組特殊教育部(盲部) ……………… 150
日中戦争……………………………………49
日本眼衛生協会……………………………72
日本失明防止協会…………………………72
日本失明予防協会…………………………72
日本ヘレン・ケラー協会…………………92
日本盲人会連合……………………………86
日本盲人社会福祉施設協議会 ………… 141
日本盲人社会福祉施設連絡協議会 …… 141
日本盲人福祉委員会 …………………… 150
日本ライトハウス…………………………2
ニューディーラ………………………… 101
ニューヨーク・ライトハウス………… 128
ノブレス・オブリージュ…………………28

は行

パーキンス盲学校……………………… 130
バーデン・ラフォーレット・アクト … 128
配当…………………………………………22
早川電機工業株式会社……………………57
早川分工場…………………………………58
パン・クロニクル…………………………28
万国エスペランティスト大会 ………… 148
ハンディキャップ論………………………99
PHW…………………………………… 85, 99
必要充足の原則……………………………98
琵琶法師……………………………………22
古谷英学塾……………………………… 181
フレンド盲人奉仕会………………………39
ヘレン・ケラー女史招致委員会…………84
ヘレン・ケラー女史来朝記念ライトハウス後援会…49
報国日本盲人号……………………………78

ま行

マザー精神…………………………………33
マスター・オブ・アーツ…………………29
マッカーサー旋風…………………………81
無一物無尽蔵………………………………29
無差別平等の原則…………………………98

盲学校および聾学校の修学義務および設置義務に関する政令 ……………………84
盲官…………………………………………22
盲官廃止……………………………………23
盲教育………………………………… 2, 40, 76
盲人………………………………………… 1
盲人教育者協会……………………………31
盲人社会事業…………………………… 2, 37
盲人社会福祉事業………………………… 2
盲人社会福祉施設連絡協議会 ………… 137
盲人社会立法……………………………… 2
盲人福祉法…………………………… 101, 109
盲人文化研究所………………………… 153
盲人保護に関する建議案…………………24
盲人保護法案………………………………24
盲人問題解決のためのグランド・デザイン …34
盲僧…………………………………………21

や行

ユネスコ…………………………… 148, 149, 155
ヨハネ伝九章…………………………… 207

ら行

ライトハウス学園……………………… 178
ライトハウス金属工場………………… 63, 90
ランドロフ・セパード・アクト……… 128
療術……………………………………… 133
霊交会………………………………………39
黎明……………………………………… 4, 52
連合軍総司令部……………………………97

わ行

ワグナー・オーディー・アクト……… 128
早稲田大学理工学部採鉱冶金科…………25

【著者略歴】

本間　律子（ほんま・りつこ）

1972年11月　京都府生まれ
1995年3月　聖カタリナ女子大学社会福祉学部社会福祉学科卒業
2008年3月　岡山県立大学大学院保健福祉学研究科保健福祉学専攻博士前期課程終了
　　　　　　（修士　保健福祉学）
2013年3月　関西学院大学大学院人間福祉研究科博士課程後期課程博士号取得（博士
　　　　　　人間福祉）
2013年4月～2016年3月　関西学院大学人間福祉研究科研究員
2016年4月～現在　社会福祉法人聖明福祉協会聖明園曙荘　副園長

盲人の職業的自立への歩み
　　岩橋武夫を中心に

2017年2月18日初版第一刷発行

著　者　　本間律子

発行者　　田中きく代
発行所　　関西学院大学出版会
所在地　　〒662-0891
　　　　　兵庫県西宮市上ケ原一番町1-155
電　話　　0798-53-7002

印　刷　　株式会社クイックス

©2017 Ritsuko Homma
Printed in Japan by Kwansei Gakuin University Press
ISBN 978-4-86283-236-8
乱丁・落丁本はお取り替えいたします。
本書の全部または一部を無断で複写・複製することを禁じます。